日本組織内
弁護士協会

20年のあゆみ

日本組織内弁護士協会【編著】

中央経済社

巻頭言

　日本組織内弁護士協会（JILA）20周年を記念して，ここに『日本組織内弁護士協会20年のあゆみ』を発刊させていただきます。

　会員のボランティアによって支えられてきたJILAがここまで組織化に成功し，活発な活動のプラットフォームへと発展した経緯を辿る機会に恵まれたことに大変感謝しております。

　数名の仲間で作った小さな会が，今では多くの組織内弁護士にとって欠くことができない存在になりつつあります。本書を読んでいただければ，JILAの誕生・発展に深く貢献してくれた仲間たちのそれぞれの組織内弁護士としての人生，さらにはJILAとの関わり方が多種多様であることをご理解いただけると思います。

　JILAは，弁護士会でもなく経済団体でもなく，しかし，その両方の要素を併せ持つ団体として稀有なコミュニティを形成することに成功してきました。組織内弁護士は，いまだ弁護士会においても経済界においてもマイノリティであることは否めません。本書を発表することで，多種多様な組織内弁護士の実態とともに日本組織内弁護士協会についてさらなるご理解を深めていただけるのではないかと自負しております。

　また，過去を振り返り自分たちの成長の過程と現在地を改めて再確認し，そこから示唆を得て次の10年に向けてさらなる飛躍を目指して研鑽に励みたいと考えます。

　最後に本書刊行にあたって，組織内弁護士としての本業と両立しながら多大な貢献により短期間での発刊を可能として下さった出版プロジェクトの方々，執筆のご担当者の方々に感謝と尊敬の意を表します。

日本組織内弁護士協会

理事長　榊原　美紀

日本組織内弁護士協会創立20周年への祝辞

　日本組織内弁護士協会創立20周年を心よりお慶び申し上げます。

　2001年9月に66人（貴協会調べ）であった企業内弁護士は，2021年6月時点において，2,820人（同上），自治体内弁護士は112人（日弁連調べ）で，全弁護士の約6.8％を占めるに至っており，弁護士の執務先として重要な選択肢の1つになっています。これについては，貴会の20年間の活動が寄与してきたことに心より敬意を表するとともに，これからも組織内弁護士を支える団体としてますます重要な役割を果たされるものと期待しております。

　また，近時は，組織による採用形態も多様化し，当初から組織内弁護士としてキャリアを重ねる弁護士が多数存在する一方で，法律事務所で一定年数の業務経験をもって組織内弁護士に転身する弁護士も増加傾向にあるようです。

　このように，多くの弁護士が企業・自治体等の様々な組織の一員として活動することは，その専門的な知見を活かして当該組織の利益を図るというだけでなく，弁護士が有する高度の職業的倫理を通じて当該組織における法の支配の実現を促進し，ひいては，一般市民，社会全体の利益につながることから，大変望ましいことと考えております。

　日本弁護士連合会では，このような重要な役割を担う組織内弁護士のあり方を検討するとともに，その活躍の場の拡充と支援のため，弁護士業務改革委員会，法律サービス展開本部等の組織にて精力的に活動しております。

　しかしながら，組織における法の支配の実現を一層促進するためには，組織内弁護士やその採用企業数を増やすだけでなく，組織の基本方針の決定やシステムの形成への組織内弁護士の関与を進めることが重要であることから，今後は，そのための資質・能力の向上や環境の整備にも力を注ぎたいと考えております。

　最後に，日本組織内弁護士協会の御発展と会員の皆様方の御健勝を祈念して，私の御挨拶とさせていただきます。

日本弁護士連合会

会長　荒　　　中

JILAの創立20周年に寄せて

　この度は，日本組織内弁護士協会（JILA）の創立20周年，誠におめでとうございます。経営法友会の代表幹事として，一言，祝辞を述べさせていただきます。

　私自身，企業法務に長い間身を置いておりますが，JILAが設立された20年前には日本の企業などの組織で勤務される弁護士は極めて少数であったと記憶しています。ただ，JILAなどの活動を通じて，今では多くの日本企業の法務部門などにおいて弁護士資格を持つ方が活躍されるようになりました。日本企業の国際競争力を高めるために法務機能の強化が強く提唱される中，今後，企業などで働く弁護士の数は一層増加し，その役割も一層重要なものになると思われます。また，それを支えるJILAの果たすべき役割も一層重要なものになると思っています。

　JILAのホームページを拝見しますと，JILAの目的の中には，組織内弁護士の普及促進のための様々な活動を行うことにより，社会正義の実現と社会全体の利益の増進に寄与することと規定されています。一方，私の所属する経営法友会は，1971年に企業法務実務担当者の交流の場として発足しましたが，いまでは企業法務の充実，強化に加えてその地位の向上，さらには経営に資する機能となることに向けて様々な活動をしています。JILAと経営法友会とでは会員構成など異なる点もありますが，目指すところは日本の企業などにおいて法務機能を充実させ，結果として日本の国際競争力を高めることに資するという点で思いを一にしていると理解しています。

　このような観点からJILAとは従前から意見交換会など様々な形で交流をさせていただいておりますが，今後もこの目的の実現を目指して一層協力していきたいと考えておりますので，引き続きよろしくお願いいたします。末尾となりますが，JILAの益々のご発展を祈念しております。

経営法友会

代表幹事　小幡　　忍

創立20周年祝辞

　組織内弁護士協会創立20周年，誠におめでとうございます。

　貴協会が創立された2001年には66人と100人に満たなかった企業内弁護士数は，20年を経た2020年には2,629人となり，任期付公務員241人を加えますと，現在，約3,000人の組織内弁護士が活躍されているとのこと，わが国におけるインハウスローヤーの隆盛には目を見張るものがございます。これらの数字が示すインハウスローヤーの活躍は，弁護士の活動領域の拡大により社会の隅々にまで法の支配を行き渡らせるという2001年に始まる司法制度改革の最大の成果の１つであり，その象徴であると確信しております。改めまして，貴協会の果たした役割の大きさに心から敬意を表する次第です。

　この間，法科大学院協会におきましても，法曹養成の側面から，法曹や法科大学院修了生の職域拡大の課題に取り組むべく，2008年に専門委員会として「修了生職域委員会」を設置し，2009年から2013年にかけて６回にわたって企業法務等のシンポジウム等を開催するなど様々な活動を行ってきました。「社内弁護士1,000人超す」との2014年４月14日付日経新聞の記事は，機運の高まりと手応えを実感できる嬉しい報道でした。法科大学院の学生のインハウスに対する意識が変化してきたのもこの時期でしょうか。各会員校においても，企業法務部でのエクスターンシップ，企業からゲスト講師を招いたインハウスローヤー養成講座も開設されるようになってきました。

　修習期別企業内弁護士数を見ますと，60期以降が1,932人と圧倒的多数を占めているとのことですから，多くの法科大学院修了生が活躍していることを誇りに感じると同時に，法科大学院教育の責任の重大さを痛感する次第です。法科大学院協会としては，貴協会との連携をさらに深めて，インハウスローヤーの魅力の発信と，法務人材養成のさらなる展開に寄与することができればと考えております。末筆ながら，次期20年の貴協会の益々のご発展を祈念申し上げます。

法科大学院協会

理事長　片山　直也

日本組織内弁護士協会創立20周年を祝して

　日本組織内弁護士協会，創立20周年おめでとうございます。

　貴協会が，発足以降，組織内弁護士数の急速な拡大という状況を踏まえ，伝統的な弁護士を前提とする弁護士会における諸規則との調整あるいは新たな弁護士倫理の構築，刑事事件受任の適否等といった様々な難しい問題に関し，調査研究を積み上げ，逐次意見書や声明を関係各機関に提出・提案され，時には弁護士会と協議をされて適切な指針や方針を導き出されていることに感服致します。

　さらには，関連する書籍の発刊あるいは研修会やイベントの開催などその活発な活動には目を見張るものがあります。現在，3,000名近い組織内弁護士数のうち，2,000名の方が貴会に所属しているという組織率の高さも，貴会が斯界において確固たる拠り所となられている証左と考えます。これもひとえに歴代理事長・役員をはじめ，関係された各位のご努力と熱意そしてパイオニア精神に富んだ高い志の賜物と心より敬意を表します。

　また組織内弁護士は，女性の割合が40％強と，全体の弁護士数に占める女性割合が20％に満たないことと比較して，女性比率が高いことが知られています。貴会が，ダイバーシティの推進を目標課題の1つとして考え，最近でも「最高裁判所の女性判事増加を求める意見書」を内閣総理大臣等に提出され，また「夫婦別姓制度の導入に関する理事長声明」を公表されるなど女性の活躍，人権等に配慮した活動をされていることも大変嬉しく心強く感ずるところです。

　今後，組織内弁護士数は増加する一途と思われます。従来は，主に東京・大阪周辺に集中していた会員が地方でも増えることでしょう。弁護士界全体における貴会の重要性はさらに高まると予測されます。貴協会の益々のご発展と各位のご活躍を願ってやみません。

日本女性法律家協会

会長　佐貫　葉子

祝　辞

　JILAが設立された2001年は，日本の司法改革が動き始めた歴史的な年でした。修習生の採用人数も年々増加し，近代的なリーガル・サービス教育を取り入れたロースクール設立の準備が進むなど，弁護士職の強化が図られました。そのような時代に，インハウス・ローヤーに的を絞った弁護士協会が組織されたことは，今省みると，真に先見性のある試みであったと言わなければなりません。当時の創立者の方々の見識と実行力に深く敬意を表したいと思います。

　ちょうどその頃，私は弁護士会のある委員会での議論のために，日本の社内弁護士のデータを作成したことがありました。データといっても，弁護士名簿を検索して企業や組織を事務所名に登録している全国の弁護士の数を数えただけですが，70数人だったと記憶します。これでも，当時，委員会も私も，結構多いと驚いたものでした。あれから20年，日本の司法改革そのものには躓きが見られるものの，インハウス・ローヤーの法曹界における存在は，人数においても重要性においても発展の一途をたどっています。そこにはJILAの巧みな戦略とリーダーシップがあると敬服しているところです。

　JAAはJILAに少し遅れ，2003年，司法改革の流れに呼応し，リーガル・サービスの近代化を担って設立され，2014年には公益社団法人としての承認も受けました。JAAは仲裁や調停という法廷の外での紛争解決プロフェッションの団体であり，裁判実務に少し距離のあるJILAにどことなく親近感をもってきたのも故なしとはしません。私は，JAA理事長を最近退任しましたが，在任中，JILAの巧みな経営戦略には学ぶところが多かったです。

　JAAは昨年日本国際紛争解決センターの開設などで大きな貢献を果たせたと思いますが，国際的なリーガル・サービスへの日本の企業社会の需要に応えるためJILAと緊密に協力して社会に貢献していけることを祈念しております。

　JILA創設20周年おめでとうございます。

公益社団法人 日本仲裁人協会

顧問　川村　明

日本組織内弁護士協会創立20周年を祝して

　このたびは，日本組織内弁護士協会創立20周年を迎えられましたことを心よりお祝い申し上げます。長きにわたり，協会のご隆盛を継続してこられましたことは，ひとえに皆さま方の社会正義の実現と社会全体の利益の増進を目指したご尽力の賜物とお慶び申し上げます。

　私たち，組織内弁理士協会は，企業や大学などの組織に所属する弁理士の現状について調査・研究を行い，組織内弁理士の普及促進のための活動を行うこと，および会員相互の親睦を図ることを目的として，2017年に設立した任意団体です。そして，組織内弁理士協会の設立や運営にあたっては，日本組織内弁護士協会の，主に知的財産研究会の皆さまに多大なるご支援とご助言をいただきながら，日本組織内弁護士協会の体系や沿革をお手本にさせていただいて参りました。日本組織内弁護士協会の皆さまとは，同じく組織に所属する法律専門家としての悩みや課題の共有，ひいては知的財産の活用を通じた産業発展に向けての様々な企画など，士業の垣根を越えた交流をさせていただいております。

　これまで，種々の取組みでご一緒させていただいた日本組織内弁護士協会の皆さま１人ひとりの強い思いや変革にかける前向きな情熱は，私たちの模範となるものであり，私たちも後に続けるよう邁進していく所存です。

　VUCA時代への突入，そして急激なIT化によって，知的財産を取り巻く環境が大きく変わり，法的な課題もこれまでに見ることのなかった多種多様なものが顕在化してきている中で，組織内の法律専門家として，それぞれの新たな役割を見出し，末永く高め合っていけるような関係を築いて参りたく存じます。

　未筆ながら，日本組織内弁護士協会の一層のご発展と皆さま方のご活躍を祈念致しまして，お祝いの言葉とさせていただきます。

組織内弁理士協会

理事長　千田　拓也

副理事長　安武　成記

ご祝辞

　日本組織内弁護士協会が創立20周年を迎えられましたこと，心よりお祝い申し上げます。

　記念誌としてまとめられる，組織内弁護士の歴史や日本組織内弁護士協会20年のあゆみは，われわれのように組織内登録を目指す他士業にとっても大変有意義なものです。発刊に尽力された貴協会会員の皆様に深く敬意を表します。

　われわれは，組織に所属する司法書士を制度として確立することを目指して2013年に設立し，今年で8年になります。この間に社会ではいわゆる「人生100年時代」を見据えて，働き方改革，副業推進，リカレント教育などに注目が集まっています。一方で，年功序列や終身雇用といった日本型雇用の形も緩やかに変化してきており，これらの流れは，従業員と会社それぞれが互いに依存しない関係性につながっていくものと感じます。

　組織内弁護士という選択は，このような時代の1つの選択肢であり，個人がプロフェッショナルであることが，能力の活用と経験によるフィードバックを通じて双方にとってプラスになるものと考えています。貴協会における業種別の部会や，研究活動ならびに様々な法的・社会的な課題に対して団体として意見を出される活動は，弁護士でありかつ，組織の一員であることを個々の会員の皆さまが存分に活用し，社会に還元していく素晴らしい活動であり，今後も貴協会が活動の幅を広げ，ますます発展していくことを祈念しております。

　貴協会には及びませんが，私どもも少しずつ会員を増やしながら組織内司法書士の地位確立とそれを基礎にした社会への貢献に邁進していきたいと考えています。

日本組織内司法書士協会

会長　早川　将和

日本組織内弁護士協会20周年のお祝い

　このたび，貴協会が創立20周年を迎えられること，心よりお祝い申し上げます。高い知見と専門性を持った職業専門家の組織として，社会正義の実現と社会全体の利益に大きく貢献されていることに深く敬意を表したいと存じます。

　われわれ，日本公認会計士協会組織内会計士協議会は，2012年に組織化されました。以来，常に「先輩」である貴協会とは，研修会やネットワーキングイベントなどを共同で開催させていただき，企業等の組織に所属する専門家としてのあり方，必要なスキルや資質，会務活動の企画運営など，様々な面で貴協会を目標として歩んでまいりました。この場を借りて厚く感謝申し上げます。

　弁護士は「法律の専門家」，公認会計士は「会計の専門家」と一般的にはいわれますが，M&Aなどの企業再編や，コーポレートガバナンスなど，企業・組織内で相互に強みを発揮し貢献できる分野も多く，企業からの期待も大きくなってきていると感じています。しかしながら一方で，企業の一員として「資格保有者」が一定の評価を受けることは簡単なことではありません。企業そして社会からの評価を向上させるための，貴協会における意欲的な活動は，弊協議会でも常にお手本にさせていただいております。また，職業専門家としての働き方やキャリアパスも従来に比して多様性が拡がっており，近年では組織内弁護士，組織内会計士がますます増加している状況です。

　このような状況の中，今後，貴協会の役割は一層重要となり，さらにその活動の幅を広げていかれることと存じます。弊協議会といたしましても，貴協会と相互に協力して，企業そして社会からの期待に応えるべく，ご一緒させていただきたいと考えております。今後とも，より一層のご高配を賜りますようお願い申し上げます。終わりに，貴協会の益々のご隆盛とご繁栄を祈念いたしまして，お祝いの言葉とさせていただきます。

日本公認会計士協会

常務理事（組織内会計士協議会担当）

公認会計士　脇　一郎

祝　辞

　日本組織内弁護士協会様，この度は創立20周年を迎えられたとのこと，誠におめでとうございます。謹んでお祝いを申し上げます。

　われわれは，組織に勤務する中小企業診断士を中心に構成される団体で，2021年11月に設立いたしました。中小企業診断士は，中小企業の経営課題に対応するための診断・助言を行う専門家として，法律上の国家資格として，「中小企業支援法」第11条に基づき，経済産業大臣によって登録されています。中小企業診断士は累計で3万人超おり，そのうち約51〜55％程度，すなわち1万6,000人程度が組織に勤務する中小企業診断士であると言われています。

　中小企業診断士の登録する協会としては一般社団法人中小企業診断協会という全国組織の下に都道府県別の協会が存在します。組織内診断士の集まりは，これまでも東京や大阪等の比較的大きな協会の中や，大企業に勤務する組織内診断士による集まりなど，複数あり，それぞれ活発に活動がなされてきました。そうした活動で活躍してきた診断士や診断士グループの有志が集まり，全国の組織内診断士がつながる新たな団体を設立する運びとなりました。

　1年ほど前，日本組織内弁護士協会の事務局の方から「組織に勤務する中小企業診断士の集まり」との連携によって新たな取組が生まれるのではないか，というお声がけをいただき，そこから，「プロボノ」分野での事例共有や，オンラインでの交流会，共同執筆等，短い期間で立て続けに貴重な機会をいただきました。そうした意見交換を通じ，全国の組織内診断士がつながる場づくりを発想するに至り，今般このようなご祝辞の機会をいただきましたことを喜ばしく感じております。

　貴会の益々の発展を祈念するとともに，社会への新しい価値の創出をともに進めるべく連携できたら幸甚です。今後とも末永くよろしくお願いします。

組織内中小企業診断士協会

理事長　土屋　俊博

ご祝辞

　韓国社内弁護士会（Korea In-house Counsel Association; KICA）会長のイワングンです。日本組織内弁護士協会（JILA）創立20周年および『日本組織内弁護士協会20年のあゆみ』の出版について心よりお祝い申し上げます。嬉しい瞬間にご一緒させていただき，ありがとうございます。

　ご承知のとおり，韓国と日本のリーガルマーケットには類似点が多くあります。これは，法制度そのものの類似性に加え，法曹界の構成や期待される役割，法曹選抜のあり方など法曹全般の内在的環境の面と，産業構造・企業環境の面での類似性に起因すると考えられます。したがって，韓国と日本のインハウスローヤーもまた，非常に類似する環境の中にいると言えるでしょう。

　JILAは創立以来，セミナーや各種イベントなどを通じて時代をリードし，各弁護士はそれそれの組織におけるコンプライアンスと持続可能な経営活動に貢献して来られました。JILAの20年の歴史は，日本の組織内弁護士の歴史であり発展過程であるといえます。KICAも2006年の結成後，2011年の法人化を経て，社内弁護士の能力を向上させ，裁判所，検察，弁護士業界，社内弁護士をつなぐ架け橋の役割を果たしながら，韓国を代表する社内弁護士団体となりました。ともに職域を代表する両団体が，韓国でのIBAのイベントをきっかけに初の会合を開き，2020年12月14日に歴史的な業務協約を締結して，様々な活動において連携する関係となったことは非常に意義深く，KICAにとっても1つの重要な布石となりました。今後も両団体のつながりが強化され，困難な外部環境解消後のさらに多様な協力活動にも期待しております。

　KICAは，JILAの足跡および榊原理事長をはじめとする会員の皆さまのご尽力に深い敬意を表し，JILAが日本社会でますます重要な役割を果たしていかれることを確信しております。KICAもJILAの活動を応援し，積極的に協力していくことをお約束します。改めまして，JILA創立20周年を深くお祝い申し上げます。

社団法人 韓国社内弁護士会

会長　イ　ワングン

日本組織内弁護士協会創立20周年を祝して

　このたびは，日本組織内弁護士協会（JILA）が創立20周年を迎えられ，心よりお祝い申し上げます。またその記念誌に寄稿させていただく機会を与えていただき，深く感謝いたします。

　振り返りますと1999年7月27日に司法制度改革審議会が発足し，その2年後の2001年6月に「意見書」が公表され，日本の司法は質量ともに大きく変化，発展し今日に至っております。

　この司法制度改革の実施議論が進行している時期に早稲田大学の須網隆夫教授の紹介で，NHKに勤められている梅田康宏弁護士と出会いました。

　「インハウスローヤー」，当時は聞き慣れない言葉でしたが，ネットワークの中心人物として，その存在意義と社会的役割を語る若き梅田弁護士の熱意に圧倒されながらも，「インハウスローヤー」の存在が，司法制度改革を実現する核の1つであるということを学ばせていただきました。そしてそれがインハウスローヤーネットワーク編『インハウスローヤーの時代』（2004年5月）の刊行として結実したこともまた，私にとっては有意義な出来事でした。

　いま，ネットワークはJILAへと発展し，会員の弁護士の方々は，企業はもちろん様々な組織の中で重要な役割を担い，まさに司法制度改革がめざした社会の隅々に法律家が存在する「法化社会」の発展の核心的担い手として活躍なさっておられます。

　今後，さらにJILAの活躍の場が拡がり，これまで以上に「法化社会」深化の重要な担い手として力を発揮なさることを祈念しております。

株式会社日本評論社

代表取締役　串崎　　浩

はしがき

　本書は，当会創立20周年記念事業の一環として刊行する，当会発足からの足跡を記した書籍です。

　当会は，2001年8月に「インハウスローヤーズネットワーク」として発足しました。2005年には名称を「日本組織内弁護士協会」に変更し，2021年8月に発足から20周年を迎えました。われわれは，この20年の節目に，これまでの当会の足跡を記録し，組織内弁護士の発展の歴史と共に振り返り，次の世代につなぐことを目的として本書を編纂いたしました。

　本書は，まず，冒頭にて，当会が平素よりお世話になっている各方面からのご祝辞をご紹介させていただきます。続いて，第1章にて，日本における組織内弁護士の発展の歴史を各種統計データと共に振り返ります。メインとなる第2章では，当会発足から今日までの当会の歩んだ20年間を4つの期間に区切り，それぞれの期間の年表を示すと共に，それぞれの期間にご活躍された会員の方々に，その時の苦労や当時の様子を振り返り，ありのままに記述していただくことで，当会の歴史を俯瞰しつつ，当時の様子や経験が次の世代に伝わる構成としております。続いて第3章では，関西支部，東海支部，九州支部，中国四国支部の各支部の歴史を紹介し，これまでの歩みを振り返ります。最後に第4章では，資料編と題しまして，当会が調査収集して参りました統計資料，これまで当会が実施して参りました定例の講演会「インハウスローヤーセミナー」，これまで発行した会報誌，当会の活動を支えていただいている賛助団体様などをご紹介しております。

　今日の当会があるのは，一重に，これまで当会の活動を支えて来てくださった歴代会員の皆様，また，ご支援くださった賛助団体，弁護士会，組織内他士業団体，その他の各種団体の皆さまのおかげです。ここに改めまして，厚く御礼申し上げますと共に，今後とも変わらぬご指導ご厚誼を賜りますようお願い申し上げます。

創立20周年記念事業担当副理事長

梅田　康宏

目　次

第 1 章

組織内弁護士発展の歴史
―戦後から令和まで―

■ 戦後の日本では普及しなかった組織内弁護士

　戦後の日本では，21世紀に至るまで，組織内弁護士がほとんど発展しませんでした。これはどのような原因に基づくものだったのでしょうか。

　戦後の日本経済は，中央官庁の強力なリーダーシップの下，重厚長大型産業を中心とした護送船団方式により急速な発展を遂げました。そこでは，企業が自ら「ガバナンス」や「コンプライアンス」体制を構築したり，契約審査部門を強化したり，あるいは，紛争解決や企業防衛に訴訟を活用したり，行政処分に不服審査で対抗するといったことは必要なく，多くの課題は行政との事前協議や業界団体内部での話し合いで解決することができました。そのような社会経済構造では，企業にとって法務部門は重要ではなく，そもそも経営資源を投資するべき対象ではありませんでした。当然，多くの企業では，弁護士を役員や従業員として採用するニーズ自体がありませんでした。

　一方で，比較的早い段階から法務部門の整備の必要性を感じていた企業もありました。総合商社や大手自動車メーカー，電機メーカーなど，いち早く海外投資や現地生産などに乗り出していった企業では，契約審査や現地法令規制対応などを中心に，1980年代には法務部門の重要性がすでに相当程度認識されていました。特に，1980年代後半，アメリカにおいて，GE（General Electric Company）社がジェネラルカウンセルなどの法務の主要ポジションに大手法律事務所の優れたキャリアを持った弁護士を抜擢したのを皮切りに，各社が優秀な弁護士を法務部門に採用する流れができると，日本でも，法務部門の専門

性強化の意識はより高まりました。

　しかし，日本の司法試験合格者数は1970年から1990年の20年間，500人程度で推移し，弁護士総数は1990年時点でもわずか13,800人に過ぎず，弁護士の希少性は主要先進国でも群を抜いていました。また，弁護士の業務の中心は企業法務ではなく，首都圏においても，法務部門の主要ポジションを任せられるようなビジネススキルや知識を持った弁護士を合理的なコストで確保することは困難でした。

弁護士法第30条（平成15年法律第128号による改正直前）

（兼職及び営業等の制限）

第三十条　弁護士は，報酬ある公職を兼ねることができない。ただし，衆議院若しくは参議院の議長若しくは副議長，内閣総理大臣，国務大臣，内閣官房副長官，内閣危機管理監，内閣官房副長官補，内閣広報官，内閣情報官，内閣総理大臣補佐官，副大臣（法律で国務大臣をもつてその長に充てることと定められている各庁の副長官を含む。），大臣政務官（長官政務官を含む。），内閣総理大臣秘書官，国務大臣秘書官の職若しくは国会若しくは地方公共団体の議会の議員，地方公共団体の長その他公選による公職に就き，一般職の任期付職員の採用及び給与の特例に関する法律（平成十二年法律第百二十五号）第五条第一項（裁判所職員臨時措置法（昭和二十六年法律第二百九十九号）において準用する場合を含む。）に規定する任期付職員，自衛隊法（昭和二十九年法律第百六十五号）第三十六条の四第一項に規定する任期付隊員若しくは地方公共団体の一般職の任期付職員の採用に関する法律（平成十四年法律第四十八号）第五条第一項に規定する特定任期付職員若しくは一般任期付職員となり，若しくは常時勤務を要しない公務員となり，又は官公署より特定の事項について委嘱された職務を行うことは，この限りでない。

2　弁護士は，前項但書の規定により常時勤務を要する公職を兼ねるときは，その職に在る間弁護士の職務を行つてはならない。

3　弁護士は，所属弁護士会の許可を受けなければ，営利を目的とする業

> 務を営み，若しくはこれを営む者の使用人となり，又は営利を目的とする法人の業務執行社員，取締役，執行役若しくは使用人となることができない。

　加えて，従前の弁護士法30条3項は，弁護士の独立性を維持する趣旨から，弁護士が企業の役員や従業員になることについては弁護士会の許可が必要という許可制を採用していました。

　許可制ですので，弁護士会の許可が得られれば就任できるのですが，許可条件は各弁護士会の裁量の下にあったため，弁護士会によっては，許可を得ることが困難なこともありました。今となっては信じられないかもしれませんが，許可の条件として，弁護士用の個室を用意して入り口に法律事務所の看板を取り付けることを求めたり，指定した日時に代表取締役を伴って面接に来ることを求めたりした弁護士会もあったといいます。比較的許可基準が緩かった東京でも，質店，宅建業，サラ金，風俗営業，旅館・ホテルなど，特定の業種は認められなかったり，資本金1億円以上の企業は認められにくい，などの制限があったといいます。

　結果として，弁護士を採用する日本企業はほとんどありませんでした。その代わり，日本では，法学部卒業生等を採用して独自に育成した法務部員によって構成される法務部門が発達していきました。

　1989年10月5日の日経新聞夕刊に，「サラリーマン弁護士急増　倫理面で問題視も」「弁護士会実態調査へ」と題する記事が掲載されました。「サラリーマン弁護士」が急増し，東京三会と大阪で合計28人に達したことや，それを弁護士会が問題視して調査を開始することなどを報じるものでした。記事では，「弁護士が社員になったからといって社会正義を実現できないと考えるのは短絡的な発想だ。企業内（社内）弁護士が増えるのは時代のすう勢ではないか」とする組織内弁護士推進派の弁護士と，「営利団体から独立しているからこそ，批判精神を持って人権の擁護といった社会正義の実現に尽くせるわけで，子飼いになったのでは，国選弁護人を引き受ける時間もないのでは」とする組織内弁護士慎重派の弁護士の意見が紹介されていました。組織内弁護士が初めてマ

スコミに紹介されたのはこの時だと思われます。

2001年9月時点でも，日本の企業内弁護士数は66人，2人以上抱える企業は，メリルリンチ日本証券（8人），ゴールドマン・サックス証券（6人），日本アイ・ビー・エム（6人），モルガンスタンレー証券（6人），UBSウォーバーグ証券（3人），アルプス電気（2人），マイクロソフト（2人），日興ソロモン・スミス・バーニー証券（2人）の8社に留まり，アルプス電気を除き，いずれも外資系金融・IT企業の日本法人・日本支社でした。

一方，中央省庁や地方自治体等の行政部門においても，弁護士が公務員として活躍することはありませんでした。意欲も能力もあるキャリア官僚によって組織された中央省庁に権限が集中し，法令や制度的枠組みよりも個別の通達や許認可によって幅広く行政が行われ，中央省庁においても，地方自治体においても，弁護士を職員として採用するニーズはありませんでした。

制度上も，弁護士法の制定以来，「弁護士は，報酬ある公職を兼ねることができない」（旧30条1項）と定め，弁護士が公務員となることを禁止していましたが，特段これで不都合はなく，法令を改正して公務就任を解禁しようという大きな動きもありませんでした。

こうして，2000年の時点で，国にも地方自治体にも，いわゆる行政庁内弁護士は1人も存在しませんでした。

■ 公務員制度改革によるニーズの高まりと任期付公務員制度の創設

企業からも行政庁からもニーズが少なく，制度上も厳しい制限が課されていた組織内弁護士について，先に大きな変化が生じたのは行政庁でした。

きっかけとなったのは，2000年から2002年にかけて整備された公務員の任期付任用制度でした。1999（平成11）年3月16日，内閣が設置した公務員制度調査会が「公務員制度改革の基本方向に関する答申」を内閣総理大臣に提出し，その中で，弁護士や会計士などの専門家を中央省庁で任期を限って任用する「任期付任用制度」の導入を提言しました。

公務員制度調査会「公務員制度改革の基本方向に関する答申」（抜粋）

1　多様で質の高い人材の確保

（新たな任期付任用制度の導入等）

　内閣官房，各府省における政策スタッフ職や専門職，企業的業務運営が必要な部門の官職等のうち，公務部内では育成することが困難な専門性を必要とする官職等に，民間企業経験者，弁護士，公認会計士，研究者その他部外における経験を通じてこれらの専門性を有する者を任期を限って任用し，給与等の適切な処遇を行えるよう，任期付任用の仕組みを整備すべきである。また，高い専門性を有する者を非常勤のスタッフとして活用していくことについても検討すべきである。

　答申を受けて，翌年から任期付公務員を実現する具体的な法整備が進められました。まず，2000（平成12）年，「一般職の任期付職員の採用及び給与の特例に関する法律（平成12年法律第125号）」が成立し，その附則により，弁護士法30条1項ただし書きが改正され，弁護士登録を抹消せずとも，国の「任期付職員」となることが認められました。続いて，2001（平成13）年には，「防衛庁設置法等の一部を改正する法律（平成13年法律第40号）」が成立し，同様にその附則で弁護士法が改正され，自衛隊の「任期付隊員」となることが認められました。

　そして，答申では明確に述べられていませんでしたが，同時期に進められていた地方分権推進の方向性に沿って，地方公務員についても，2002（平成14）年に「地方公共団体の一般職の任期付職員の採用に関する法律（平成14年法律第48号）」が成立し，同様にその附則で弁護士法が改正され，地方公共団体の「特定任期付職員」および「一般任期付職員」となることが認められました。

　こうして，2000年から2002年にかけての任期付任用制度の整備とそれに伴う弁護士法改正で，弁護士が弁護士登録を維持したまま，また，その専門性や退職金がないことを踏まえた柔軟な給与水準にて，国や地方自治体の任期付職員に就く道が開かれました。もっとも，この一連の改正では，常勤の公務就任期間中，弁護士としての職務を禁止する30条2項は維持されたままでしたので，

任期付公務員である間は，弁護士登録をしていても，弁護士としての職務を行うことはできませんでした。

このような状況を踏まえ，一部の弁護士会は，一定の条件を満たした会員については，公務就任期間中会費を減免する制度を設け，弁護士による任期付任用を後押ししました。こうして，弁護士による公務就任は，任期付公務員という形で少しずつ普及し始めました。

この他，公務員制度調査会の答申では，専門家を非常勤スタッフとして活用することについても提言していました。こちらについては，後述する司法制度改革によって実現していくことになります。

■ 「聖域なき構造改革」によるニーズの増大と 司法制度改革による完全自由化

1 「聖域なき構造改革」によるニーズの増大

企業や行政部門の弁護士に対するニーズを一気に増大させる契機となったのが，1990年代後半から計画され，特に，2001年4月に誕生した小泉内閣が「聖域なき構造改革」と銘打って強く推進した一連の政治改革，行政改革，地方分権推進，規制緩和等の経済構造改革等の諸改革でした。

「民間にできることは民間に」というスローガンの下，2000年代に次々と進められた国営企業の民営化や規制緩和政策は，郵政や道路公団の民営化，会社法の制定や証券取引法の金融商品取引法への改正，公正取引委員会や証券取引等監視委員会の機能強化といった形で具体化されました。その結果，企業は自らの身の丈に合った「内部統制システム」を構築して「ガバナンス」と「コンプライアンス」体制を確立し，自らの判断で業務執行を行い，自らの権利利益は裁判所を通じて守ることを求められることとなりました。また，中央省庁の側でも新たな仕組みを含んだ制度設計や抜本的な法改正などの法技術を要する業務が増加し，公正取引委員会や証券取引等監視委員会では審査官や審判官等を担う人材が必要となりました。

また，地方行政の分野においては，「地方にできることは地方に」をスローガンに，「国庫補助負担金の廃止・縮減」および「税財源の移譲」による地方

分権と，「地方交付税の一体的な見直し」による財政再建を同時に行ういわゆる「三位一体改革」が実行されました。これにより，地方自治体の果たすべき役割が増大し，地域の実情に応じた政策立案，条例制定，行政執行を自らの裁量と判断で行う範囲が拡大，内容も高度化しました。

　このように，政治改革，行政改革，地方分権推進，規制緩和等の経済構造改革等の諸改革の結果，民間セクターにおいても，パブリックセクターにおいても，自らの組織を自らの力で運営し，防衛するための臨時あるいは常勤の要員が必要となり，それを担う専門家として期待されたのが弁護士でした。そして，弁護士がこうした新しい役割を担うためには，従来の制度の枠組みでは困難であることから，構造改革と一体をなすものとして，司法制度改革が計画され，内閣に司法制度改革審議会が設置されました。

2　司法制度改革審議会意見書

　2001（平成13）年6月12日，司法制度改革審議会が内閣総理大臣に意見書を提出しました。意見書の内容は多岐に渡っていますが，特に重要な部分を以下に抜粋します（下線は編集部）。

司法制度改革審議会意見書―21世紀の日本を支える司法制度―（抜粋）
1　今般の司法制度改革の基本理念と方向
（前略）
　我が国が取り組んできた政治改革，行政改革，地方分権推進，規制緩和等の経済構造改革等の諸改革は，何を企図したものであろうか。それらは，<u>過度の事前規制・調整型社会から事後監視・救済型社会への転換を図り，地方分権を推進する中で，肥大化した行政システムを改め，政治部門（国会，内閣）の統治能力の質（戦略性，総合性，機動性）の向上を目指そうとするもの</u>であろう。行政情報の公開と国民への説明責任（アカウンタビリティ）の徹底，政策評価機能の向上などを図り，透明な行政を実現しようとする試みも，既に現実化しつつある。（中略）
　国民が自律的存在として，多様な社会生活関係を積極的に形成・維持し

発展させていくためには，司法の運営に直接携わるプロフェッションとしての法曹がいわば「国民の社会生活上の医師」として，各人の置かれた具体的な生活状況ないしニーズに即した法的サービスを提供することが必要である。（中略）

　また，21世紀における国際社会において，我が国が通商国家，科学技術立国として生きようとするならば，内外のルール形成，運用の様々な場面での法曹の役割の重要性が一段と強く認識される。とりわけますます重要性の高まる知的財産権の保護をはじめ，高度な専門性を要する領域への的確な対応が求められるとともに，国際社会に対する貢献として，アジア等の発展途上国に対する法整備支援を引き続き推進していくことも求められよう。（中略）

- 現行司法試験合格者数の増加に直ちに着手し，平成16（2004）年には合格者数1,500人達成を目指すべきである。

- 法科大学院を含む新たな法曹養成制度の整備の状況等を見定めながら，平成22（2010）年ころには新司法試験の合格者数の年間3,000人達成を目指すべきである。

- このような法曹人口増加の経過により，おおむね平成30（2018）年ころまでには，実働法曹人口は5万人規模に達することが見込まれる。
  （中略）

　今後は，弁護士が，個人や法人の代理人，弁護人としての活動にとどまらず，社会のニーズに積極的に対応し，公的機関，国際機関，非営利団体（NPO），民間企業，労働組合など社会の隅々に進出して多様な機能を発揮し，法の支配の理念の下，その健全な運営に貢献することが期待される。
（中略）

- 弁護士法第30条第1項に規定する公務就任の制限及び同条第3項に規定する営業等の許可制については，届出制に移行することにより自由化すべきである。

- 活動領域の拡大に伴う弁護士倫理の在り方を検討し，倫理研修の充実，綱紀・懲戒制度の適切な運用等により，弁護士倫理の遵守を確保すべきである。（後略）

　これを受けて，2004（平成16）年4月には法科大学院制度が創設され，2006年5月には新司法試験が開始となり，年間2,000人程度の合格者が輩出されるようになりました。

　また，平成16年4月1日施行の改正弁護士法により，弁護士法30条は全面的に改正され，公務就任禁止は撤廃され，営利業務の許可制は届出制に変更されました。

　こうして，組織内弁護士となる参入障壁が完全に撤廃されたのです。

■　司法制度改革後の企業内弁護士の発展

1　企業内弁護士総数の変遷

　企業内弁護士は，採用企業数と共に順調に増加を続け，JILAが発足した2001年に66人（39社）だったのが，新司法試験合格者が初めて弁護士登録した2008年には266人（158社），新規登録者が全員新司法試験合格者となった2014年には1,179人（619社），2021年には2,820人（1,324社）にまで増えました（**図表1**）。

【図表1】企業内弁護士と採用企業数の推移

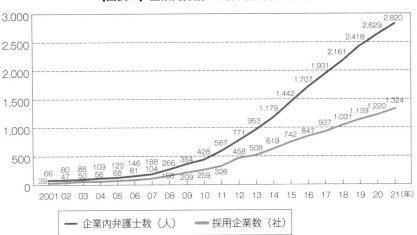

※調査年月は，2005年5月，2006年12月，2007年～2021年は6月現在の数値（日本組織内弁護士協会調べ）。

2　企業内弁護士の純増数の変遷

　次に，年度ごとの純増数を見ると，企業が2008年9月のリーマンショックによる一時的停滞から回復してきた2011年から企業内弁護士の増加数が急速に拡大していることがわかります（**図表2の棒グラフ**参照）。特に2016年以降は毎年200人を超えるペースで増えてきました。2021年も191人と200人近い人数が純増しており，現在も増加は堅調であると評価することができます。

　もっとも，2020年，2021年と2年連続して純増数が減少しており，2021年には200人を切っています。この点については後述いたします。

【図表2】企業内弁護士純増数と純増新人占有率の推移

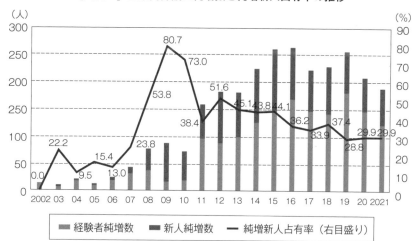

※「企業内弁護士純増数」とは，前年と当年の企業内弁護士数の差をいう。
※「新人」とは，弁護士となる資格を取得してから1年未満の者をいう。
※「新人占有率」とは，企業内弁護士純増数に占める，「新人」の割合をいう。

3　純増数に占める新人比率の変遷

　次に，純増数に占める新人の割合（純増新人占有率）を見ていきます（**図表2の折れ線グラフ**参照）。2008年から新司法試験合格者が輩出され始めたことで，新人採用数が急増し，純増数に占める新人の割合が一気に53.8％にまで上昇しています。そこに，2008年9月のリーマンショックの影響による企業の中途採用控えが重なり，2009年の純増数に占める新人の割合は80.7％にまで急上

昇しました。2010年もこの傾向が続きましたが，2011年には多くの企業が中途採用を再開したことで，経験弁護士の採用が大きく増加，反動による新人採用の微減も重なり，新人占有率は38.4％にまで急降下しました。2012年には51.6％となり，これ以降は多少の上下を繰り返しながら緩やかに下降し，2021年には36.1％となっています。

4　修習期別の企業内弁護士の分布の変遷

続いて，修習年代別の弁護士数，企業内弁護士数，企業内弁護士率を見ていきたいと思います。2021年の当会調査によると，2021年現在で30期代は3,243人中12人で0.4％，40期代は3,994人中63人で1.6％，50期代は7,734人中446人で5.8％，60期代は18,317人中1,884人で10.3％，70期代は5,367人中397人で7.4％となっています。現在の企業内弁護士のほとんどが50期以降に集中していること，また，期が若くなるにつれ，企業内弁護士の割合が高くなっていることがわかります。

現在に至るまで，各期の企業内弁護士の人数がどのように変遷してきたのかを視覚的に把握するために，50期以降の各期の企業内弁護士数の推移をグラフに表したのが**図表3**です。

【図表3】修習期別企業内弁護士数の推移（50期以降）

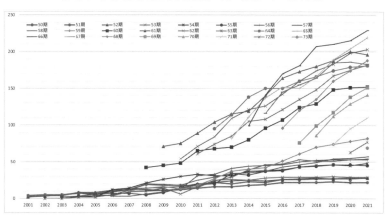

※調査年月は，2005年5月，2006年12月，2007年～2021年は6月現在の数値（日本組織内弁護士協会調べ）。

　まず，グラフ下方に固まっているのが50期代のグループです。全体として，2017年ころからはすでにほぼ横ばい状態となっていることがわかります。ほぼ横ばいとなっている最大の要因は年齢であると考えられます。弁護士登録する年齢を26歳と仮定すると，2021年時点で50期は50歳，59期でも41歳に達するため，それまで法律事務所にいた弁護士が新たに企業に就職する機会は限られてくるものと考えられます。なお，近年，中堅の企業内弁護士が法律事務所に転じるケースが増えているともいわれており，その影響もある可能性があります。要因を特定するためにはさらに継続的な調査が必要といえます。

　グラフ中央から右上に固まっているのが60期・70期のグループです。増加率には若干のばらつきがあり，特に，最近の傾向として，登録初年度から登録4年目あたりまで増加率が特に高く，登録5年目あたりから若干鈍化する傾向があるように見受けられます。この点，60期代においても，もっとも年次が上の60期，61期は，この2年間で4～6人の増加に留まっており，50期台のように純増数が横ばいになる気配を見せています。

5　企業内弁護士の男女比の変遷

　続いて，企業内弁護士の男女比率を見ていきたいと思います（**図表4**）。

　企業内弁護士の女性比率は2001年では19.7％でしたが，緩やかに上昇を続け，2013年には40.3％となりました。その後は，2021年まで7年間ほぼ40％の水準が維持されています。弁護士全体の女性比率は2020年時点で19.1％であり，企業内弁護士の女性比率の高さがうかがえます。

6　企業内弁護士の処遇の向上

　JILAが調査を開始した2013年から2021年までの企業内弁護士の収入の変化をまとめたのが**図表5**です。これを見ると，大きく2つの変化が見られます。

　1つは，年収500万円未満の人が大きく減少してきていることです。2013年には年収500万円未満が全体の9.6％を占めていたのに対し，2021年にはこれが3.8％と大幅に減少しています。年収500万円ラインは，1つの大きなラインです。これを下回る企業内弁護士が限りなく減ってきたことは，適切な処遇が広がってきていることを示しています。

【図表4】企業内弁護士の男女別人数と女性比率の推移

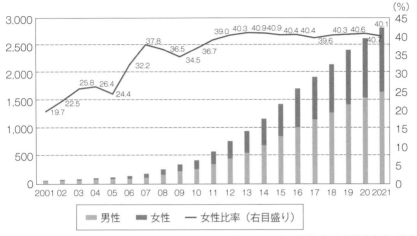

※調査年月は，2005年5月，2006年12月，2007年～2020年は6月現在の数値（日本組織内弁護士協会調べ）。

【図表5】企業内弁護士の収入の変化

（万円）	2013年	2014年	2015年	2016年	2017年	2018年	2019年	2020年	2021年
～250	0.0%	0.4%	0.0%	0.0%	0.5%	0.0%	0.0%	0.0%	0.0%
250～500	9.6%	9.2%	12.1%	9.6%	7.5%	6.0%	5.0%	3.6%	3.8%
500～750	29.2%	31.3%	29.2%	30.5%	32.2%	30.5%	29.0%	22.5%	23.2%
750～1,000	22.5%	19.5%	25.7%	24.1%	23.4%	27.3%	30.2%	28.3%	28.5%
1,000～1,250	14.6%	14.3%	9.8%	12.0%	13.6%	15.2%	13.0%	22.8%	19.2%
1,250～1,500	7.9%	9.9%	8.4%	9.4%	7.5%	8.9%	9.8%	7.6%	8.3%
1,500～2,000	5.4%	4.0%	5.8%	6.1%	6.8%	6.0%	5.9%	8.0%	7.1%
2,000～3,000	5.0%	5.5%	4.6%	3.7%	4.3%	3.2%	3.8%	4.0%	5.6%
3,000～5,000	3.3%	4.0%	2.3%	1.6%	1.8%	1.4%	1.5%	2.2%	3.0%
5,000～	2.5%	1.8%	2.0%	2.9%	2.5%	1.4%	1.8%	1.1%	1.3%
有効回答数	240	272	346	374	398	348	338	276	396

※日本組織内弁護士協会「企業内弁護士に関するアンケート集計結果」（2013年～2021年）に基づき作成

　もう1つは，「750万円～1,000万円」と「1,000万円～1,250万円」の割合がいずれもこの8年間で5ポイントほど増加し，全体1位が「500万円～750万円」

から「750万円〜1,000万円」へと移行したことです。この金額帯は，若手から中堅の一番のボリュームゾーンです。ここが一貫して上昇傾向にあることは，企業内弁護士の処遇が全体として向上していることを示しています。

　このように処遇が向上を続けている理由については，2011年以降，新人弁護士・経験弁護士双方の採用が大きく伸び，毎年平均200人を超える企業内弁護士が増加していく中で，「弁護士を採用する企業が増えるにつけ，企業側の待遇や制度がこなれてきた」「優秀な弁護士を囲い込むため，給与体系の見直しや，弁護士のキャリアパスの整備を行う企業が増えている」（「特集　弁護士・司法書士・社労士序列激変」週刊ダイヤモンド2021年7月24日号46頁）などと分析されています。

7　企業内弁護士の地位の向上

　次に，2013年から2021年までの企業内弁護士の地位の変化をまとめたのが**図表6**です。これを見ると，管理職以上（管理職，役員またはジェネラルカウンセル）の地位にある弁護士の割合が，徐々に増加してきていることがわかります。

【図表6】企業内弁護士の地位の変化

	2013年	2014年	2015年	2016年	2017年	2018年	2019年	2020年	2021年
一般従業員	60.4%	61.4%	66.2%	63.4%	63.8%	59.5%	57.4%	52.5%	52.5%
管理職	36.3%	33.8%	29.2%	31.6%	31.7%	35.9%	37.3%	41.3%	42.9%
役員・GC	3.3%	4.8%	4.6%	5.1%	4.5%	4.6%	5.3%	6.2%	4.5%
有効回答数	240	272	346	374	398	348	338	276	396

※日本組織内弁護士協会「企業内弁護士に関するアンケート集計結果」（2013年〜2021年）に基づき作成

　2013年には管理職以上の割合が39.6％に過ぎなかったのが，2021年には47.5％にまで8ポイントほど上昇し，企業内弁護士の半数近くが管理職以上の地位となっています。

　企業に定着する弁護士が増え，昇進により管理職となる例が少なくないこと，また，法務部長等のポスト長クラスの管理職を外部から登用するケースが増え

ていることなどが考えられます。また，既存の給与体系の中で処遇を向上させる手法として，早期に管理職に昇進させる，あるいは入社時から管理職とするといった企業が見られることも，管理職率上昇に影響しているものと見られます。

8　企業内弁護士の今後の展望

　経営法友会が，経営法友会会員企業，商事法務研究会会員企業および上場企業等を対象に5年に一度実施している「法務部門実態調査」において，弁護士を「是非採用したい」と回答した企業の変化をまとめたのが**図表7**です。

【図表7】企業の弁護士採用意欲

		2005年	2010年	2015年	2020年
是非採用したい	経験弁護士	1.3%	3.0%	7.8%	14.5%
	未経験弁護士			3.4%	5.6%
できれば採用したい	経験弁護士	11.8%	8.1%	14.9%	14.0%
	未経験弁護士			8.0%	7.1%
応募があれば検討する	経験弁護士	50.1%	40.7%	40.9%	48.8%
	未経験弁護士			39.6%	51.3%
応募があっても検討しない	経験弁護士	31.1%	31.0%	25.2%	17.8%
	未経験弁護士			34.6%	27.0%
無回答	経験弁護士	5.7%	17.2%	11.1%	4.8%
	未経験弁護士			14.4%	9.0%

※経営法友会「法務部門実態調査」（2005年～2020年）に基づき作成

　2005年に実施された第9次調査では弁護士（実務経験の有無にかかわらず）を「是非採用したい」と回答した企業は1.3％に過ぎませんでしたが，2020年実施の第12次調査（実務経験の有無に分けて質問）では，経験弁護士を「是非採用したい」が14.5％，未経験弁護士を「是非採用したい」が5.6％にまで上昇しています。この第12次調査は，新型コロナ禍の真っただ中である2020年8月から12月にかけての調査であり，弁護士採用意欲が新型コロナ禍を踏まえても衰えていないことを示しています。

　一方で，企業内弁護士数は依然として増加傾向にあるものの，増加ペースは横ばいないし若干の減少が見られます。特に2019年から2021年にかけて2年連続で純増数が減少し，全体の純増数が200人を下回りました。上記のとおり，これは70期（2017年弁護士登録）以降からの合格者数削減の影響が出始めていることと，法律事務所の採用が増加して弁護士採用が新人・中途共に活発なために法律事務所と企業の間で若手弁護士の取り合いが起こっていることなどが原因として考えられます。

　この点，令和元年に成立した改正法科大学院教育・司法試験連携法により，一部の大学の法学部に「法曹コース」が設置され，法学部を3年で卒業して法科大学院に進学することができると共に，卒業を待たずに大学院2年時に司法試験を受験することも可能とする制度が発足することとなりました。また，政令により法科大学院の定員増が認可事項とされ，文部科学省告示により入学定員総数につき2,300人程度を上限とすることとされました。

　これらの改革が，法科大学院に対する訴求力を回復し，これまで以上に有意な質と量の人材が法曹界に安定的に供給される端緒となることを期待します。

■　任期付公務員弁護士

　任期付公務員弁護士は，2000年から2002年にかけての任期付任用制度の整備とそれに伴う弁護士法改正で実現し，中央官庁等（国家公務員）を中心に本格的に運用が始まりました。開始間もない2005年には60人だったのが，2020年には241人にまで増えています（**図表8**）。

　その内訳について，地方自治体等のデータが日弁連から公表されている2010年以降で見ると，中央官庁等が2010年の84人から，2020年の123人まで，なだらかな増減を繰り返しながら全体として10年間で50％程度の増加にとどまっているのに対し，地方自治体等は2010年の5人から一貫して増加を続け，2020年には118人と10年間で20倍以上に増加しています。

　これは，2011年に成立した「地域の自主性及び自立性を高めるための改革の推進を図るための関連法律の整備に関する法律」（平成23年法律第105号）により，地方自治体への権限の移譲や，「義務づけ・枠づけ」の廃止が進み，地方

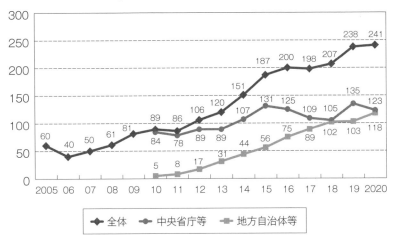

【図表8】任期付公務員数の推移

1．日弁連調べ（弁護士白書2010年版～2020年版「第2編　2-3弁護士の活動領域の拡がり　(3)任期付公務員の状況」より）。
2．上記表に反映されない，任期付公務員以外の行政機関の組織内弁護士として，形式上は非常勤であるが，実質的には常勤で勤務する者（常勤的非常勤職員）が，200数十名存在する（例：各省庁の政策調査員等）。

自治体の権限や責任がさらに大きくなったこと，加えて，2014年から，委員会勧告方式にかえて，地方から提案のあった権限移譲や規制緩和に必要な関連法を一括改正する提案募集方式に変更されたことで，地方自治体が自ら権限移譲や規制緩和について分析検討し，中央に提案することが求められるようになったことが背景にあると考えられます。

　そして，今後についても，2019（令和1）年までに第5次から第9次の地方分権一括法が成立し，農地転用基準の緩和，地方版ハローワークの設置解禁，被災者への災害援護資金の低利貸付，学童保育（放課後児童クラブ）の全国一律基準の撤廃などが実現したことで，これらの制度を運用するための人材も必要となり，任期付公務員弁護士の必要性はさらに進んでいることからすると，増加傾向はさらに続くものと考えられます。今後，地方自治体の任期付公務員弁護士がどこまで増えていくのか，注視していきたいと思います。

第2章

日本組織内弁護士協会20年の概観

1．第1期・黎明期（2001年〜2005年）
〜設立・糾合・コミュニティの確立と存在の認知〜

年	月	事　項
2001	8	「インハウスロ ー ヤ ー ズネットワーク」として創立
	9	企業内弁護士の人数と所属企業に関する調査を開始
2002	7	ウェブサイト開設
	10	定例会の開催を開始
		「会員座談会」のウェブ掲載開始
2003	6	司法修習生向け「企業内弁護士の業務・活動説明会」を開催
2004	4	改正弁護士法施行（弁護士の公務員就任・営利活動従事の自由化）
	6	書籍『インハウスローヤーの時代』（日本評論社）を出版
		出版記念パーティーを開催
2005	10	名称を「日本組織内弁護士協会」に変更

JILAがJILAとなるまで

初代理事長　梅田　康宏

■インハウスになる

　私がインハウスになったのは全くの偶然でした。その年の「春の集会」のパネリストであったNHK解説委員の若林誠一氏に招かれて，修習生の有志でNHKを訪れたのが発端でした。その際，司法記者や法務部の方々との懇親会

の席上で，当時の法務部長から「実は今秋，NHKでは弁護士資格のある人を採用したいと考えているので，ぜひ皆さんにも応募してほしい」という話がありました。

　修習生が企業に就職するなどということは考えたこともない時代でした。どのような仕事をするのかと尋ねると，「NHKの表現の自由を守る仕事です」と法務部長は答えました。私は，この言葉に感銘を受け，NHKの採用試験を受けることにしました。2000年8月のことでした。

■インハウスローヤーズネットワーク設立

　2000年秋，運よく採用試験に合格し，晴れてNHKで初めてのインハウスとなった私は，早速，インハウスの団体や会合にでも参加して，先輩方からいろいろ教えてもらおうと考えました。

　しかし，調べても，調べても，そのような団体の情報にはたどり着きません。ようやくわかったのは，かつて日本IBMで活躍された辛島睦先生が，IBM在職当時に「企業内弁護士連絡会」という組織を立ち上げて名簿を作成したものの，その後，具体的な活動は行っていないということだけでした。当時，アクティブに活動しているインハウスの団体は日本に存在しなかったのです。

　ないものは仕方ないので，自分たちで作るしかないと思った私は，まずは同期で集まろうと思い，53期で私と同様に登録と同時にインハウスになった日立製作所の市橋智峰さん，日本IBMの中村比呂恵さんに声をかけて，ぜひ1度集まろうと誘いました。また，ちょうどこのころ，以前からの知り合いだった52期の田丸敬巳さんが日本テレビに入社したことを知り，彼にも声をかけました。こうして，2001年夏に4人で渋谷の韓国料理店に集まったのが，現在のJILAに至る私たちのグループの原点でした。

　その後もメールでやりとりを重ねながら，定期的にこのグループで会合を持つこと，新しい情報があれば積極的に共有すること，グループの名称を「インハウスローヤーズネットワーク」とすること，創設日を2001年8月1日とすること，私が代表者を務めること，関心がありそうな人がいれば勧誘すること，などを確認していきました。また，団体としての定款を定め，8月1日に遡って適用することとしました。こうして，少しずつ，組織としての実体を作り上

げていきました。

　大学時代，司法試験サークルで学生代表を務めたり，仲間と旅行サークルを立ち上げたりといった活動に没頭していた私は，この団体を発展させていくこと自体に大きな関心を持つようになりました。

■インハウスリストの整備と勧誘活動

　インハウスローヤーズネットワーク設立後，最初に行ったのが，日本に存在するインハウスのリストを作ることでした。いろいろ調べているうちに，日弁連や東京三会のサイトの弁護士検索にいろいろなキーワードを入れることでインハウスを検索・特定できることに気づきました。試行錯誤の結果，9月末にはリストを完成させることができました。その人数は66人でした。何度数えても66人で，あまりの少なさにちょっと驚きました。これが，現在でも毎年公表している統計資料の最初の調査となっています。

　翌年5月，インハウスリストを更新したところ，合計で12人ほど増えていました。増えた人たちは，46期から53期に集中していました。このリストに基づいて電話勧誘をすることにしました。さすがにいきなり大先輩に声をかけるのは気がひけたので，若い期から順番に勧誘していきました。こうして，7月末までに，ヤフーの小松次郎さん，ユニ・チャームの石井夏生利さん，NTTドコモの立花市子さん，伊藤忠商事の糸井千晴さん，スターバックスコーヒーの茂木小径さんらが新たに加わりました。

■ウェブサイトの立上げと座談会

　次に，ウェブサイトを立ち上げました。積極的に情報発信し，インハウスや会の存在を社会に認知してもらうためには，ウェブサイトが最も効果的だと思いました。今から思えばとても稚拙なものですが，市販のソフトを用いて簡単なサイトを作成し，ヤフーのサイト検索に登録しました。当時は現在のような精度の高い検索エンジンはなく，広く認知してもらうためには，ヤフーのようなポータルサイトに依頼して登録してもらう必要がありました。ヤフーでは，弁護士会と並んで「弁護士」「法律」のカテゴリーに入りました。ただ，この時点では，掲載すべきコンテンツが不足していました。

　そこで，それまで単なる懇親会だった定例の会合を，座談会形式とし，その様子をまとめた議事録を公開することにしました。第1回は，「企業にとってインハウスローヤーを置くメリットとは？」と題して2002年10月に開催しました。その後も「インハウスローヤーの職務の独立性とは」「法曹人口の急増とインハウスローヤーへの影響」など，関心が高いと思われるテーマを選んで順次開催し，サイトに議事録をアップしていきました。

　このころから，サイトを見たという外部からの問い合わせが増え始め，マイクロソフトの牧山嘉道さん，GEエジソン生命の本間正浩さん，そして，その後長らく副代表を務めていただくことになるUBSの西和伸さんら，インハウスの大先輩の方々にも参加していただけるようになりました。最終的に座談会は2005年まで，年に平均3回くらいのペースで，計8回実施することになりました。この座談会議事録は，現在もJILA公式サイトにて誰でも閲覧することができます。

　当時，現役のインハウスによる情報発信が少なかったこともあり，この座談会は多方面から反響をいただきました。中でも，第3回「インハウスローヤーと公益活動義務化問題」は，法曹倫理教材『プロブレムブック 法曹の倫理と責任』（現代人文社）に参考文献として全文が掲載され，法科大学院の法曹倫理の授業で議論する基礎資料とされました。

■司法修習生説明会

　もう1つ，ウェブサイトと並んで行った情報発信が，司法修習生向けの説明会でした。当時はまだ検索エンジンも発達しておらず，ウェブサイトだけでは，必要な情報を必要な人に届けるには限界がありました。これから法曹となる司法修習生に，組織内弁護士の魅力を伝え，理解してもらうことは，今後の組織内弁護士の普及促進にどうしても必要だと思いました。

　2003年6月，前期修習中だった57期の司法修習生有志に声をかけ，平日夜に弁護士会館に集まってもらいました。西さん，本間さん，糸井さんに加え，大阪から松下電器の片岡詳子さんにも参加していただきました。私を含む5人で，それぞれの業種について，組織内弁護士の役割や仕事の魅力を話しました。インハウスという働き方自体，始めて知ったという修習生がほとんどで，懇親会

でも，「なぜ企業で働こうと思ったのか？」という素朴な質問がよく聞かれました。

　ここでの経験は，その後，定例会がセミナー形式となった際に一定条件で司法修習生にも参加を認めることや，法科大学院主催の学生向け説明会に講師を派遣することなどにつながっていきました。

■書籍『インハウスローヤーの時代』出版

　こうして徐々に情報発信をし始めた当会でしたが，次にどうしてもやりたかったことが，インハウスに関する書籍の出版でした。2003年当時の日本には，インハウスに関して書かれた文献は皆無で，１冊の書籍として出版できれば画期的なことだと思いました。特に，翌年４月には改正弁護士法が施行され，弁護士の公務員就任禁止や営利活動営利事業従事の許可制が撤廃されることが予定されていましたので，ぜひともこのタイミングに合わせてインハウスに関する初の書籍を世に出したいと考えました。

　このことを早稲田大学の須網隆夫教授にお話ししたところ，当時法学セミナー編集長であった日本評論社の串崎浩氏（現同社代表取締役）をご紹介して下さり，そこからトントン拍子で書籍の出版が決まりました。

　私たちは，インハウスに関する初の書籍と言うことで気合は十分でしたが，現役のインハウスだけでは偏った視点になりかねないとも思っていたところ，三菱商事の大村多聞法務部長，早稲田大学の宮澤節生教授，ヘッドハンターの小堀陸郎氏もこの企画に賛同して参加してくださることになり，多様な視点を持たせることができるようになりました。こうして2004年６月に出版されたのが，書籍『インハウスローヤーの時代』です。

　出版記念パーティーでは，私に最初のきっかけを与えてくれた若林解説委員や，長島安治弁護士，後にJILAに入会してご活躍されるドイツ証券ジェネラル・カウンセルの池永朝昭さんからも来賓としてご祝辞をいただくことができ，われわれにとって大きな一歩となりました。

■日本組織内弁護士協会誕生

　2005年４月，日弁連の倫理規定として新たに「弁護士職務基本規程」が施行

され，その中でインハウスを示す語として「組織内弁護士」が採用されました。これを受けて当会も，それまで使い慣れてきた「インハウス」と，用語としての「組織内弁護士」を用途に応じて使い分けるようになりました。

　そして，同年9月，当会は大きな決断をしました。当会の名称を，10月1日付で「インハウスローヤーズネットワーク」から，「日本組織内弁護士協会」と変更することにしたのです。それまでは，一部の若手インハウスの集まりとして活動してきた当会でしたが，書籍を出版し，会員数も30名を超え，中堅からシニアの方々も参加していただけるようになったことから，名実ともに，日本を代表する組織内弁護士の団体であることを目指すことにしました。

　それまで座談会として開催してきた定例会を，11月から「定例セミナー」に変更し，会員にとってより魅力的なものにすることにしました。併せて，このことを対外的にアピールし，形に残すため，商事法務とタイアップし，第4回までの定例セミナーを原稿化し，年明けからNBLに連載として掲載してもらうことになりました。また，同じく年明けには片岡さんを中心に関西支部を設置し，関西地域での活動を本格化させました。運営面では，それまで個人プレーに頼っていた当会の運営を，チームで行っていくべく，役職や担当などを決めて，分担するようにしました。

　こうして日本組織内弁護士協会となった当会は，2006年以降，急速に活動の幅を広げていくことになったのです。

■おわりに

　私たちがこの組織を作ろうと思ったのは，必要にせまられたからですが，その後も続けようと思ったのは，そこに純粋に楽しさを感じたからです。本来の仕事とはまた違う場所で，同じ目的を持った人たちと，時には激しく議論をしながらも，同じ方向を向いて何かを作り上げていく，そしてそれが誰かの役に立っていくという感覚は，何物にも代えがたい経験です。今では多くの会員が，部会，支部，委員会，研究会，事務総局などで，この組織を動かし，活用して，様々な成果を上げています。今後も，より多くの会員が，同じような感覚を持って，楽しみながら，この組織を動かし，活用していっていただけることを期待しています。

JILA誕生秘話？

市橋　智峰

　日本組織内弁護士協会（以下「JILA」といいます）が創立されてから20年が経つそうです。そうですと書いているのは，創立日が2001年8月1日らしいのですが，いつが創立（日）だったのか，正直にいって私自身よくわからないためです。とは言うものの，2001年のいずれかの時点がそれだったのだろうと思います。

　私は研修53期で，弁護士になったのは2000年の10月ころでして，私自身も弁護士になってからおよそ20年が経ちました。こうした節目のタイミングで「JILA20年のあゆみ」に寄稿できるのも縁あってのことで，とても光栄に感じます。

■なぜ企業に

　時間を2000年ころに遡りまして，なぜ自分が企業内弁護士になったのか，そして，どのようにしてJILAと関わることになったのかをお話ししたいと思います。私は，大学では数学を専攻していました（物理学に現れる微分方程式の解法を研究していました。いずれにしても法律とは全くかけ離れている分野です）。大学院にも5年在籍しましたが，その後諸般の事情から（生活の必要性という側面が強かったのですが），進路を変えて司法試験を受け，3回目の受験でようやく合格しました。

　合格時点で30歳くらいでしたから，遅すぎないにしても，何か自分の強みを生かすことが必要だろうと何となく考えていました。私は理科系出身であることもあって，これまでのキャリアを一番生かせるのは知的財産，特に特許の分野かなと考えました。自分なりに調べた結果，どうやら特許の分野は大企業がメインプレーヤーとなってグローバルで活動しているように思えました。そして，私が司法研修所にいたときに，㈱日立製作所の知的所有権本部（現知的財産権本部）が司法修習生の採用活動をしているのを知り，「これは面白い！」と思いました。同社にとってもそれが日本弁護士採用の最初の試みです（ちなみに，当時，米国弁護士は複数在籍していました）。

　司法研修所を出て直ちに，しかも（日本）弁護士の先輩がいない職場に入ることには当然ながら不安もありましたが，知的財産の最先端を企業内で携われることは魅力でした。加えて，私が弁護士になった2000年当時は企業内弁護士それ自体が相当に少なかった時代ですから，企業内で知的財産業務に従事している日本弁護士はおそらくほとんどいなかったと思います。こうなったら逆張りの精神です。「だったら自分がやってみよう」ということで，私は司法研修所を終了して直ちに企業内弁護士になることにしたのでした。

　ところが，司法研修所の終了間際，誰かから，弁護士が企業に入るには弁護士会の営業許可が必要だということを聞きました。「えっ，何それ？」と思いましたが，入社日も間近に迫っています。「許可なく入社すれば，弁護士になって早々に弁護士法違反か？」，などと考えつつ，これは急がねば，ということで私が所属することになっていた東京弁護士会に向かいました。たまたま運よく東京弁護士会の役員の先生がおられまして，申請が遅れましたと相談すると，「任せておきなさい。週末の理事会にすぐにかけてあげます」と。（先生，その節は大変お世話になりました。敬礼！）。結果，事なきを得ることができました。

■偶然の出会い

　話は続きます。そのとき弁護士会館の東京弁護士会のフロアで，同期（53期）の見覚えのある人とばったり会いました。現JILA副理事長・事務総長の梅田康宏さんです。おそらく，そのときまで話をしたことはなかったのですが（当時，司法研修所同期は700人くらいいましたので）。「実は，私は企業に入るのですが，営業許可が必要と聞いたので来たのです」という話をすると，「私もです。でも，私が入るNHKは営利法人でないから営業許可は要らないそうです」とのこと。それが梅田さんとの初めての会話でした（私は，NHKが営利法人でないことをそれまで意識したことがなかったこともあって，この会話をよく覚えています。梅田さんは覚えているかな？）。

　2人とも企業（組織）に入るということもあって，話題はそのことになりました。企業内弁護士は少ないけれど，同期で他にも何人か企業内弁護士になる人がいる，皆で集まって情報共有などができたらいいなと思う，というような

話をしたと記憶しています（おそらくは，梅田さんの提案に私が同意したような流れだったのだろうと思いますが）。その時はその程度の話だったと思います。その後，晴れて弁護士となり，企業に入社しましたが，しばらくしてから，梅田さんと連絡を交わすようになりました（主にメールでやりとりしていました。当初は，会社のメールアドレスを使っていたため，転職とともになくなってしまいました）。

　今となっては詳細な内容は思い出せませんが，梅田さんから，「企業内弁護士」（当時は，この用語を用いていました）の集まりを作ろう，まずは同期や若手に声をかけてみよう，という話があったと記憶しています。私も，弁護士になりたてで，企業内弁護士の仲間も少なかったため，仲間と集えるということは嬉しいことでもあり，大賛成でした。

　ところで，この時点で，梅田さんには，この「集まり」を継続して育てていくというビジョンが明確にあったのです。というのも，その時点で掲げていた方針にすでに表れていたからです。そして，それが以後もずっと続いていったように思われます。私なりに要約すると，

① 　今は（その当時），企業内弁護士は少ない。だから皆で集まって情報共有をするなどして助け合おう。将来，企業内弁護士はますます増えるだろう。皆で集まれば，企業内弁護士の地位向上のための力を発揮できるはずだ。

② 　無理はしない。できる範囲の身の丈にあった活動しよう。無理をすると続かない。

③ 　少しずつでも形に残るコンテンツや活動を積み上げよう。それが積み重なれば実績となって皆にアピールできるし，参加者も活動の意義を実感できる。

特に上記を 3 か条として書き記していたわけではありませんが，そうした会話を交わしていたことを覚えています。

　最初は同期・若手を中心に集まって食事会を催して，企業内弁護士を取り巻く環境について情報交換したり，また，ご参加いただいた先輩企業内弁護士の方から諸々教わったりということをしていました。最初のうちはメンバーも固定せず，いろいろ声をかけて，都合のつく人が参加していたというのが実態で

す。それでも，早い段階で食事会を「座談会」としてコンテンツ化するなどしていました（上記③ですね）。

　また，梅田さんは団体の名前を決めて，ホームページも作りました。当時の名前は「インハウスローヤーズネットワーク」といいました。今ほどお堅くもなく，カジュアルな感じで，それはそれでいい名前だったとは思います。格好いいロゴを発見したので，「どうしたの？」と尋ねると，「友人にお願いした」と。きっと無料だったのでしょう（これも上記②の実践ですね）。

　こんな感じで，JILAの誕生当初は，梅田さんが，フレキシブルだが着実な取組みによって，一から作り上げていったのです。おそらく今のJILAで当時のことを知る人は（当の梅田さんを除くと）ほとんどいないと思いますので，本稿で紹介させていただきました。1つお断りしておくと，本稿の内容について事前に梅田さんに確認していないので，「そうじゃないよ」という部分があるかもしれません。しかし，事前に確認すれば「書かなくていいよ」と言われると思うので，勝手に書いてしまいました。

■その後，再び

　さて，その後の私ですが，企業で3年勤務した後，2003年に法律事務所に転職しました。企業内弁護士だけではなく，法律事務所勤務も経験したほうがよいと考えたのが理由でした（会社には大変お世話になりました。今でも感謝の気持ちでいっぱいです）。法律事務所に入りますと，自分はインハウスローヤーではないと実感します。そうしたことから，JILAの活動から距離を置くようになり，会合に参加することもほとんどなくなりました（しばらくメーリングリストを通じて活動内容をフォローしつつ，また，節目の記念パーティーなどには参加させていただいたりしていました）。今のJILAでは，企業内（組織内）弁護士経験者も準会員として参加できる制度が整備されており，大変よいことだと思います。

　その後，2014年，私は現在の企業に入社しました。再び企業内弁護士となったわけです。どうやら企業で働くことが性に合っているようです。

　2019年の秋，梅田さんから連絡がありました。これから海外向けの業務も増えていくのでJILAで国際委員会を立ち上げる。委員長として協力してくれな

いか，とのことでした。JILAが成長・拡大していく時期にお役に立てなかったという思いと，創立時から変わらない一貫した活動に対する敬意とから，今回こそ少しでもお役に立てればと考えてお引き受けしました。本当にしばらくぶりに，再びJILAの活動に実質的に参加させていただくことになったわけです。

　JILAの歴史が20年ですが，最初期を知り，その後は空白となった（さながら浦島太郎のような）私は，隔世の感を覚えます。2,000人に迫ろうかという会員数，整備された組織と活動，役員の面々，等々（繰り返しになりますが，最初は5〜10名のカジュアルな会合に過ぎなかったのです！）。どんなに大きい組織や会社でも，始まりがあって，そしてそれは小さいものです。JILAも同じです。JILAがここまで大きくなるには，本当に大勢の方の努力があり，その集積があっての今日だと思います。私が直接知っているのはJILA史の一部分にすぎませんが，それが少しでも臨場感を持って伝わったならば幸いです。

弁護士から研究者へ

石井　夏生利

■インハウスローヤーになったきっかけ

　私がインハウスローヤーになったきっかけはいくつかありますが，1つは，社会人経験を積みたいと思ったことにありました。私は，大学を卒業してすぐに司法研修所に入り，2年の研修を経て弁護士になりましたが，弁護士としての未熟さに加えて，相談を受けても様々な悩みを抱える依頼者の思いや希望を汲み取ることができず，社会人経験が足りないことにも不安を覚えたという記憶があります。

　また，当時はまだ20代半ばで，他の仕事に就くチャンスを掴むことのできる年齢でしたし，法曹資格を有していることは今とは比べものにならない程大きなアドバンテージでしたので，法曹資格者が通常たどる既定路線から出てみたいと思うようになりました。そのチャンスは今しかないとも感じていました。

　そのような時に，新聞記事で偶然ユニ・チャームの法務部が社員を募集しているのを見つけましたので，応募してみることにしました。快く採用してくれ

たユニ・チャームには感謝しています。

　ただ，実際に採用されてみると，いろいろなことに気づかされました。当時はインハウスローヤー自体が非常に珍しく，会社も日本の法曹資格者を採用した経験がありませんでしたので，インハウスローヤーの扱い方がわからないという様子が見受けられました。会社は著名な法律事務所と顧問契約を結んでいますので，重要な法律問題は法律事務所へと相談がなされていました。私自身も，中途半端な経験のまま入社しましたし，企業法務の経験もありませんでしたので，法曹資格をうまく活用することができませんでした。

　また，法律事務所に在籍していたころに得た知見は，半年程度で陳腐化してしまうことも実感しました。実際に顧問先の法律事務所へ出向き，法律相談に同席したこともありますが，その場にいて私が法曹資格を役立てる場面はありませんでした。

　ただ，司法研修所同期の立花市子先生がNTTドコモの法務部に移籍され，そのご縁を通じて，NHKの梅田康宏先生と知り合いになり，インハウスローヤーの会に参加させていただくことができました。会社内では法曹資格者は1人でしたが，インハウスローヤー自体が少数であった時期に，他のインハウスローヤーの先生方と交流を持てたことは，とても貴重な経験となりました。

■研究者への転身
　ところで，法曹資格を法曹資格として使うことにこだわらなければ，選択肢はいろいろと広がります。あるとき，会社の同僚から私は大学院に向いているのではないかと言われたことがありました。それまでは研究分野に携わることは考えていなかったのですが，その時に言われたことがなんとなく記憶に残り，社会人大学院生を受け入れている大学の入学案内をいくつか取り寄せてみました。そのころは仕事で環境法や個人情報保護法（当時は法案）に関わっていたことから，仕事との関係で修士論文を執筆できる研究室を探し，中央大学大学院法学研究科を受験し，無事に合格しました。会社については退職を考えましたが，相談の上，一旦休職しました。

　大学院では，個人情報保護分野の第一人者である堀部政男先生のゼミに受け入れていただきました。当時は個人情報保護法が制定されたばかりでしたし，

データの取扱いに関する法律実務は全く確立されておりませんでしたので，プライバシー・個人情報保護分野で研究しようとする法曹資格を持つ大学院生は珍しかったようです。今思い返してみると，インハウスローヤーを選んだ時も，プライバシー・個人情報保護の研究分野に進んだ時も，前例がないところに活路を見いだそうとしていたように思います。

　大学院に入ると，他大学の若手研究者として活躍されている先生が博士課程に在籍されていたり，企業や民間の研究所に勤める方とも知り合いになる機会を得ることができました。

　しかし，再び壁に阻まれました。私は，大学院に入るまでは，専ら日本語で仕事をしており，留学経験もありませんでしたので，当時は日本法しか知りませんでした。しかし，ゼミに入ってみて，プライバシー・個人情報保護分野は，国外動向を丹念に調査し，国内の法解釈論や法制度への示唆を与えることが必須の分野であることを知りました。

　また，このときはすでにインターネットが発達を遂げていましたので，インターネットを行き交う個人情報をめぐる問題という，新たな動向をキャッチアップする必要性を痛感させられました。

　大学院入学当初は，手紙やハガキを使った広告活動に関する，日本の個人情報保護法の問題を検討するつもりでおり，できれば，将来は企業法務経験を生かしつつ，理論と実務の架橋に貢献できる人材になりたいと思っていました。しかし，すでにこの時点で個人情報保護の問題は広がりを見せており，私の当初の想定では検討範囲が狭すぎることに気付かされました。

　そこからは再び軌道修正し，プライバシー・個人情報保護分野での外国法（特に英米法やEU法）の勉強や，情報技術の発展に伴う新たな問題を検討することに取り組み始めました。そして，堀部先生のもとでもう少し発展的な研究を行いたいと思うようになり，博士課程への進学を考えるようになりました。修士課程は2年間を予定していましたが，1年間で短期修了することができましたので，そのまま博士課程へと進学しました。

　その後，会社を退職し，縁あって情報セキュリティ大学院大学の助手に採用していただいたことをきっかけに，研究者生活が始まりました。研究者生活を始めてから数年の間は，企業法務経験があることを評価してもらえる言葉をい

ただくことが多かったと記憶しています。

■若手の皆さんへのメッセージ

　今はすっかり研究者生活が長くなり，私の仕事関係者の中で，私に企業法務経験があることを知る人の数は少なくなっているかもしれません。研究者の道に進んでからは，個人情報保護がインターネットをめぐるあらゆる場面で出てくるようになり，企業内でコンプライアンスを担保できる法曹資格者の需要が高まったのではないかと思います。最近では，インハウスローヤーの方が個人情報保護法対応を行う場面が増えているのではないでしょうか。法曹実務家の数が増え，以前ほどインハウスローヤーが珍しくなくなってきたことによって，弁護士としての仕事の幅も格段に広がっているように思います。

　私が弁護士になったころの弁護士数は約17,000人弱で，うち女性の数は約1,400人ほどでした。それが徐々に増加し，2021年3月時点では，弁護士数が約43,000名，うち女性は約8,300名となっています。これは，一方では弁護士間の競争が激しくなり，就職難に陥る弁護士が増えること，また，法曹資格の希少価値が下がることを意味しています。他方で，弁護士人口が増えることは，人材不足と思われる分野に弁護士としての仕事の幅を広げる可能性も秘めています。

　情報法がまさにその可能性を秘めている分野です。個人情報保護法については，影響力が大きいので，データ実務に携わる弁護士の方は増えてきているように思います。しかし，私が政府等の委員会に出席をしても，学会運営に携わっても，会うのはいつも見知った人が多く，若手が育っているのか，少し心配になることはあります。弁護士資格を持ちつつ，研究者の世界でも活躍されている先生は一定数いらっしゃいますが，情報法の世界は裾野が広いので，若手の活躍が一層求められています。

　インターネット技術にアレルギーがなく，日々生起する新たな問題にチャレンジすることが好きな若手弁護士の皆さんには，ぜひ，情報法の世界に足を踏み入れていただくことを期待しています。

インハウスになったきっかけとインハウスに戻った理由／若手主体の当時のJILAに何を期待したか，副代表・副理事長を長く務めて

西　　和伸

　JILA創立20周年，個人的な諸事情からここ6，7年余り仕事自体もセーブ気味で，JILAの活動から離れていますが，発足後2003年から2009年まで副代表／副理事長を務めさせていただいたこともあり，大変感慨深いです。また，そろそろ弁護士としてのキャリアの終わりを意識する今，このような過去を振り返る執筆の機会をいただいたことに感謝します。

■インハウスになったきっかけ

　私は1987年に弁護士登録してから1996年に米系投資銀行のゴールドマン・サックス（以下「GS」といいます）に転職するまで，当時の長島大野法律事務所（以下「長島大野」といいます）で勤務しました。

　1987年当時は，現在のいわゆるBig4も，20名から30名の弁護士を擁する程度の規模でした。事務所内の全弁護士・職員と一体感がある形で業務ができる時代で，かつ，緩やかな専門化は進行していたものの細分化はされておらず，多様な分野を経験でき，大変恵まれた時代だったと思います。

　私の場合，戦略的提携等と，規制関係の助言が各3割，クロスボーダーの訴訟，租税が各1割，その他諸々で2割くらいだったでしょうか。多様な経験は，（GSの次の転職先で）ジェネラルカウンセル（以下「GC」といいます）となるには大変有益でした。例えば，会社の経営陣は，取引のサポートよりも，トラブルの解決時に弁護士のありがたみを改めて認識する傾向があります。そのため，訴訟や労働法の知識経験は役に立ちました。

　私はバックグラウンド的にインハウスに向いていたと思っていますが，転職したのには当然わけがあります。当時の長島大野は，私が入所した30名規模の事務所から60名規模に急拡大し，さらに（当時の感覚では）巨大化していく過程にありました。その中でファミリー的なカルチャーが失われ，パートナーシップ制にも大きな改革がありました。

　今から考えますと，大きな事務所に成長するには不可欠の選択だったと思います，端境期に属した当事者としては実施の方法等も含めて不満があり，またファウンダーであり尊敬していた長島安治先生（書籍『インハウスローヤーの時代』（日本評論社）出版記念パーティーではメインゲストの１人として祝辞をいただきました）が経営から離れられることもあって，パートナーとなった年に外部の機会を探すことにしました。

　インハウスを選択したのは，転職を考えた経緯から今までと違うことをしたい，月並みな動機ですがよりビジネスに近いところで働いてみたいと思ったからです。当時非公開のパートナーシップの形態だったGSは，強烈なカルチャー，特別の業界内の名声等，金融機関の中で目立った存在でした。また，入社前にGSとは（数件だけですが）ご縁を感じるような変わった案件をお手伝いしたこともありました（下記の説明は，同社の同意を得て書いています）。

　当時の外証法の下では，外国証券会社は日本と本国の場合によっては矛盾するかもしれない規制が二重にかかるのを防ぐため，専ら日本で業務を行うことを目的とする証券子会社を第三国に設立し，その子会社が日本に支店を設置して証券業のライセンスを取得するというスキームを，おそらく例外なく利用していました。当時は大蔵省の「方針」として日本に証券子会社を設置するというオプションはなく，GSの当時の日本拠点はパナマ法人の日本支店でした。

　私が２年目か３年目のアソシエイトのころ，アメリカとパナマとの間に軍事的緊張が生じました（パナマ危機）。イギリスの著名事務所経由で，パナマ政府がGS日本支店の資産を国有化するようなことがあった場合，それが日本法上有効かという緊急の質問がありました。

　所有者がパナマ法人といえども日本国内にある資産を直接パナマ政府が国有化することができないのは国際法上明らかで日本法上も同じという回答で間違いではないと思います。が，他に何らかの方法で日本にある資産を実質的に国有化する方法があるかを考えてみました。

　例えば，GSパナマの株式の所在地が（債務者所在地という理由などで）パナマ法上パナマであればそれ自体は国際私法の問題としては日本の裁判所も尊重するのではないか，であれば，GSUSの保有するGSパナマの株式を国有化することは他の国際法上の国有化の要件を満たせば可能ではないか，パナマ政府

は株主となってからGS東京支店の代表者を入れ替えて結局日本の資産を入手することができるのではないか，というリスクの指摘を行い，かつ，ポイズンピルタイプの対抗措置を推薦しました。

エキサイティングな案件で，依頼された以上の回答ができたと思ったことに高揚感を覚えたことをこの原稿を書いていて思い出しました（そのせいか，このエピソードの記載は無駄に長くなっていますね）。元に戻って，他の選択肢を考慮せずGSに即決したのは，この案件があってのことだったと思います（入社したときにはGSパナマは別の国の法人になっていました。その後，日本法人に法人成りしています）。

ここから先は結果論ですが，当時のGSの東京拠点はまだ500名程度の従業員で，これからまさに日本版金融ビッグバンのなか急拡大しようとするときでした。私は2人目のインハウスとして入社したのですが，GS法務部員で全部の業務分野を一通り経験できたのは，もしかしたら私が最後だったのではないでしょうか。最初のインハウスの経験がこのタイミングのGSだったのは，私にとって大変幸運でした。

■インハウスに戻ったきっかけ

私は一度インハウスを離れ，米国のある巨大法律事務所の東京事務所に2人目の日本人パートナーとして，3年半ほど働いていた時期があります。そこで，インハウスに戻ったきっかけについても書いておきたいと思います。

一言でいうと，本国でいくら大きくても，小さな拠点のパートナーには，法律業務だけでなく，組織拡大のための案件開拓，弁護士採用・教育等，やるべきことがあまりにたくさんあり，全部を正しく行うのはインハウス時代無縁だった超長時間労働の再開を覚悟しない限り無理でした。しかし，家庭環境や40代になった当時の体力を考えるとそれは厳しいという結論に至ったことです（投資銀行で勤務していると，外資系法律事務所のピッチを受ける機会がよくありましたが，日系の事務所よりプレゼンは工夫されていました。それを何度も見ていると，自分自身のプレゼンの技量も上がったようで，あるピッチで，採用された後に同種案件が増えると，事務所の陣容からして後々大変になると思っていた案件が取れてしまったことも原因です）。

　さらに，私は経済的な成功モデルとしての経営者弁護士には向いていないと認識していました。長島先生の時代の長島大野には，事務所の一部に，「つまらない仕事なら収益性があってもやらない」というカルチャーがあり，私はその影響を受け継いでいます。私が一番扱いたいのは類似の例がないような案件（例えば，先ほどのパナマの国有化案件）で，レバレッジをかけられる（ほとんど人に任せられる）業務の対極です。二度とアウトサイドカウンセルには戻らないと決めて，ワークライフバランスを考え，金融機関の中では相対的に恵まれている資産運用業界を選んで転職し，現在に至ります。投資銀行に比べると資産運用業は退屈ではないかと心配していましたが，私のところには変わった仕事が来る傾向があって，引き続き，良くも悪くも文献に載っていないような問題にも相変わらず取り組んでいます。

■若手主体の当時のJILAへ何を期待したか〜副代表を長らく務めて

　ご存知の方は少ないと思いますが，JILA設立前に，別のインハウスカウンセルの団体が存在しました。1980年代には外資系企業の中で別格のように思われていたIBMの日本拠点のGCが実質的にリードされていたと思います。IBMには，資格を有しないものを法務部員として採用しないグローバルな方針が1980年代からあったそうで，当時3名程度の社内弁護士を抱えていた記憶です。

　私も同会が休会する直前に一，二度出席したことがあります。その方が定年を迎えて休会状態となり，業界を超えたインハウスカウンセル同士で集まる機会がなくなったことを残念に思っていた時に，当時の梅田代表がJILAを立ち上げられていたことを知りました。長島先生がパートナーシップ形態の事務所を立ち上げられた理由として，個人事務所ではノウハウや知識の蓄積がその弁護士とともに一代で消滅してしまうのがあまりにもったいないというようなことをおっしゃっておられたのを覚えています。インハウスの場合，言われてみればなるほどと腑に落ちるけれども，1人で考えているだけではそのような発想が全くわかないようなテーマ，アウトサイドカウンセルしか経験したことがない方にはわかりようのないテーマがいろいろあると思います。そのような経験知識を，シェアできる人がいたらシェアしたい，残したいと思ったことが加入したきっかけでした。この思いは私だけでなく，当時，梅田さんより期が何

期も上でJILAに参加した会員の方々も，同じだったのではないかと思います。

　また，われわれのグループは一種の教え魔のようなもので，私は長島大野でそうだったので，その活動を一部復活させてもらったわけです。それが「若手主体のJILAに期待したこと」になります。セミナーの講師の他には，メール相談への回答等をしていました。当時のJILAは小さな団体で，会員の状況もお互いよくわかっていて，守秘義務上問題ないような論点についてメールベースでいろいろ議論をすることが可能でした。当時は私が1番積極的な発言者だったと思います。ただ，会員数が増えると，配慮に欠けたかもしれない質問がしばしばなされることが契機になり，メールでの議論自体が現在ではほとんどなくなってしまったことは，皆さんお気づきのとおりです。

■おわりに

　JILAの会員数が増え，団体としての存在感が昔と比べものにならないくらい大きくなったことは大変よいことだと思います。感傷的には小さな組織だった時のことが懐かしく，それに価値を認めたくなる（昔の長島大野，まだ500人時代のGSを思うときのように）こともあります。しかし，私は，企業に限らず団体は絶えず成長を続けるべきで，成長が止まればよどみが発生し，衰退すると思っています。会員の急増に対応しJILAの役割は変わるべきでしょうか。昔の親睦団体的JILAでは考えられなかったことですが，例えば政策提言も選択肢になると思います。ただし，セットで，必要な人材・リソース・プロセスの検討が必要です。

　例えば，意見の相違のあることが予想されたテーマを総会決議「等」を経ずに理事長見解としてJILAから発信するのは明らかに不適切だと思います。そのようなテーマを取り扱うとしたら，最低限，会員全体の意見を確認し多数意見に従って行うべきなのは，民主的な組織運営上自明のことかと思います。でないと会の意見の継続性が保てません（当然のことながら，理事長の多選には基本的に反対です）。

　本稿の最終校正中に大変残念な「イベント」が発生し，現在「最後のご奉公」（冒頭にも示唆しましたが遠くないうちに「（FI）RE」の予定です）として苦言を呈しているところです。ただ，そのような失敗を犯しても，正しいプ

ロセスを経て失敗から学んでJILAには成長を続けてほしいと強く願っています。

インハウスになったきっかけとJILAに入ったきっかけ
〜出版記念パーティー開催の意義・様子

牧山　嘉道

■インハウスになったきっかけ

　私は，2000年4月から3年5か月にわたり，外資系IT関連企業でインハウスローヤーとして法務に携わっていました。

　まず，私がインハウスになったきっかけについてお話したいと思います。

　インハウスになる前，私は，国際業務を扱う大手法律事務所に勤務しておりました。

　この法律事務所は，当時は金融・証券の分野で有名でしたが，私はこれら金融や一般企業法務とともに，知的財産権分野の業務にも従事していました。これは，そもそも私が知的財産権に関心があり，弁護士になったらぜひ知的財産分野の業務に携わりたいとかねてより考えていたことによります。そこで，弁護士になって以来，知的財産権に関わる業務に携わり，また，この分野での優れた先輩弁護士の指導を受けてきたのです。

　私は，この法律事務所に勤務中に，米国のロースクールへの留学と米国法律事務所での研修の機会に恵まれました。

　米国のロースクールでは知的財産権関係の法分野をぜひ学んでおきたかったので，著作権，商標，エンターテインメント関連の講義やゼミを取りました。

　ロースクール卒業後，ニューヨークにある証券市場で著名な歴史ある大手法律事務所のDavis Polk & Wardwellに勤務しましたが，ここでは，プロジェクト・ファイナンスや証券化などのストラクチャード・ファイナンスを扱っている金融部門に配属されました。

　他方，著作権法などエンターテインメント関連の米国法の研究を続け，その成果を法律雑誌に連載していました。

　そんな中，かねがね知的財産権分野においても米国の法律事務所で研修した
いと考えていたところ，知的財産権を扱っているサンフランシスコの法律事務
所が私を受け入れてくれることになり，そこに勤務することになりました。

　この法律事務所は，シリコンバレーの企業をクライアントに抱えており，ま
た，事務所の規模が小さかったことから，かなり実質的な仕事に関わることが
できました。サンフランシスコとシリコンバレーの間を何度も往復し，シリコ
ンバレーの空気に触れたことは，その後の自分に大きく影響を与えることにな
りました。

　帰国後，元の法律事務所に復帰しましたが，そこでは，IT関連のベンチャー
やスタートアップ企業に対するファンドによる投資案件に携わるようになり，
再びシリコンバレーやロサンゼルス近郊のベンチャー企業等を訪れるようにな
りました。

　ベンチャー企業は自らが有する特許やノウハウなどの知的財産権を売り込ん
で投資を呼び込もうとしますので，ベンチャー企業への投資については，金
融・証券に関する法律問題のほか，デュー・ディリジェンスなどにおいて知的
財産権に関わる法律知識も重要でした。

　このように，サンフランシスコの法律事務所での勤務以来，継続してIT関
連の法務に携わるようになっていたところ，とあるヘッドハンターから，米国
の大手IT企業がインハウスローヤーを探しているので，関心があるかどうか
との打診を受けました。それ以前にも，インハウスローヤーへの誘いはあった
のですが，所属していた事務所が金融・証券分野で著名だったことがあり，い
ずれも投資銀行など金融・証券の企業のインハウスのポジションでした。

　そのような中で，IT企業のインハウスの話は初めてであり，また，シリコ
ンバレーでの経験やITベンチャーへの投資案件への関与などもあって，IT企
業のインハウスに非常に興味をそそられたのです。

　その企業はマイクロソフトでした。面接を受けることにし，東京拠点の法務
部長などから話を伺ったところ，ビジネス現場に近く，時代の最先端の技術を
扱う仕事は大変面白そうであり，また，職場の雰囲気もよさそうでしたので，
マイクロソフト・アジア・リミテッド（マイクロソフト子会社でアジアを統
轄）にインハウスとして入社することになりました。

■インハウスの業務

　IT企業と一口に言っても，その事業分野やビジネスモデルは様々です。企業が提供する商品・サービスも，ハードウェアやソフトウェア，インターネット，サブスクリプションなど多岐にわたり，それぞれのビジネスモデルや法律問題も多様です。

　マイクロソフトは，ソフトウェアの製造販売を中心に，ITに関わる幅広い分野において世界的に事業を展開しています。また，技術の進歩，社会の変化に伴って，事業内容やビジネスモデルも刻一刻と変化し，その変化の速度は非常に速いということができます。

　私が在籍していたのは今から20年前ですが，当時においても，マイクロソフトでは，今日と同様にIT化が進んでいました。

　インターネットをフルに活用しているので，インターネット上のセキュリティなどの情報の保護については，企業の最先端の技術が導入されていました。

■外資系企業の法務

　私がマイクロソフトのインハウスに就いた大きな理由の1つは，まさに外資系である点です。私は，国際的な法務サービスに携わり，また，外国の人々と交流をしたいと考えていたので，外資系であることは，極めて重要なポイントでした。

　外資系企業の場合，インハウスローヤーがいることは当然のことであり，ジェネラル・カウンセル（法務部長）も基本的に法曹有資格者です。いわば，企業内に自分固有の法律事務所を1つ抱えているようなものです。

　グローバルな事業展開をしている企業の場合，本社と各国の子会社の各法務部は緊密な連絡を取り合い，また，同じポリシーの下で，重要な情報を共有します。

　グローバルレベルでの法務部の集まりや全社的なイベントを通じた国際的な交流は，単に業務に関する意見交換にとどまらず，いろいろな国の人々の考え方を知り，ひいてはその国の文化を理解する上で貴重な経験であり，今日，重視される国際的な多様性そのものの体験であったといえるでしょう。

　外資系企業の場合，多くはグローバルに適用されるビジネスモデルや契約書

雛形が本社サイドから提示されるのですが，これらは一般的に本社が所在する国・地域の法令やビジネス慣習に依拠しているので，そのままでは必ずしも各国に適用することが適切であるとは限りません。そこで，各国の法務部の重要な役割の1つは，そのようなビジネスモデルや契約書等のローカライズ，すなわち，各国の法制度や商習慣に合わせた修正です。このローカライズの過程で，各国，特に本社のある米国法と日本法との相違などを意識し，理解するようになり，比較法的な観点からもその作業は面白いものでした。

■JILAに入ったきっかけ

　私がJILAに入ったのは，初代代表・理事長の梅田康宏さんからのお誘いがきっかけです。

　どのようなルートで梅田さんと出会ったのか，今となっては（私は）定かではないのですが，おそらく梅田さんはご存知かと思います。

　インハウスローヤーズネットワークが設立された2001年8月当時，日本でインハウスローヤーはまだ多くなかったので，インハウスローヤーとして情報を交換し，懇親の場を作るインハウスローヤーズネットワークは大変貴重な存在でした。こうしたインハウスローヤーズネットワークを設立し，私を誘ってくれた梅田さんには大変感謝しています。

　インハウスローヤーズネットワークの初期の会員のほとんどは，梅田さんに勧誘され，その人柄に惹かれて入会したものと思います。梅田さんの情熱と実行力がインハウスローヤーズネットワークを生み出し，今日の隆盛に導いたと言えるでしょう。

■『インハウスローヤーの時代』の出版

　初期のインハウスローヤーズネットワークでは，会員が時々表参道あたりのレストランに集まり，飲み会的に懇談していたように思います。

　やがて，単に定期的に集まって懇談するだけでなく，何か目標を設定して活動していこうという機運になってきたところ，こうした集まりに頻繁に参加していたメンバーが中心となって執筆したのが，インハウスローヤーズネットワークとしての最初の出版物となる『インハウスローヤーの時代』（2004年，

日本評論社）です。

　この本のはしがきで，梅田さんは，「われわれはこれまで情報発信を十分に行ってこなかったことへの反省も込めて，インハウスローヤーを取り巻く環境が大きく変わろうとしているこの時期に，本書を出版することにしました」と述べておられますが，ここに，まさに「インハウスローヤーの時代」が日本に到来するとば口に立つ，当時のメンバーの意気込みが端的に表れているように思います。

　2004年4月1日の時点でのインハウスローヤーズネットワークの会員はわずか21名ですから，この内，9名が本書の執筆に参加したことになります。

■出版記念パーティーの開催

　『インハウスローヤーの時代』の出版の目的は，弁護士の新たな活躍の場として，インハウスローヤーを法曹界をはじめ，世の人々に広く周知することにありましたから，この流れで，出版記念パーティーを行い，パーティーを通じて，より多くの人にインハウスローヤーを知ってもらおうということになりました。

　パーティー会場は，キャパシティが大きい割に使用料がリーズナブルであることから，私が加入している健保組合（現関東ITソフトウェア健康保険組合）の赤坂山王下にある施設を利用することになりました。

　パーティーは数少ない会員がほとんど総出で自ら取り組んだ手作りのものでした。

　会員がそれぞれのネットワークを使って，できるだけ多くの人々に声をかけることに努めましたし，大学教授や有力企業の法務部長などにもアプローチしました。

　その甲斐あって，予想以上に多くの方々にパーティーに参加していただくことができ，参加者の総数は100名を超えるほどでした。

　パーティーの司会者は，手近なところで私の妻（米国弁護士，当時外資系企業のインハウス）が務めました。

　パーティーでは，『インハウスローヤーの時代』の執筆者が登壇し，それぞれ一言ずつ挨拶しました。大学教授や企業法務部長などの来賓からは祝辞をい

ただきました。

　会場は立錐の余地のないほどの大盛会で，法曹関係者をはじめ，多くの参加者が和気あいあいでインハウスローヤーや将来の法曹像について語らうことができました。

　このような次第で，出版記念パーティーは成功裏に終わりました。

　まだ本当に小規模な団体だったインハウスローヤーズネットワークにとって，出版だけでも大事業でしたが，それに加えて出版記念パーティーを催行できたことは，自画自賛の気味はありますが，今さらながら，よくやったと思います。

　今日の日本組織内弁護士協会の隆盛やインハウスローヤーに対する認知の向上を見るにつけ，『インハウスローヤーの時代』の出版とその出版記念パーティーは，日本における来るべきインハウスローヤーの時代の到来を告げる嚆矢であったと言っても過言でないでしょう。

JILAの思い出

池永　朝昭

■米国でインハウスローヤーに

　1998年5月，私はニューヨーク市のチェース・マンハッタン銀行本店法務部に就職しました。1987年6月に渡米しコーネル・ロースクールに留学後，ニューヨーク市の中規模法律事務所のトレーニー，ミシガン州の4大法律事務所のアソシエイト・パートナー，ニューヨーク市の大法律事務所のパートナー，メガ法律事務所Latham & Watkinsニューヨークオフィスのパートナーと渡り歩いた私でしたが，諸般の事情から帰国することを模索していました。しかし，Lathamニューヨークのマネージング・パートナーはインターナショナル・プラクティスをまったく信じていないボンド・ローヤーであり，到底東京支店赴任の支持が得られそうもなく，東京事務所の同僚パートナーも弱気でした。日本の渉外事務所も青息吐息の状況でした。選択肢は外銀のインハウスしかないというわけで，ヘッドハンターにレジュメを出したところ，長年，東京支店の法務部長を探していたチェースの要求するプロファイルにぴったりあてはまっ

たのです。

　1998年8月に東京に赴任すると，日本は金融危機の嵐のど真ん中で，仕事が大量にあり，誠に充実した2年間を過ごすことができました。その後，間もなく外資系銀行の統合の嵐が吹き，チェースがジャーディン・フレミングとJPモルガンを飲み込んだPost-Merger Integrationのど真ん中に私も投げ込まれました。その経験は辛いものがあったので，私はM&Aがきらいなのかもしれません。弁護士が知るM&Aとは企業の売買の部分のみで，シナジーを実現するPMIこそマネジメントの力量が試されるM&Aの本質であるという私の考えは，この時に固まりました。

■JILAとの出会いと活動

　そんな私がJILAを知ったのは，その前身であるインハウス・ローヤーズ・ネットワークが2004年6月に『インハウスローヤーの時代』を出版し，その出版記念パーティに来賓として招待されたのがきっかけです。当時，私はインハウス歴6年目で，在日ドイツ銀行グループのジェネラル・カウンセルを務めており，日本企業にもインハウスローヤーの先鞭者がいることを知り，非常に興味をもってパーティに参加しました。

　インハウスローヤーズネットワークは発足してから日が浅く，日系企業で社内弁護士を務める数十人の若い弁護士で構成する小さい組織でしたが，会長の梅田康宏さんをはじめメンバーは若く溌剌としていて好感が持て，会場も弁護士や関係者が大勢詰めかけていて，大変盛り上がったパーティーであったことを憶えています。

　その後，私は本業が忙しく，またインハウスローヤーズネットワークは仲良しクラブ的な色彩が強かったので，それとは少し距離をおいていました。すでに二弁弁護士業務委員会のメンバーとして活動していた私は，日本企業に組織内弁護士を根づかせるためにはもっと強い組織が必要で，それには弁護士会を器として利用できないかと考えていたからです。

　ところが，梅田さんから日本組織内弁護士協会に組織替えして本格的な体制にするのでぜひ参加してほしいと依頼され，いろいろ考え，しばらくして入会して理事に就任しました。また，知り合いの外資系金融機関のジェネラル・カ

ウンセルも勧誘してJILAに参加してもらいました。外資での経験を持ちこみ，日本企業の内輪の論理に巻き込まれない日本の組織内弁護士制度の確立に少しでも貢献しようという目論見がありました。これは，当時，次々に参加した外資系ジェネラル・カウンセルの共通した思いであったと記憶しています。

　実際，外資系のジェネラル・カウンセルは，①有望な若い社内弁護士達が企業に単なる事務処理屋として使われて，独立したアドバイスを提供する本来の場が与えられないのではないかという懸念，②中・小規模事務所の弁護士が組織内弁護士を，仕事を奪う競争相手として敵視するという懸念，③弁護士会は，人数が急増し就職難となった新人弁護士の就職先としてしか組織内弁護士を考えていないという懸念などをもっていました。

　当時，私は二弁弁護士業務委員会の委員長として，経営法友会と組織内弁護士に関する意見交換を実行し，東京三会弁業委員会主催の合同就職説明会に初めて企業を招致するといった施策を実行しており，また，日弁連弁護士業務改革委員会委員として全国の弁護士達が組織内弁護士をどう考えているかを観察できるポジションにいました。

　そのころは，企業は弁護士の採用に消極的であり，また法学部卒業生を3年で立派な法務マンにできると豪語する某大企業の法務部長さえいて，内部統制も司法改革の本質的意義もよく理解できていない様相を呈していました。

　他方，弁護士会は，法科大学院卒業生の就職問題解決のために企業に社内弁護士の採用を働きかけるといったひどい状況でした。司法改革の理念であった「法の支配を社会のすみずみに行き渡らせる」という目標は掛け声だけで，それを唱えている弁護士会でさえ，組織内弁護士が貢献できる法の支配の形が全く見えていなかったのです。

　したがって，JILAには課題が沢山あって，どれから手をつけていくのか，優先順位を考えるだけでも大変でした。理事会はいつも真剣な議論のやり取りが続き，時にはヒートアップしました。長時間の理事会を終えて，理事者同士で遅い食事をとりつつ飲みながら議論する日も，まま，ありました。

　そんな状況でしたが，各弁護士会業革委員会や日弁連の組織内弁護士関係の委員会にはJILAの理事や若手事務局員が委員として入り，当時の議論や活動をリードしていました。その中から生まれた金字塔的出版物として日本弁護士

連合会弁護士業務改革委員会編『企業内弁護士』（商事法務，2009年）を私は掲げたいと思います。

　ほとんどJILAメンバーで書き上げたこの本は，実質的にはJILAの出版物といっていいでしょう。当時の企業内弁護士達の渾身の論文で構成されており，座長の本間正浩さんがふらふらになりながらまとめた力作です。もし手にしたことがないならば，ぜひご一読下さい。

■知名度の向上と重い課題への対処

　こうしたJILAメンバーの活躍で，JILAの名前が弁護士会ではどんどん大きくなり，組織内弁護士のことはJILAに意見を聴くということが定番化していきました。JILAメンバーの人数が500名を超えるようになると，日弁連会長選挙の候補者が挨拶に来たいと申し入れることもありました。JILAは発足後わずかの期間で法曹界に一定のプレゼンスを示すようになったのです。

　そういう状況にはなったものの，JILA自体は組織や活動が地に足がついたとはいえないという認識を私はもっており，そのような懸念を共有している理事はシニア層に多くいました。特に2012年の創立10周年記念パーティのあり様を見て，深刻な懸念をもった理事者は相当数いたと思います。しかし，いろいろな企画を手掛けて実行している若手事務局員はそうは考えていなかったようであり，ジュニアとシニアとの間で認識に差がありました。

　実際，JILAには各種委員会はあっても活動が停滞しており，会員の需要の多い教育研修事業も，専任事務局員がおらず，事務局員がボランティアで業務時間外に処理しているという足腰の弱さのために不十分なままに推移していました。他方，飲み会は多く開催されており，インハウスローヤーズネットワーク時代とどう違うのだという批判さえ聞こえてきました。明らかに，JILAはその組織と活動自体を充実させなければならない重い課題にさらされていたのであり，明確なリーダーシップが強く必要とされていました。

　私は，2006年10月にインハウスをやめて大手法律事務所に参加して外部弁護士になった後も，組織内弁護士の組織であるJILAで理事を務めていましたが，かかる状況を認識しつつも，次第に「組織内弁護士の組織は組織内弁護士が動かすべきであり，外部の人間がいつまでも理事にとどまるべきではない。早期

に理事を退任してJILAから離れるべきである。」と考えるようになっていきました。

　そこで，停滞状況を打開し一層の活性化のリーダーシップをとってもらう適任者は誰かということについて，さまざまな方と議論をしました。私は当時クレディ・スイスのジェネラル・カウンセルだった室伏康志さんが適任だと考え，室伏さんを口説いて理事長に就任するように説得したところ，幸いなことに内諾を得ることに成功したので，理事者たちにその根回しを行い，室伏さんが正式に理事長に選任されました。私もこれで私がすべき仕事はほぼ終了したということで，少ししてJILAを去りました。

　以後，JILAの活動には関与する機会がありませんが，私が一橋大学法科大学院で企業法ゼミを2008年 4 月から12年間にわたり教えていた時のゲスト講師は，ほぼ全員JILAメンバーであり，ゲスト講師と一緒になって，法科大学院生に組織内弁護士の役割，企業法務の裾野の広さや，ガバナンスとしてのリーガルリスクコントロールという視点を示し続けることができました。この教育活動で，将来のJILAメンバーの基礎固めのお手伝いができたと自負しています。組織内弁護士を最初から希望するという優秀な法科大学院生が続々と出てきていることは，JILAの発展なしでは考えられなかったことです。

　私自身は，将来インハウスに戻る選択肢はもはやあり得ないですが，40年間様々な場所で弁護士という仕事をしてきて，独立したプロフェッションとして弁護士が社会のすみずみに進出して貢献を果たすことが極めて重要であると痛感しており，それなしにプロフェッションとしての健全な発展はありえないと信じております。その方向を力強くプッシュし支援する自主独立の団体として，JILAが今後も健全な発展を遂げることを祈念してやみません。

弁護士の誓約書

大山　滋郎

■誓約書を出してください

「普通の弁護士と同じように，会務などもすべてやってもらいます。それでよければ，入会を認めます。約束を守るように，誓約書を出してください」

司法修習を終えて，福島県にあった会社に組織内弁護士として戻るとき，挨拶に伺った弁護士会の支部長から言われた言葉です。大変なことになったと感じました。

■社内弁護士になるまで

私は，福島にある日本企業の法務部門に勤務していました。会社がアメリカのロースクールに留学させてくれて，ニューヨーク州弁護士の資格を取ることができました。その後，アメリカから帰国してすぐに，日本の司法試験にも合格しました。留学までさせてくれた会社に少しでも恩返しがしたいと，会社に戻って社内弁護士となることを選んだのです。

そこで司法修習後，会社所在地の弁護士会支部の支部長を訪問して，推薦人の件などお願いしたときに，冒頭の言葉を言われたわけです。弁護士会に入るには，当該弁護士会の会員2名からの推薦が必要です。それまでは，東京の弁護士たちとは仕事での付き合いがありましたが，地方会の弁護士との接点は全くありませんでした。そのような中で，組織内弁護士として働くにあたり，何とか弁護士会入会のための推薦をもらうために，苦労したということです。JILAがまだできたばかり，2002年のことでした。

■当時の社内弁護士

当時は，組織内弁護士になる人は，かなり限定されていたと思います。大手法律事務所で勤務していた弁護士が，東京の外資系会社や大企業の組織内弁護士として迎えられるといったケースが典型的なケースだったと記憶しています。地方会の支部に，組織内弁護士が入ってくるというケースは，ほとんどなかったので，支部としても扱いに困ったのではないかと考えています。

　当時の支部は，弁護士が10名程度しかいませんでした。その人数で，様々な公務や，国選事件，法律相談などを行っていたのです。「何も協力しない弁護士の参加は認めない」という気持ちになることもよく理解できました。

■弁護士会支部長からの洗礼

　支部長に挨拶したときに，前記のとおりかなり厳しい洗礼を受けたことを覚えています。「弁護士は人権擁護の仕事だよ。会社にいてできるのか？」「国選事件，破産管財事件，法律相談の担当も同じようにしてもらいます」「毎週支部に集まって昼食を食べるから，それにも参加するように」。

　大変なことになったと思いましたが，会社の了解をもらい，「すべて間違いなく実行します」との誓約書を提出して，弁護士会に加入させてもらいました。

■国選事件の担当

　会社勤めをしながらの弁護士会活動は，相当刺激的でした。全く新しい経験という意味でもそうでしたし，企業間の法律問題に関して接触のあった人たちとは，全く異質の人たちとの経験という意味でも，刺激的だったのです。

　国選事件も多数担当しました。今でこそ，国選事件も弁護士間で取り合うといった状況になっていますが，当時は多くの事件を少ない弁護士でどうやって捌くのかが課題となっていました。前記のように，当時の支部は10人程度しか弁護士がいませんでしたから，1人当たりの分担量も相当なものです。私のような会社勤めでも，遠慮なく事件を回してきます。月に2～3件は，国選事件を担当していたと思います。車で片道2時間かけて接見に行くようなときには，会社に「言い訳」するのにも苦労しました。

　これまで何度も覚せい剤で捕まっている被告人が，尿から覚せい剤が出ているのにもかかわらず，絶対無罪を主張した事件などもありました。本人が無罪を主張している以上，弁護人としてもできる限りの主張をしないといけません。内心「勘弁してほしいなぁ…」と思いながらも，相当な時間を使って対応したものです。

　また，国選事件をするときに使う名刺でも困りました。法律事務所名や固定の電話番号もないですから，警察署などでいろいろと質問されました。国選の

依頼者やその家族が，直接会社に連絡してくるのも困りますので，その辺のアレンジにも気を使ったのを覚えています。

■一般法律相談の経験

弁護士会の法律相談も，他の弁護士と全く同じだけ担当しました。企業の法務ではまず会うことができないような，様々な人の相談を受けることになりました。

トイレ共同のアパートで，トイレ費用という名目で毎月定額を取られているとの相談を覚えています。「俺はよ，トイレをなるべく使わないように，水も飲まないでガマンしてるんだ。それなのに隣の奴らは，平気で飲み食いして，トイレを何度も何度も使ってやがる。それで，同じだけの金をトイレ用に払えって，どう考えてもおかしいだろ！」。この質問だけはいまだによく覚えていますが，自分自身が何と回答したのかは，記憶のかなたです。いわゆる町弁の仕事は，大変な人たちを相手にしているのだなと，実感しました。

■支部活動の思い出

このようなことを書いていると，当時の支部に恨みを抱いているように誤解されそうです。もちろん，そんなことはありません。皆さんとても親切でしたし，新しい，異質な弁護士の存在を受け止めようとしてくれていました。毎週水曜日の昼には，支部の人たちが集まって，ウナギ弁当を食べました。これはとても美味しかったので，役得みたいに思っていました。弁護士業務のことなど，いろいろと教えてもらえるのも，とても勉強になりました。

しかし，会社の業務で長期の海外出張など入るときには，国選事件などをどうやって代わってもらうかなど，とても苦労しました。さすがに，破産管財人までやることになったときには会社にも迷惑をかけて大変でした。国選の公判期日との関係で，出社の日時をずらすようなこともよくあったのです。会社にも協力してもらい，本当にありがたく思っています。苦労もありましたが，このような会社業務との両立の大変さを含めて，今から考えるとよい経験だったなとも思うのです。

■JILAへの参加

　私がJILAに加入したのは，組織内弁護士として戻ってきた直後のことでした。設立者の梅田さんに直接声をかけてもらい，面白そうだなと思ったので，二つ返事で加入しました。当時のJILAは，まだ会員が20〜30名程度だったと思います。組織内弁護士自体数が少ない中で，少数者の親睦団体みたいなものだと思っていました。当時は，今のように，会員が1,800名を超えるような大きな組織になるとは思ってもいませんでした。当時のJILAにはとてもそんな力はありませんでしたが，今ならどの単位会に入るときにも，JILAの会員が推薦すれば事足りるはずです。組織内弁護士となるのに，国選事件や法律相談をやるように誓約書を要求されるような事態は，もはや考えられないでしょう。これは，弁護士数の増加に代表される時代の流れもあったでしょうが，JILAの地道な活動の成果だと考えています。JILAの存在を，多くの組織内弁護士になろうとする人たちが，非常に心強く感じているはずです。組織内弁護士の地位向上という意味では，JILAの果たした役割は非常に大きいものがあります。

■「誓約書」の怪我の功名

　現在私は，独立して横浜で，自分の事務所を経営しています。組織内弁護士も大きな案件を扱い，とてもやりがいのある仕事ですが，泥くさい仕事を自分でもやりたくなったということがあるのです。多分これは，組織内弁護士のときに，国選事件や法律相談，破産管財まで経験して，全く異質の人たちとの交流を持った経験が，大きいのだと思います。そう考えると，誓約書を書いて，他の弁護士と同じような業務をしたことも，とても面白い経験だったと評価できます。これは，組織内弁護士の力が強くなり，誓約書など間違っても出さなくなった現在では，ありえないことでしょう。私のケースは，古い時代のもたらした怪我の功名のようにも思えるのです。

■今後のJILAへの期待

　JILAの活躍で，組織内弁護士は独立した弁護士業務として認知されました。しかし，次世代のJILAは，組織内弁護士と町弁と言われる弁護士の，仕事上の交流なども行うような仕組みを，積極的に築いていったら面白いのではと感

じているのです。

お食事会のような，気楽で素敵な集まり

金藤　力

■はじめに

　今，私の手元に「企業内弁護士シンポジウム報告書」という緑色の冊子があります。2007年3月6日，大阪弁護士会主催で行われたシンポジウムで，まだ若かった私が京セラ株式会社法務部所属のインハウスローヤーとしてパネリストのひとりを務めさせていただいたときのものです。それともう1つ，JILAのWebサイトに掲載されている2005年2月の「インハウスローヤー座談会」の資料を見ています。

　私がインハウスローヤーとして会社に勤めていたのは，もう10年以上前になってしまいましたので，記録を見ないと当時のことが思い出せないほど遠い昔になりました。おそらく「今の私」よりも「当時の私」のほうが記憶が正確であり，証拠方法としては最適であろうと思いますので，これらの資料を見ながら原稿を書いています。

■会社に入ったきっかけ

　初めて私が会社に入ろうと思ったのは，司法修習生のころでした。山口県での司法修習の過程で，松下電器産業（現パナソニック）の工場に見学に行かせていただいたことがあり，大きな工場でたくさんの生産をしていることを目の当たりにして驚き，会社に入ろうかということを考えました。このようなごく素朴な体験からのスタートでした。

　ただ，その後，ご縁あって出身地である大阪の法律事務所からお声がけをいただき，「会社に入るにしても，まずは法律事務所で修業したほうがよい」という助言をいただいたので，法律事務所で「イソ弁」として勤めることになりました。結果，これが大正解で，今でも私の弁護士としての仕事のスタイルに

1つの個性を与えていただいたと思っています。

　法律事務所で仕事をする中では，基本的には一般民事の仕事が多かったのですが，ときどき弁理士の先生と一緒に特許関係の仕事をすることがあり，その仕事がとても好きでした。そのことがあって，ちょうど知的財産部と法務部が一緒になって仕事をしていた京セラ株式会社の法務部に入ることにしました。

■JILAに入ったきっかけ

　JILAに入ったのは，会社に入った後，司法修習で同期だった梅田さんからご連絡いただいたのか，それとも当時，松下電器産業にいらっしゃった片岡さんからお声がけいただいたのか忘れてしまいましたが，ともかく，2005年2月に「インハウスローヤー座談会」というのに参加させていただいているので，そのときにお声がけいただいたのがきっかけであったと思います。

　当時の関西ではインハウスローヤーは本当に少なくて，当時のJILA関西支部というと，支部長であった片岡さん，バイエル薬品にいらっしゃった平泉さん，それにシスメックスの中村さんの4名でお食事会のようなことをしていたという記憶です。インハウス自体はもっといたはずですが，当時のJILAはまだ「インハウスローヤーズネットワーク」という草の根活動のような集まりで，今のような立派な組織・団体になるとは，私にはまったく想像もできないことでした。

■京都弁護士会

　私が会社に入った当時は，まだまだ会社に入ろうと思う人は少なかったですし，相談できる人もいませんでした。京都でいうと，ロームで法務部顧問を務めておられた上野達夫先生がいらっしゃっただけで，まったくの「平社員」で入ろうというような人は私が初めてでした。京都弁護士会でも前例がありませんでしたが，とりあえず入社の予定は決まっていたものですから，それに合わせていただき，登録はそれほど苦労せずにすみました。とはいえ，やはり珍しい存在なものですから，その後，弁護士会での役員の方々との面談などもありまして，「公益活動はきちんとできますか」とか，「企業は営利目的優先で，何か悪いことを指示されることもあるのではないですか」といったご質問も受け

ながら，会社で勤務している状況をご説明していました。

　もちろん，会社の上司にもそのつど相談しながら，区役所の法律相談なども業務時間中に行かせてもらっていました。今にして思えば，周囲の方々は本当に優しくしてくださったのだなぁと思います。ともかく，こうして，何もかも手探りであった記憶ですが，無事に京都弁護士会で初の「平社員のインハウスローヤー」として，会社を退職するまで過ごすことができました。

■インハウスとしての苦労

　会社に入ってわかったことは，英語ができること，数字がわかること，この2つは仕事をするうえで非常に役に立つということです。逆に，会社に入る前の私はそのどちらも身についていませんでしたので，特に英語については，「上手に話せなくても，とにかく何を言っているかくらいはわかって，会話についていけるようにならないと，さすがにまずい」と思い，会社に行く前，朝早く起きて英語学習のCDを聴いてみたり，当時まだ少なかったインターネットでの英会話レッスンを受けてみたりしていました。数字については，京セラは有名なアメーバ経営の会社ですので，仕事の上では常に数字をベースに話をしますから，仕事をしているうちに自然と慣れ親しむことができました。

　そもそも，私は，社会人経験がなく24歳で弁護士バッジをつけたもので，会社というのがどのように動いているのか，どう収益を得て，従業員の給与はどう支払われているのか知りませんし，考えたこともありませんでした。こればかりは一朝一夕には解決できず，結局，退職する最後まで解決はできませんでした。その後，克服できなかった課題として会社を辞めて法律事務所に戻った後も常に，これに関する知識と経験が足りないということを自覚して，意識的に経験を積むようにしていました。

　最近のことですが，仕事でよくビジネスの話題に接するためMBAの資格取得を考えたことがあったものの，残念ながら仕事をしながらでは難しそうでした。そこで，それに近い中小企業診断士の試験の本を見てみたところ，半分以上がすでに経験したことばかりでしたので，受験してみることにしました。結果，スマホで勉強するアプリ（約1万円）や，書店で売っている参考書（一式で1〜2万円）を買う程度で，幸運にも試験に合格することができました。

　中小企業診断士の資格は，弁護士業務の上では正直あまり役に立つとは思わないのですが，試験では会社で仕事をしている経験がとても役立ちます。そして，経営者の視点が身近に感じられるようになって，日々の仕事がなんとなく面白くなるという効果は確実に体感できますので，個人的にはとてもお勧めです。

■逃げや甘えでもいい

　私が会社に入ろうと思った理由については，実は他にもいろいろありました。

　最初の事務所は中小企業の経営者の方々がクライアント層でしたので，総じて年齢層が高く，正直言って私よりも世間のことをよくわかっている方々でした。もちろん私も若いなりに頑張ってはいましたが，やはり，年を重ねた先生方のように信頼を得ることは難しく，「これは，自分ではなく別の弁護士さんに依頼なさったほうがよいのでは」と思うことも多々ありました。自分に自信がなかったのですね。大袈裟ですが，職業人生の危機だったかもしれません。

　つまり，会社に勤めるという選択は，当時の私にとっては逃げや甘えであった面もあったのは確かです。そして，会社にいたときも，美しいことばかりではなく，今思い出しても後悔していること，格好が悪いので思い出したくないことも，数えきれないほどたくさんありました。会社員として（というより社会人として？）の自分自身を振り返っても，残念ながら合格点は取れなかったかもしれないなと思うほどです。

　しかし，個人的には，会社にいたときの経験を活かし，おかげさまで今は「私よりもこの仕事ができる人は，そうは多くはない」という程度の自信をもって対応できる業務分野も持つことができました。業務の中で会社勤務時代の経験が活きるたびに，会社で勤務していたときの上司や同僚，さらには一緒に仕事をした（社内的にはクライアントでもある）事業部門の方々の顔を思い出しては感謝しています。ですから，動機がどうであっても，弁護士資格を得た方々が会社に入って勤務することは，少なくとも弁護士本人にとってはけっして悪いことではない。これだけは，間違いなく断言できることだと思います。

■JILAがあって

　幸いにも私は,「法律に違反していなくても,フィロソフィに反していたらダメ」という奇特な会社に勤めていたので,おそらく今,会社に勤めている皆さんよりは全然苦労もしていませんし,偉そうなことは言えません。実際,何か困ったことがあってJILAのネットワークで相談したいと思うようなことも起きませんでしたし,JILAというと私の中では気楽な集まりで,近い立場にいる方々と時々交流してお酒を飲んで楽しむ会,という程度の認識でした。それでも,当時から,そういう場があってよかったと思っていました。

　今では,大きな会社ではなく,法務担当者すらいないような会社に入って仕事をなさっている方も多いと思います。世間では,会社のIT関係の業務をワンオペでこなすIT担当者を「ひとり情シス」と呼び,負担の大きい仕事の代表格とされていますが,自分が若かりしころを少し想像してみると,「ひとり法務」もそれはそれで大変であるようにも思います。そのときにJILAのような集まりがあれば,少しは気持ちも軽くなるかなと思います。また,私自身は残念ながらあまり良い前例にはなれませんでしたが,会社に勤める経験を経た方々が身近にたくさんいることも,とても良いことだろうと思います。

　ということで,(今はコロナ禍ですから無理なのですが)JILAが今後も末永く,時々気楽にお酒を飲める集まりとして存続してくださることを個人的には切に願っています。

　改めて,JILA設立20周年,おめでとうございます!

2．第2期・発展期（2006年〜2011年）
〜事務局・支部・部会の設置と会員サービスの充実〜

年	月	事　　項
2005	11	第1回「インハウスローヤーセミナー」を開催
2006	1	関西支部を設置
	3	NBL誌上にて「企業法務の重要課題とインハウスローヤーによる取組み」連載開始
	10	会員数が50名に到達
2008	2	会員数が100名に到達
	4	東海支部，九州支部を設置
2009	2	会員数が150名に到達
	5	書籍『最新 金融商品取引法ガイドブック』（新日本法規）を出版
	11	部会制を導入し，4の部会を設置
2010	1	会員数が200名に到達
	3	「組織内弁護士による国選弁護・当番弁護の受任に関する倫理行動指針」を公表
	4	事務局業務をプロアクト法律事務所に委託
	9	会員数が250名に到達
2011	3	会員数が300名に到達
	7	会員数が350名に到達
	8	書籍「契約用語使い分け辞典」（新日本法規）を出版
	9	創立10周年記念パーティーを開催
	11	会員数が400名に到達
2012	2	第50回「インハウスローヤーセミナー」を開催
		会員数が450名に到達

JILAと私の20年

第2代理事長　片岡 詳子

■インハウスになったきっかけ

　2000年11月，日弁連の臨時総会において，司法試験の合格者数を3,000人に増やすことを容認する決議がなされました。私は，後にも先にも日弁連の総会に出席したのはその時だけですが，人数が増えるというドラスチックな変化が

起ころうとしていることを全身で感じました。当時私は，友人と2人で小さな法律事務所を営んでいたのですが，一刻も早く，何か人と違ったことをしないと生き残れないという強い危機感を抱いたことを覚えています。

　早々に，新しい道，珍しい道を探し始めました。例えば，政治家でも芸能人でも何でもよかったのですが，比較的ハードルが低く感じた「会社に入る」ことを選んだのです。門真市民だった私は，ご近所のパナソニック（当時は松下電器産業）に自ら履歴書を持ち込み採用されました。臨時総会から約1年後の2001年10月，私はインハウスになりました。今年，JILAと一緒に，インハウス20周年を迎えます。

■JILAに入ったきっかけ

　「インハウスになった」と書きましたが，そのころの私には，企業内弁護士やインハウスという概念がなく，存在も知らず，「弁護士なのにサラリーマンになるなんて，そんなことしているのは自分だけだろう」と思い込んでいました。

　梅田さんとJILA（当時はインハウスローヤーズネットワーク）に出会うまでは。

　きっかけは民裁教官です。クラス会でお会いしたときに，パナソニックで孤軍奮闘していた私の話を聞いて，「自分の教え子でNHKに入った弁護士がいる」と教えてくださったのです。さっそく梅田さんに連絡を取り，2002年12月11日，JILAに入会しました。8番目の会員だったようです。当時のJILAの活動は不定期の食事会程度だったと記憶していますが，仲間と情報に飢えていた私は，会社を早退して上京し，ほぼ毎回参加していました。会社でも弁護士会でも圧倒的マイノリティだった私にとってJILAは「居場所」でした。

■関西支部の立ち上げ

　2006年1月，JILAの関西支部が設立され，私が初代支部長に就任しました。設立当時の会員名簿は残念ながら喪失してしまっていますが，記憶では，シスメックスの中村健人さんと京セラの金藤さん（いずれも当時）と私の3名だったと思います。

　私は2007年11月にファーストリテイリングに転職して関西支部を去ることになるのですが，その間に1つ，大きなイベントを実現させました。2007年3月に開催した「企業内弁護士シンポジウム」です。先日この時の「進行次第」が奇跡的に発掘されたのですが（現関西支部執行部の籔内さんが保管してくださっていました），その内容があまりに革新的で自分でもびっくりしました。

　当時の大阪弁護士会会長故小寺一矢先生のご挨拶の後，梅田さんによる基調講演のタイトルは，「ベンチャーから大企業まで～企業内弁護士の役割と採用を含めた実務的な対応策」。これほんとに14年前ですか。それに続くパネルディスカッションには，パナソニックの取締役と三菱商事の理事というそうそうたる顔ぶれがご登壇。企業の法務や人事のマネジメント層を集客するため，ビッグネームを招聘したのです。当時，この規模，しかも企業をターゲットとした企画は東京でも実績がなく，我ながらよくやったなと思います。

　実は2006年から2008年ころは，パナソニックが日本企業の中で最も企業内弁護士を採用していたこともあり，大阪はインハウス先進国でした。もっとも，大阪弁護士会2階の大ホールを満席にしたいくらいの意気込みで企画しましたが，思ったより参加者数が伸びず，少ししょんぼりしました。企業内弁護士が全国で167人，関西圏には10人（いずれも2006年12月時点）しかいなかった時代には新しすぎる企画だったのかもしれません。

■理事長として

　私は，JILAのファウンダーであり創立後約10年間理事長（代表）をされていた梅田さんのあと，2010年4月から2012年3月まで，理事長を務めさせていただきました。JILAは，設立から会員が50人になるまでには5年かかりましたが，私が理事長に就任したときに約200人だった会員が2年の任期を終え退任するときには500人に達しようかという急成長期に入っていました。任期中に創立10周年を迎え，六本木のアークヒルズクラブで盛大なパーティを開いたのが2011年9月30日。Pinky&Dianneで買ったワンピースにいつもより高いハイヒールを履いて，冒頭，理事長として挨拶をしました。あれから10年経ったのですね。

　理事長だった2年間，私は，ファーストリテイリングのインハウスとしての

仕事とどちらが本業かわからないくらい，JILAのために時間を割いていたと思います。主に以下のことに取り組みました。

1　インハウスローヤーセミナー

　理事長就任当時，JILAは3支部（関西・東海・九州），4部会体制でしたが，研修委員会はまだありませんでしたので，執行を担う立場としての主要業務の1つが「インハウスローヤーセミナー」の企画・運営でした。

　ところで，記念すべき第1回のインハウスローヤーセミナーが開催されたのは2005年11月。その少し前，梅田さんがセミナーを毎月やろうと言い出したときのことを覚えています。「せめて隔月，いや四半期に1回くらいにしようよ」と心で思っただけか，思わず口に出したかは定かではありませんが，これは大変だ，本当にできるのか，と正直不安でした。

　実際，初期のインハウスローヤーセミナーは，会員が持ち回りで講師を務めていたので，頼むのも引き受けるのも大変だったのですが，私が理事長になるころにはJILAの知名度も上がり，外部講師に依頼すれば断られることはほとんどなく，逆に，JILAで講演をしたいというお申し出をいただくことも多くなり，負担はずいぶん軽くなりました。アンダーソン・毛利・友常法律事務所とコラボしたM&Aの連続セミナーや，内田貴先生をお招きした民法改正セミナーは大変好評で，100名を超える参加者があったものもありました。当時の会員数からすれば驚きの参加率です。

2　弁護士会との関係

　インハウスになって，弁護士会が会員に課す義務や提供するサービスが法律事務所で働く「普通の」弁護士を前提に設計されていることから，多少なりとも不自由を感じることがありました。例えば，大阪弁護士会では，弁護士会からの配布物（会報，研修案内など）は，FAXのほか，弁護士会館（その昔は大阪地裁）に設置されたレターケースに入れられますが，これは裁判所や弁護士会館に頻度高く出向くことを前提にした方法です。また，就業時間中に外出して委員会活動や弁護士会主催の研修に参加することに，弁護士ではない上司や同僚の手前，引け目を感じることもありました。高額の会費を会社に負担し

てもらうこともしかりです。

　これらの不自由は，一部はテクノロジーで解決されましたし（WEBを利用した会議や研修など），私個人としてはインハウスとしてベテランになるにつれて乗り越えましたが，それでも私は弁護士会による配慮・対応にこだわり続けています。法律事務所の弁護士とは異なる環境で異なる働き方をしているインハウスの存在を認めて制度を変えてほしいという思い，つまり，「存在承認」を求めているのです。任期中に成果を形にするには至りませんでしたが，あのときJILAの内外で開始した対話は，今につながっていると思います。

3　振り返ると

　2年間の活動記録を見ると，理事長だった2年間で12回，マスコミの取材に対応したようです。なんと，女性誌に写真つきで載ったことも（笑）。インハウスになっていなかったら，そして理事長にならなければ，できなかった体験でしょう。

　インハウスというあり方は，私に，組織の一員として，人と協働して成果を出すことのやりがいと楽しさを教えてくれました。ついでにワークライフバランスや安定収入にも恵まれています。20年前のあの日，インハウスという道を選んだ自分，なかなかいいセンスだったと思います。

JILAの価値と次代への期待

竹内　朗

■インハウスへの転職

　私は，2001年に国内大手証券会社の1つであった日興コーディアル証券（現SMBC日興証券）と上場持株会社であった日興コーディアルグループの双方の法務部に兼務する形で，インハウスローヤーになりました。

　普通の法律事務所に5年ほど勤務して企業法務に強い興味を持ったことと，仲の良い同期に2人インハウスがいて身近に感じたことがきっかけです。JILAの統計によると2001年の企業内弁護士数は66人であり，周囲の弁護士か

ら相当珍しい目で見られた覚えがあります。

■JILAでの活動

やがて人づてにNHKの梅田さんと知り合い，JILAの活動に携わることになりました。JILAのウェブサイトには，2004年3月開催のインハウスローヤー座談会に私が参加している記録があり，このころから活動していたようです。当時は夜数人で集まって会食しながらいろんなテーマで議論したものを，翌日には梅田さんが座談会議事録の形に整理してくださり，すごいなぁと思ったものです。JILAの活動の中で多くのインハウスと出会いさまざまな議論を交わすことで，あるべきインハウス像が固まっていったように思います。

2006年にインハウスを卒業して法律事務所のパートナーになり，2010年に企業のリスクマネジメントを専門とするプロアクト法律事務所を新設しました。新事務所の名称を考える際に，インハウス時代に周りのインハウスと「企業のリスクマネジメントは"proactive"であることが一番大事だよね」などと何度も議論していたことを思い出し，この単語を冠することにしました。

このころにはインハウスの人数やJILAの会員数も急増し，事務局業務も増大していたところ，私の事務所が比較的融通が利いたので，秘書と一緒に事務局業務の一部をお手伝いしました。

私は2005年から2013年までJILAの理事を務めましたが，その後半のころに，会員数の急増したJILAとしてあるべき組織体制を理事会で協議し，政策委員会・渉外委員会・研修委員会という3つの委員会組織を立ち上げました。

私は研修委員会の初代委員長に就任し，JILA会員に対する研修事業（インハウスローヤーセミナー）の担当理事となりました。年間の研修計画の企画立案，研修講師の人選調達，研修会場の手配，研修内容の告知，研修参加者の集計，研修レジュメの手配，研修費用の徴収，研修後の懇親会場の手配や会計など，雑用も含めて数多くの仕事がありましたが，研修委員会のメンバーが献身的な努力を重ねてくれたおかげで，無事に委員長職を全うして2代目の鈴木委員長に引き継ぐことができました。当時苦楽を共にしてくれた研修委員会メンバーには今でも感謝しています。

JILAは現在でもインハウスローヤーセミナーを継続的に開催しています。

2021年3月には第136回（！）インハウスローヤーセミナーの講師にお招きいただき，「企業不祥事の危機管理〜その時，インハウスローヤーはどう動き，外部専門家や取締役会をどう動かすのか」と題する講演を行わせていただきました。

■次代に向けて

　インハウスローヤーが所属する各組織の中では，弁護士という立場は極めて少数派であり，組織に馴染むほど自分が弁護士であるという自覚が薄れていきます。JILAの会員がインハウスローヤーセミナーや部会，研究会等の活動に積極的に参加し，その中で気軽に話ができるインハウスの仲間と出会い，悩みを打ち明けたり励ましあったりすることは，かけがえのない価値だと思います。自分が弁護士であることを常に思い出し，「気を確かに持ち続ける」ことが，インハウスローヤーとして所属組織に真に貢献することにつながると思います。

　最後に，私がJILAの理事をしていたころから，「ポスト・インハウス」は大きな課題でした。司法研修所を出てすぐにインハウスになる人材も増えている中で，インハウスからプラクティス（法律事務所）へという人材の流れをいかに作るか，インハウス出身者がプラクティスの世界でいかに成功を収めるかは，個々のインハウスにとってもJILAにとっても大きな課題です。次の世代が安心してインハウスの世界に飛び込める環境を作るためにも，インハウスとプラクティスとの間を人材が流動的に行き来する「リボルビングドア」を整備することが大事になります。JILAに育ててもらったインハウス出身者として，JILAにはこうした活動を期待しており，JILAが弁護士業界に有意な人材を多数輩出してくれることを期待しています。

JILA創成期の定例会・懇親会雑感

花田　容祐

■出戻りインハウスローヤー

　JILA20周年誠におめでとうございます。私がJILAで活動を始めたころから見ると組織の規模や活動の充実ぶりはまさに隔世の感があります。

　私は会社の法務部門に在籍中の2001年に司法試験に合格し，2003年の司法修習後には同じ職場に復職したために，そのままインハウスローヤー（以下「インハウス」といいます）になりました。法科大学院ができてからは，社会人の司法試験合格者や合格後に復職または他の会社でインハウスになる方も珍しくなくなったと思いますが，旧試験の私のころは出戻りインハウスというのは極めて少数派だったと思います。

　これも今となっては昔話ですが，せっかく司法試験に合格したのだから会社員など辞めて法律事務所に入らないのか，と周囲の人達からよく訊かれました。私は合格前から会社の法務部門で一定のキャリアを積んでいたことと，比較的年齢が高かったこともあり，合格後も弁護士資格をもって継続的に自分の付加価値を高めていくというスタンスでした。

■JILA入会

　こうして2003年にインハウスになったわけですが，会社に既存のインハウスがいるわけでもなく，また司法修習同期にインハウスになる身近な知り合いもいなかったため，まったくインハウスとして横のつながりがなく情報もない状態でした。このため，なんとかつながりをつくる必要があると焦りを感じ，インターネットで検索してたどり着いたのがJILA創立者で事務総長の梅田康宏さん（会員間で「先生」と呼ぶのはやめましょう，と提唱されたのが梅田さんでしたので本稿でもそう呼ばせていただきます）が立ち上げたインハウスローヤーズネットワーク（現JILA）のウェブサイトでした。ウェブサイトに掲載された十数名の会員の中に知人は誰もいませんでしたが，ウェブサイトの記載内容になんとなく好印象を持ち，おもいきって入会希望の連絡をしたのが2004年３月だったと思います。梅田さんをはじめ会員の皆さんに温かく歓迎してい

ただき，入会後早々に渋谷のレストランで会合に参加させていただいた記憶が
おぼろげに残っています。

　2004年当時の定例会は，参加メンバーも5，6名で，インハウスのキャリア
プランなどを題材にレストランで座談会兼懇親会を行うというスタイルが多
かったと思います。当日はサークルの飲み会とあまり変わりない雰囲気でした
が，梅田さんが後日きっちりと会議録を整理してウェブサイトに掲載されたの
には感心しました。また，最初の書籍『インハウスローヤーの時代』の出版準
備に会員の皆さんが熱心に取り組まれていた時期でもあります。

■定例会の懇親会・会計責任者として

　定例会の懇親会・会計責任者を務めていたのは2005年から2008年ころではな
かったかと思います。

　2005年ころの定例会は，メンバーの内外から講師を招いて主に弁護士会館で
研修会を開催し，終了後に近辺の居酒屋で講師を囲んで懇親会を行うという
パターンでした。講師の手配や弁護士会館の会場や備品の予約など準備の大半は
梅田さんが行っていました。あまりにも負担が偏っていたため，当時オフィス
が弁護士会館から徒歩圏にあり，周辺の土地勘も多少はある私が，研修の企画
立案にあまりお役に立てないこともあいまって，何となく懇親会の幹事や会計
を引き受けることになったように思います。

　私がやっていたことは世の中一般の懇親会の幹事とさほど変わりはありませ
んが，弁護士会館からできるだけ徒歩圏にあり，直前まで変動する参加予定者
数を睨みながら，多いときには十数名が収容できる個室またはそれに近い会場
を確保することが課題だったと思います。弁護士会館からほど近い建て替え前
の飯野ビルの地下の居酒屋などをよく使っていたことを思い出します。あまり
同じ店ばかりというわけもいかないので，虎ノ門や銀座コリドー街のお店にも
行きました。

　会計は毎回懇親会の参加者が異なるので，当日確実に全員から参加費を回収
することと，また当時JILAの会費制導入前だったので，会場や備品の使用料
と手弁当の講師の懇親会費用分だけは捻出できるように1人あたり徴収金額を
設定することがポイントでした。今から思えばお金の扱い方としてはアバウト

なやり方でした。JILA全体の会員数がまだ2桁でアクティブな参加者は十数名という時代だからこそ通用したのだと思います。

　幸い大きなトラブルもなく，JILAの規模も拡大した2009年ころに私の役割は若手の会員の方に引き継いだと記憶しています。そういう意味で私は定例会の懇親会・会計で特段の苦労をしたわけではなく，そこまで長期間にわたったという印象もありません。ただJILAに初期から参加したメンバーとしてささやかながら会の運営に貢献できたのかなという思いです。

　現在はコロナ禍で定例会自体がリモート開催になり，懇親会もなくなっているようです（いわゆるZoom飲み会などは実施されているのかもしれませんが）。将来アフターコロナでリアルの定例会が復活したとしても，不特定多数が集まって飲食をする懇親会をリアルで復活させることは，リスク管理を重視すべきインハウスの団体であるJILAとしてはなかなか難しくなるかもしれません。私の牧歌的な懇親会幹事時代が昔話となるだけではなく，JILAでの懇親会の開催自体がもし昔話となるとすればやや寂しい気もしますが，電子契約などと同様にインハウスとしてはニューノーマルに鋭敏に対応して非接触のコミュニケーションの充実に舵を切っていくべきなのかもしれません。

■今後の日本企業のインハウス

　ところで，2004年の私の入会時には十数名だったJILAの会員数は今や1,800名を超え，JILAの20年間はまさにわが国におけるインハウスの発展・浸透の歴史だったと思います。JILAの各委員会・研究会等の活動の充実や政策提言等の対外的情報発信，社会的プレゼンスの向上には目を見張るものがあります。

　その一方で日本企業におけるインハウスの地位・キャリアの確立という点ではいかがでしょうか。全体のインハウス採用人数は激増したものの，同業・類似規模のライバル企業の間でも採用人数には偏りが見られ，相当規模の法務部門を有する大手上場企業においてもインハウスを常に法務の中核とするというコンセンサスはいまだ取れていないように思えます。他企業や法律事務所に転職を重ねながらキャリアアップを図っていく外資系スタイルの方はよいとして，1つの日本企業（グループ）に勤務していると，当然ながら上位にいくほどポストも限られてくるので処遇にも困難が伴うように感じます。私も長らく法務

部門に籍を置いていましたが，数年前から別の職種に携わっています。

　リモートワークはインハウスの仕事には相対的に親和性があるでしょうし，DXやサイバーセキュリティ，危機管理などインハウスの活躍できる分野は拡がっていくようにも見えます。しかしながら，弁護士はAIの進化に伴い衰退する職業の1つといわれることもあり，インハウスが常識とまではなっていない日本企業の法務部門において弁護士資格を有するインハウスが付加価値を保つことができるかは予断を許さないように思われます。

　コロナ禍によって社会の変化が著しく加速され，通勤や外食，旅行のようにこれまでの日常の常識までが瞬く間に非常識に転化してしまう苛烈な世界において，激しい変化に食らいついていける人・組織とそうでない人・組織との格差は今後拡がる一方であり，インハウスもその例外ではありません。JILAと特に若手の会員の皆さまがそうした激しい時代の変化を追い風として今後とも発展・活躍されることを心より祈念します。

インハウスローヤーという選択

中原　健夫

■はじめに

　私は，2008年5月，弁護士法人ほくと総合法律事務所を3名で独立開業したのですが，その後様々なご縁に恵まれて，本稿執筆時点でその所属弁護士数は26名となりました。インハウスローヤーを経験した後，法律事務所に所属する弁護士は相当数にのぼると思いますし，中にはパートナーになっている弁護士もいらっしゃると思います。もっとも，法律事務所を独立開業し，その事務所を20名を超える弁護士が所属する規模としているインハウスローヤー経験者は珍しいのではないかと思います。

　私自身がこのような珍しい経歴をたどることができたのは，インハウスローヤーとなって経験することができた様々な出来事と大いに関係がありますので，JILAとの関わりも交えながら，お伝えすることができたらと思います。

■インハウスローヤーになったきっかけ

1　インハウスローヤーとしての経歴

　私が，現在のアフラック生命保険株式会社（当時は日本法人化していなかったので，外国生命保険会社の日本における支店になります）にインハウスローヤーとして所属したのは，2002年4月から2005年9月という約3年6か月になります。私が弁護士登録をしたのが1998年4月でしたので，弁護士5年目からの約3年6か月をインハウスローヤーとして過ごしたことになります。

2　弁護士になって考えていたこと

　私は，もともと将来的には法律事務所を独立開業したいと考えていました。弁護士はいずれ独立するものというように漠然と考えていたこともありますし，私の父親がいわゆる脱サラをして中小企業の経営者だったことも影響しているのかもしれませんが，いわゆる独立志向があったのです。もっとも，独立志向といっても，1人で自由に弁護士をしたいというものではなく，少人数の弁護士だけでは，できることは限られているので，ある程度の弁護士が所属する規模の法律事務所に成長させて，少しでも多くの方々のために貢献したいと考えていましたし，大規模な案件も手がけることができるようになりたいとも考えていました。

　とはいえ，弁護士登録後3年間は，弁護士の仕事を覚えたいという気持ちから，とにかく目の前の仕事に没頭してきました。もっとも，徐々に仕事に慣れてきたからか，弁護士4年目くらいになってから，もともと持っていた独立志向が頭をよぎることが多くなってきたのです。当時，同期の友人たちの中には，海外留学をし始める者もいましたし，すでに独立し始める者もいました。そのような中，自分は，弁護士としてどのような経験を積んで，どのような法律事務所を作りたいのだろうかと具体的に考え始めるようになりました。

3　あるセミナーでの出会い

　私は，弁護士4年目を迎えたある日，弁護士会館で行われたセミナーに参加しました。そのセミナーは，当時アフラック日本社の副社長を務めていた40歳に満たないアメリカ人の弁護士が日本語でガバナンスについて語るというもの

でした。その弁護士こそ，その後にアフラック日本社の社長となり，現在もアフラック生命保険株式会社の代表取締役会長を務めているチャールズ・レイク氏でした。私がそのセミナーに参加したのは，アメリカ人とはいえ，若い弁護士が大企業の経営者を務めており，ガバナンスについて日本語で語るという珍しさに惹かれたためでした。

　その内容を詳細に覚えているわけではないのですが，当時の自分にとっては非常に新鮮な内容が多く，最後に設けられた質疑応答の時間にいくつかの質問をさせていただいたことを記憶しています。その質問内容がよかったというわけではないと思うのですが，その後，アフラックからインハウスローヤーになってみないかという声をかけていただく機会に恵まれたのです。

4　偶然の出会いと必然の選択

　このように，私がインハウスローヤーになったきっかけは偶然の出会いによるものであり，それまでインハウスローヤーを経験してみるという選択肢を検討したことがありませんでした。もっとも，①当時，自分の独立志向を満たすためには，専門性を高めることが何よりも必要であり，また，他の弁護士とは違う選択をしたほうがよいのではないかと考えていたこと，②アメリカ人とはいえ，若い弁護士が経営者であれば，様々な刺激を受ける機会も多いだろうと考えたことから，自分の中で3年という期間を決めて，4年間お世話になった法律事務所を退職し，アフラック日本社のインハウスローヤーになるという選択をしたのです。

■JILAに入ったきっかけとJILAの活動

1　JILAに入ったきっかけ

　インハウスローヤーになってみると，当時はまだまだその数が少なかったこともあると思いますが，弁護士業界内で疎外感を味わうことがありました。この疎外感を別の表現で言い表すと，ドロップアウトしたように見られる，という感覚といってもよいと思います。私としては，ドロップアウトしたつもりは毛頭なく，むしろ，インハウスローヤーという選択は将来のために有意義であると考えていたので，そのような評価には違和感しかありませんでした。

そのような中，NHKのインハウスローヤーであった梅田康宏氏からJILAへの加入について声をかけていただく機会に恵まれました。インハウスローヤーになったきっかけは様々だと思いますが，私のように短期間で法律事務所の弁護士に戻ること（ひいては，法律事務所を独立開業させること）を考えていた者にとっても，インハウスローヤーの地位や役割を向上させることの意義はとてもよく理解できました。そのため，インハウスローヤーに対するマイナスの評価を変えることに少しでも寄与したいという想いから，JILAに加入させていただきました。

2　JILAの活動

とはいえ，私がインハウスローヤーだったのは2002年4月から2005年9月という短い期間でしたので，その時代に私が何らか目にみえる形で関与させていただいたJILAの活動は，書籍『インハウスローヤーの時代』（日本評論社）の執筆者として関与させていただいたことくらいではないかと思います。この書籍は，当時，非常に画期的なものであったことは間違いありませんし，まさにインハウスローヤーの時代の到来を予期させるものだったと思います。この企画を通じて，様々な経験をされているインハウスローヤーを知りましたし，その多様な経験を世の中に発信していくことが重要であると感じたことを覚えています。

なお，個人的にも，少しでもインハウスローヤーの地位や役割を向上させることにつなげたいという想いから，書籍『公益通報者保護法が企業を変える—内部通報システムの戦略的構築と専門家の活用』（金融財政事情研究会）を出版しました。この「専門家」にはインハウスローヤーが含まれており，企業不祥事への対応や平時のコンプライアンスの推進におけるインハウスローヤーの重要性を伝える内容としています。

そして，私がインハウスローヤーを卒業した後になりますが，JILAとしては，2005年11月に第1回「インハウスローヤーセミナー」を開催し，2006年3月よりNBL誌上に「企業法務の重要課題とインハウスローヤーによる取組み」を連載させていただくことになりました。こうした地道な企画を通じて，インハウスローヤーの知見について情報共有を図るとともに，インハウスローヤーの

役割を世間に発信していくことが，インハウスローヤーに対するマイナスの評価を変えるために重要であったことは言うまでもありません。

■インハウスローヤーの経験がもたらしたもの

　今の私があるのは，インハウスローヤーとしての経験が大きいといっても過言ではありません。もちろん，今の弁護士業務に直結している保険会社のインハウスローヤーだからこそ得られた専門性や人間関係が大きいことは言うまでもありません。もっとも，それに加えて，保険会社であるか否かにかかわらずインハウスローヤーだからこそ得られた様々な経験（もちろんその中にJILAの経験も含まれます）が，私の弁護士人生を有意義なものにしてくれたと考えています。仕事面はもちろんですが，かけがえのない人間関係をつくることができたのも，インハウスローヤーになったからなのです。

　インハウスローヤーに対する正当な評価がなされ，インハウスローヤーの経験者が有意義な弁護士人生を歩むことができるよう，JILAの活動が益々充実したものとなることを祈念していますし，インハウスローヤーの出身者として私自身も少しでもお役に立つことができればと考えています。

愛知における組織内弁護士の曙，名古屋からのJILA参加

服部　由美

■はじめに

　私は，2007年から2年間は，在名古屋のテレビ局の法務部員として，2009年から2年間は，名古屋国税局の任期付公務員（国際税務専門官）として，組織内弁護士を経験し，それに伴い，名古屋からJILAの活動に参加する機会に恵まれました。

　私の知る範囲では，私は，愛知県弁護士会に所属する組織内弁護士第2号であり，組織内弁護士であった4年間においては，愛知県弁護士会内で，唯一の存在でした。

　組織内弁護士としての日々は，記憶の彼方に消え去りつつありますが，よい

機会なので，少しずつ，当時を振り返ってみたいと思います。

■勤務弁護士（イソ弁）からテレビ局へ

　私がテレビ局に入社することになったのは，名古屋の法律事務所でイソ弁として勤務をはじめてから３年余りが経過した2007年初夏のことでした。

　きっかけは，同期がいる事務所のボス弁から「テレビ局が産休明けの弁護士を捜している」という話をいただいたことによります。テレビ局に入社後確認しましたところ，「産休明け」というのは，当該ボス弁が付け加えた条件であるらしく，あるいは，その価値観を反映していたのかもしれません。また，正確には，私は，「産休明け」ではありませんでした（修習後期に妊娠が判明したため，内定をいただいた法律事務所に勤務開始を半年遅らせてもらい，修習を終えて約２週間後に出産しました）。もっとも，私が当該ボス弁からいただいた話を受けたのは，自らのワークライフバランスを勘案してのことであるのは否めません。有期の契約社員ということでしたので，かなり逡巡しましたが，「チャレンジできる立場にあることは恵まれている。やってみたらいいじゃないか」という主人の言葉に背中を押され，一歩を踏み出しました。

　内定後，勤務する事務所のボス弁に報告した際に，愛知県弁護士会の委員会への出席や当時は義務的であった法律相談等は有給を使うように言われていると告げると，「自分の契約について交渉できなくてどうする？」とお尻をたたかれまして，テレビ局の採用担当者に対し，弁護士としての立場を説明し，①業務に差し支えのない範囲で，勤務時間中に，会務活動，国選弁護活動等をすることを認める，②弁護士としての自由で独立な立場を尊重する，という２点を，雇用契約書に盛り込んでもらいました。

　私の弁護士としての基礎は，当然，イソ弁時代に築かれました。また，些細な話に聞こえるかもしれませんが，当時，愛知県弁護士会では，弁護士会館内に各弁護士のボックス（私書箱のようなもの）があり，さすがに勤務時間に取りに行くわけにもいかず困っていたところ，元いた事務所がそのボックスの処理を快く引き受けてくださり，とても助かりました。ボス弁をはじめ事務所の皆さまに対しましては，本当に，感謝の念に堪えません。

■テレビ局の企業内弁護士

テレビ局では，法務部の配属となりました。放送番組に係る著作権処理は，長らく別の部署が担当しており，法務部は，それ以外の法務やコンプライアンスを担当するために設けられた比較的新しい部署でした。詳細は避けますが，放送番組に関しては，肖像権侵害等のクレーム対応が多く，また，当時，放送外収入にも力を入れはじめていたので，英文契約を含む様々な契約書のチェックや相談等に関与することになりました。ある契約では，その内容や準拠法を勘案して，おもいきって，東京の渉外事務所の利用を進言しました。弁護士でありながら法律事務所の顧客の立場を経験できたのは，町弁をしていては味わいえないこととして，特に印象に残っています。

ところで，入社後困ったのは，法務部員として勤務する環境です。そこで，すぐに上司に相談し，約2週間後には上司とともに日本放送協会（NHK）の梅田康宏さんを訪問しました。その後，NHKの職場環境を参考として，判例データベースの導入，判例時報の定期購読や必要な法律書籍の購入等，働きやすい環境を徐々に実現していきました。これは，私のみならず，法務部全体のためになったと思っています。

■JILA入会

既述のとおり，テレビ局入社直後にNHKの梅田さんを訪問したのをきっかけに，私はJILAに入会しました。

初めての例会には，ありがたいことに，出張扱いで参加することができました。例会後の懇親会は，2～3テーブルにおさまるくらいの規模だったと記憶しております。同期のクラスメートと再会したり，大変楽しい時間を過ごすことができました。

当時，名古屋ではまだまだ組織内弁護士に対する認知度や理解は乏しかったと思います。大先輩の弁護士から「あなたのせいで私は顧問先を失った」と真顔で言われて困惑したり（ちなみに，テレビ局では，法務部が設けられる前，各部がそれぞれに依頼するため，片手に余る懇意の弁護士がいたようです），後述する名古屋国税局に入った際には，愛知県弁護士会の元会長から「あなたの勇気に感激した」というお葉書をいただいたり，また，そのようなはっきり

聞こえる声以外に，気のせいかもしれませんが異物扱いを感じることがありました。

その点，JILAへの入会により，東京にはこんなに組織内弁護士がいるんだと勇気づけられ，遠方ゆえ，頻繁に例会等に参加することは適いませんでしたが，心の拠り所の1つとしておりました。

■名古屋国税局での任期付公務員

テレビ局に入社して2年にならんとするころ，JILAのメーリスに，「名古屋国税局が任期付公務員を募集しているが，締切り間近なので是非応募を…」というメールが流れてきました。

それまでも任期付公務員の募集は目にしておりましたが，名古屋を勤務地とする任期付公務員は初めてだったので，急に思い立って応募してみると，トントン拍子に採用が決まってしまいました。正直，イソ弁からテレビ局の法務部員になったときほどの心理的抵抗はありませんでした。もっとも，主人には，「あなたの履歴書もそろそろ汚れてきたね」と言われ，転職に対してはまだまだネガティブな評価が根強いのだと実感しました。

名古屋国税局では，調査部調査審理課の配属となりました。判例データベースについては執務に使うパソコンで利用できましたが，必要と考えられる書籍をお願いして購入してもらうのは気が引けたので，執務スペースの近くに棚を1つお借りすることとし，自分でどんどん購入して揃えていきました。租税法という専門性の高い分野で，その専門家相手に意見したり，研修したりしなければならないので，とにかく勉強しました。暑い夏に，埼玉県和光市にある税務大学校の寮に宿泊し，移転価格税制の研修を受けたのも懐かしい思い出です。名古屋国税局が任期付公務員を採用するのは初めてのことだったので，私としても気骨が折れることもありましたが，現在でも，大学院で租税法の授業やゼミを持つなど，租税法との関わりは続いており，今ある弊事務所の業務の礎となる2年間だったと思っています。

■JILA東海支部など

2008年4月に設置されたJILA東海支部は，私以外に会員がいない「一人支

部」であり，言われるままに，支部長（同時に理事）をお引き受けしました。

2008年9月には，日弁連主催のシンポジウム「あなたもチャレンジしませんか！〜企業内弁護士の現状と将来」が名古屋で開催され，東京から梅田さんが来られて講演されたほか，私も，「法律事務所から企業に入ってみて」と題してお話しをさせていただきました。

JILAの会員数は順調に伸びていき，2009年には部会制が導入されました。もっとも，名古屋国税局では外部とやり取りをできるアドレスを与えられていなかったこともあり，誠に恐縮な話ではありますが，なかなかJILAの活動に参加する余裕はありませんでした。

2011年初夏，名古屋国税局での任期が終了するとともに，私は弊事務所を開業したため，組織内弁護士としてのキャリアを終えることになりました。

しかし，その際に至っても，まだ，愛知県弁護士会に所属する組織内弁護士はいなかったため，東海支部長でありながらほとんど活動をしていなかった私は，JILAを退会する機会を逸してしまいました。

開業後は，理事会に電話で参加する等したほか，具体的な時期は定かではありませんが，愛弁の司法修習委員会によばれて，修習生に対し，組織内弁護士としての経験をお話ししたりしました。ただ，正直に申しますと，理事会については，JILAの組織拡大に伴ってか，私としては殺伐とした雰囲気を感じて馴染むことができず，どなたかに支部長（理事）を替わっていただけないかと思案しておりました。

その後，2013年ころでしょうか，山根義則さんが東海支部にも現われた組織内弁護士をつないで東海支部のメーリスを立ち上げ，東海支部としての活動を開始されるようになりました。2014年には山根さんが2代目東海支部長に就任されたことを知り，私はひっそりとJILAを退会しました。

私は，東海支部長としては名ばかりで，十分な活動をしてこなかったことから，東海支部の活動を充実させてくださった山根さんにはこの場を借りて心より感謝申し上げます。

現在では，東海支部にも，たくさんの組織内弁護士がいらっしゃるようで，愛知県弁護士会の委員会でも，時折，お見かけすることがあります。

私自身はJILAから離れてしまいましたが，20周年を迎えられたJILAのさら

なる発展を心より祈念して，本稿を終えたいと思います。

JILA初の実務書『最新　金融商品取引法ガイドブック』の出版

稲田　博志

■はじめに

　先日，出版社の方から『日本組織内弁護士協会20年のあゆみ』への寄稿依頼をいただきました。JILAは2021年8月1日に創立20周年を迎えるとのこと。JILAはまだまだ若い組織だと思っていたので「もう20年にもなるのか」と驚きました。ただ，十年一昔とすると，もう二昔も経過することになります。とすると，この段階で過去を振り返っておくことは何らかの参考になるかもしれないと思い，筆を執らせていただくことになりました。

　今回，私に与えられたテーマは，自分がインハウスになったきっかけ及びJILAに入ったきっかけとJILA初の実務書『最新 金融商品取引法ガイドブック』を出版したことの苦労・意義などということですので，順にご説明します。

■インハウスになったきっかけとJILAに入ったきっかけ

　そもそも私が弁護士を目指したきっかけは何だったのか。いくつか思い浮かぶ理由はありますが，1番大きいのは，両親の影響だと感じています。父親については，子どものころから学者として研究をしている姿を見てきました。「よくそれだけストイックに専念できるな」と素朴に感心し，「自分にはそのような真似は到底できない」と思いつつも，心のどこかでは，「父親に負けたくない，私自身が何者であるかを知りたい，自分の能力を試したい」という気持ちがありました。母親については，幼少のころから他人のための苦労を厭わず，むしろそれを喜びに感じる姿を見てきました。

　あまり自覚はしていませんでしたが，私も中学生くらいからは，周囲と比較すると，誰かの役に立ちたいという気持ちが強いタイプだったように思います。そのような中で，イメージ先行で実情を理解していたとは言えませんが，「難関の司法試験を突破して自分の殻を破りたい」，「誰かのために働く弁護士にな

りたい」と高校生のころから考えていました。

　司法試験を突破し，私が弁護士登録したのはJILA創立と同じ2001年になります。当時を振り返ると，苦労した司法試験を乗り越えて弁護士になれたという喜びと果たして自分は実務家としてやっていけるのかといった不安が混在していたように思います。その後，弁護士になって数年間経過しても，能力的にはまだまだ一人前といえるような状態ではなく，「このままでいいのだろうか」と焦りを感じてもいました。今振り返れば，迷いの時期だったと思います。

　そのようなころ，法律事務所から銀行へ出向する機会を得ました。法律事務所しか知らない私にとって，未知の世界である外部への出向は恐怖に近いような感覚もありました。しかし，いざ銀行に出向してみると，非常に新鮮で充実した日々が待っていました。銀行における稟議制度を始めとした組織的な業務の進め方は，徒弟制度の色彩が残る法律事務所に慣れた私にとっては目から鱗でした。また，公私に渡って面倒見がよい上司，同僚との日々は，仕事面での成長を感じるだけでなく私の人生を豊かにしてくれたとも思います。このように銀行への出向が今のインハウスローヤーとしてのキャリアにつながるきっかけになりました。

　一方，JILAに入ったきっかけは，どなたかに誘われて定例会等に参加したのが最初だったかと思いますが，今となっては判然としません。当時，インハウスは全体でも100名前後の規模で弁護士会全体の中では1％にも満たない少数派でした（数値は日本組織内弁護士協会調べ）。インハウスへの弁護士会の手厚い支援が期待できない中では，「自分たちのことは自分たち自身でやるしかない」といった気概もあったように記憶しています。私は，比較的年代の近い梅田さん，片岡さん，竹内さんらと馬が合ったのか，当初からすんなりJILAに馴染みました。また，池永さんや本間さんといった諸先輩方にインハウスローヤーの何たるかを指導していただいたことも，今思えば右も左もわからない私にとっては僥倖であったと懐かしく思います。

■JILA初の実務書『最新　金融商品取引法ガイドブック』の出版

　JILA初の実務書『最新　金融商品取引法ガイドブック』の出版は2009年5月ですが，そこに至るには2，3年ほど遡る必要があります。

　先にも述べましたが，当時の私は，弁護士になったものの，満足できるような仕事ができず，歯がゆい思いをしていました。「何とかしなければいけない」という焦燥感から，積極的に様々な研究会やゼミ等に顔を出したり，より効果的な勉強方法を模索して読書に関するブログを執筆したりしていました。今思えば迷走気味ではありましたが，そのような中，ゼミの大先輩でもあった高橋均さんに誘われ，監査役協会の勉強会に参加させていただきました。周囲も私以外は大先輩ばかりでしたが，その後書籍の執筆陣にも加えていただき2008年2月に『企業集団の内部統制―実効的システム構築・運用の手法』（学陽書房）を上梓しました。また，出向先でお世話になった方々とも一緒に書籍を執筆する機会をいただきました。

　これらの執筆は大変ではありましたが，様々な分野の優秀な方と知り合うことができ，また困難を乗り越えるよい機会にもなりました。書籍を出版するというゴールを出版社，編集者らと共有し，それに向けたチームアップをすること，当該分野の知識を集中的にインプットしつつ締切に向けて原稿を仕上げることといった一連の流れは私なりの成功体験となり，その後数年間は，手帳の1ページ目に「毎年書籍を出す！」という目標を記すようになっていました。まだ父親の背中は遠いものの，自分が打ち込むべきことが見えてきた気がしました。

　また，一回り以上年上の方と共同執筆することが多かったのですが，多くの方が惜しげもなくノウハウを教えてくださったり，献身的に対応されたりすることに頭が下がりました。私自身が先輩方にお返しできることはありませんが，この恩を次世代にバトンタッチしていくことが私の役割だと思います。

　上記のような経験を経て，当時はJILAで様々な活動をしていました。JILAの定例会に高橋均さんをお招きして株主総会の解説をしていただいたり，定例会のネタがない時に私自身が改正されたばかりの金融商品取引法の解説をしたりと，今思えば空恐ろしいですが，若気の至りもあり積極的に活動をしていました。

　そのような経緯からか，ある日，高橋均さんから「金融商品取引法の本をJILAメンバーと一緒に書きませんか」という提案をいただきました。当時の私が難解な金融商品取引法を執筆することは正直難しいと思いましたが，「高

橋均さんの要請には応えるしかない」と思い，金融分野の先輩である池永さん
と竹内さんに相談し，高橋均さんと私を加えた4名を編集として，JILAメン
バーから執筆陣を募集することにしました。

　当初は執筆陣が集まるかどうか心配していましたが，それも杞憂に終わり，
多くのJILAメンバーが執筆に応募してくれました。われわれ編集は，執筆陣
をチームに分け，チームごとにリーダーを配し，リーダーが編集と連携して進
捗を管理することとしました。原稿の品質については，事前に原稿のフォー
マットを決めておくことで一定のレベルを確保するよう工夫しました。このあ
たりは出版社や高橋均さんのノウハウが活きたと思います。中には執筆陣のド
ロップアウトや原稿が期限に間に合わないといったトラブルもありましたが，
リーダーと編集が一緒になって対応することで何とか出版社には迷惑をかけず
原稿を仕上げることができました。

　こうして2009年5月に『最新　金融商品取引法ガイドブック』（新日本法規）
は出版されました。当時は複雑な金融商品取引法を網羅的に解説した書籍は少
なく，池永さんが「タイミングよく出版できた」と喜んでいたことが印象的で
した。また，毎月のJILA定例会等には参加しないものの，執筆等には積極的
に協力してくれるJILAメンバーが少なくなかったこと，JILAを通じて外部の
出版社や有識者との連携が円滑になったこと等，副次的な収穫も多くあったと
思います。

　その後も多様なJILA監修書籍が出版されています。その都度様々なトラブ
ルが発生しますが，それを乗り越えることで，書籍出版に向けたノウハウ，
ネットワークが徐々に醸成されてきたとも感じています。気が付けば，出版社
の山本元さんとも10年以上のお付き合いが続いています。

　今回，JILA20周年を振り返る中で，期せずして自身の過去も振り返ること
になりました。私は父母の影響を受け，「自分の殻を破りたい」，「誰かのため
に働きたい」と思っていました。しかし，実際には，弁護士になってもなかな
か上手く行かずに正直迷走していたように思います。そんな中，先輩方に導か
れる形でJILAでの活動や執筆等に関与する中で，何とか軌道修正し，気づけ
ば父母の背中を自然と追いかけるような活動をしていたのかもしれません。私
自身もまだまだ精進する必要がありますが，このように培われてきたJILAや

先輩方の思いや取組み，ネットワーキング等を引き続き実践し，次世代に引き継いでいきたいと思います。

新人弁護士とJILA

宮腰　和朗

■インハウスになったきっかけ

　私は，法科大学院・司法修習を経て，社会人経験や法律事務所の経験がないまま，キリンに入社しました。キリンホールディングス法務部で約12年間勤務した後，現在は子会社の協和キリン法務部に在籍し，弁護士になって以来，キリングループで法務の業務に携わっています。

　私が入社した当時は，司法修習生を採用する企業も多少出てきたものの，インハウスはまだ珍しく，特に実務経験や社会人経験のない司法修習生を積極的に採用する会社もそれほど多くなかった印象です。キリンホールディングスでも弁護士の採用は私が初めてでした。

　当時はまだ珍しかったインハウスというキャリアを選択したのはなぜかを振り返ってみると，決断に至るまでにいくつか段階があったように思います。最初にインハウスという選択を意識し始めたのは，法科大学院在籍中の時でした。インハウス経験のある弁護士の方が大学の研究員として勤務しており，その方からお話を伺い，アドバイザーという立場ではなく当事者として案件に関われる面白さに興味を惹かれました。ただし，当時は，企業の法務部と法律事務所が行っている業務の違いも具体的にはわかっておらず，漠然とした希望，という程度であったように思います。

　また，就職活動を始めた際も，業界・会社の特徴や，それぞれの会社の法務部の取り扱っている業務や位置づけもそれほど意識しないまま，「企業か法律事務所か」という短絡的な発想でいたように思います。そのような中，最終的にインハウスを選択したのは，就職活動を通じて，「ここで働きたい」と思ったのがキリンで，それが企業だったのでインハウスを選択した，というのが理由だったように思います。

　入社当時は，キリンの法務部では私がインハウス第1号だったこともあり，弁護士会務に関連する事項をどう取り扱うかは，お互い手探りで進めていました。特に刑事弁護に関しては，裁判所からの書面の受領方法や，被疑者やご家族の方とのコミュニケーションの方法等には苦労したのを覚えています。このように，右も左もわからないまま，会社の業務や，弁護士会の活動が始まる中，他のインハウスの方々との情報交換や交流の場を提供してくれたのがJILAでした。

■JILAに入ったきっかけ，当時のJILAとの関わり

　JILAの存在を知ったのは，前述の法科大学院時代に知り合った弁護士の方の紹介で，司法修習生だったころに定例会と懇親会に参加させていただいたのがきっかけです。私が参加した際，定例会の参会者は15名前後だったと記憶しています。その後，私が入会した後もまだ会員が100名を超えた程度であり，最初の1年は定例会の参加者は20〜30名程度でした。現在のJILAと比較すると，会員数は1つの部会より人数が少なかったのではないでしょうか。

　他方，少人数な分，私にとっては，いろいろなバックグラウンドを持つ先輩インハウスの方や，同期のインハウスと交流を持つことができ，JILAは同じインハウスとのつながりの場を提供してくれるプラットフォームでした。当時定例会は金曜日に行われていたこともあり，よく定例会の後の懇親会にも参加していました。業務の都合で定例会には出席できなくても，懇親会のみ参加することもあるほどでした。懇親会は，同じように司法修習を経てインハウスになった同期と情報交換をしたり，先輩方からいろいろ教えていただける貴重な機会だったので，できる限り参加していたのを覚えています。特に1年目のころは，刑事弁護や会務に関することなど，いろいろわからないことばかりでしたので，会社に先輩弁護士がいなかった私にとっては身近に相談できる先輩インハウスの方々は心強い存在でした。

　なお，経緯は忘れてしまいましたが，研修委員の一員としてJILAの活動に参加していました。研修委員は，会場設営・集金等を手分けして行っていました。事務局業務をプロアクト法律事務所に委託するまでは，定例会の出席者の集約や領収書の作成も研修委員が手作業で行っており（当時は現在のように簡

単に出欠を管理できるツールもありませんでした），会社の業務が終わってから作業するのは，研修委員のメンバーにとって骨の折れる作業でした。その分，今でも当時の研修委員会メンバーで連絡を取り合うほど結束力が固かったので，今となっては良い思い出です。

■当時の第1部会の様子，部会長としての苦労

定例会や懇親会に足繁く出席していたころ，ちょうど部会が発足することになり，部会長の打診がありました。まだインハウス1年目の時でした。新人インハウスに部会長の打診が来たのは，多分他にも候補がいらっしゃったものの引受け手がいなかったのと，私が単に定例会や懇親会に多く出席していたから，というのが理由だと推測していますが，今になっては真偽のほどはわかりません。ただ，発足当時の1部会は，1つの部会を作るほど会員数がいない業界を1つにまとめた，というのが実態でした。また，第1部会は比較的期の若いインハウスが多く所属する部会だったという印象があるので，部会長が新人でもまあいいだろうという判断もあったのかもしれません。私自身も断る理由も思いつかず，まあ何とかなるだろうと引き受けましたが，この時は後に苦労するとは思いもよりませんでした。

部会が発足して，まず考えたのは，「この部会で何をするか」ということでした。他の部会では，全体の定例会では取り上げないような専門的なテーマや部会で共通して関心があるテーマで勉強会が始まっていましたが，前述のとおり，一部会は様々な業界が含まれており，ある種雑多な部会でしたので，勉強会を開催しようとしても，共通の関心は何か（そもそもあるのか），という点が悩みの種でした。今になって振り返ってみると，それほど難しいことでもないように思いますが，まだ実務経験が浅い当時の私の経験では，正直お手上げ状態でした。そこで，交流会を開催していろいろな方の意見を伺う等，いろいろ苦慮していたのを覚えています。そのような状況でしたのでなかなか勉強会の開催には至りませんでしたが（正直私が部会長だったころに勉強会を開催したか記憶もすでに定かではないですが），せめて皆さんに情報交換や親睦の場を提供できればと思い，交流会と称して数か月に一度，懇親会は継続的に行なっていました。

■現在のJILAへの所感

　最近では会員数も飛躍的に増え，それに伴いJILAの活動も多様化し，部会もさらに細分化され，様々な研究会が立ち上がるなど，私が入会した当時には想像もしなかった会に変貌を遂げたように思います。より共通の関心や興味があるインハウスのニーズに応える場を提供する組織になり，私自身もリーガルオペレーションズ・テクノロジーズ研究会等へ参加し，新たな知識を得る機会があることに加え，様々なバックグラウンドや業界にいるインハウスの方々と交流させていただいています。この意味では，規模が大きくなり会が果たす役割も多様化したものの，インハウスに有意な交流を提供する場という役割も依然として担っているのではないかと思います。

初期のJILAの活動に関わることができた喜び

木呂子　義之

■企業内弁護士のきっかけ

　まずは，JILA20周年にお祝いと感謝を申し上げます。

　私が企業内弁護士になったきっかけは，法律事務所に勤務していたころ，スカウトからメールが来て，会って話をして「ベンチャー企業の仕事をしたい」と言ったところ，いろいろと探してくれて，たまたま面接をしてくれたゲーム会社の社長と意気投合し，入社を強く誘ってくれたからでした。2000年代前半ではまだ企業内弁護士は珍しく，しかもベンチャー企業ということで，周囲はそんなところに行って大丈夫かと（所属していた事務所のボスも含めて）大いに心配してくれましたが，あまり意に介さず飛び込んでいきました。「認めたくないものだな，自分自身の若さ故の過ちというものを」という心境でした。

　会社に入ってみたら，実はそのゲーム会社は，大手通信会社を親会社に持つため，会社組織のあり方やコンプライアンス体制など，ベンチャーにしてはガバナンスに多く意を用いていました。特に，親会社の会計や税務からの要請等，普通に法律事務所にいて弁護士をしていてはなかなか見えないところに気づかせてくれることが多くありました。こうした経験は，もともとの金融での知見

（私は銀行出身です）や郵政省（現総務省）での経験と併せて，その後の弁護士人生においても大いに役に立ったものと思っています。

■JILAとの接点

　JILAに入ったきっかけは，実はよく覚えていません。当時は二弁の業務委員会（弁護士業務センター）に所属し，企業内弁護士部会のようなところに入っていましたが，当時の二弁の弁業には，池永朝昭さんや幸村俊哉さんなどのJILAの大御所の先生が所属しておられた（たしか池永さんは弁業の委員長だったと記憶しています）ので，その縁で入らせてもらったのではないかと思います。

　今ではあまり想像できませんが，当時の弁護士会では司法修習生の就職先の確保が一大テーマとなっていて，二弁の弁業でも「司法修習生の就職先に企業内弁護士を活用しよう」というような議論が多くなされていました。日弁連でも，企業内弁護士のことを全国に広めようと「全国キャラバン」をしたり（父親の育児分担を放棄して，乳飲み子を妻に預けて博多や広島に行き，顰蹙（ひんしゅく）を買った記憶があります），弁護士や司法修習生の求職者と，企業団体や官公庁との求人情報をマッチングさせるためのプラットフォーム（ひまわり求人求職ナビ）を構築したりしていて，私も，末席で仕事をさせてもらっていました。特にひまわり求人求職ナビの原始要件を作成したのは梅田康宏さんと私で，いろいろと言われながらも当時の仕組みをほぼそのまま維持して現在も稼働しているのを見ると，感慨深いものがあります。

　一方で，司法修習生の就職先という視点で企業内弁護士が語られることには違和感がありました。私などは一種チャランポランな感じで企業内弁護士になったので大きなことはいえませんが，「弁護士」が企業内で活動することには単に就職先が企業であるということ以上に意味があるのに，弁護士会の大勢がそのことに無自覚であったことは，大変残念でした。それと同時に，弁護士とは資格なのか職業なのかという問いから，私自身にとっての「弁護士」というものの意味，いわば「実存」を考えるきっかけになりました。

　個人的には，私は，その後フランス政府の給費によりパリの弁護士会と法律事務所で実務を学ぶ機会を得たのですが，当時のフランスでは弁護士（avocat）

が企業内弁護士になることは全く認められていませんでした（最近は変化があるようではあります）。私が見る限り，そこでは弁護士とは疑いなく職業であり，身分的な要素も色濃く存在し（世紀を超えて代々弁護士の家系もある），弁護士の養成はすべて弁護士が行い（法曹二元制），その養成方法にも徒弟的要素が強く残っていました。そのせいか，弁護士の「アンガジュマン」（組織的デモや抗議行動）も活発で，日本の弁護士が「先生」と呼び合う以上に職業的連帯（悪くいえば同業者意識）も強くありました。

　実は私自身は，法制度も含めてフランスの諸制度がよいなどとは全く思っていませんでしたが，弁護士に関する上記の「実存的問い」に対する回答の具体例は，フランスのほうが見つけやすかったように思います。ただ，それは彼らの回答例であって私の回答ではありませんし，そもそも，ぐうたらで気の散りやすい私は，そうした問いを立てたことさえ忘れてしまっていました（この原稿を書いていて思い出しました）。おそらく今後も，私には，その答えを見つけることはできないでしょう。

■入会時の思い出

　さて，私が入会した当時のJILAはサロン的な雰囲気で，私にとってのJILAとは，ワイワイガヤガヤいろんな話をするところ，でした。実際はそうでなかったのでしょうが，当時のJILAの記憶といえば，有楽町の近くの居酒屋に食事に行って酒を飲んで話をしたことくらいです（なお，高い店に行った記憶も全くありません）。残念ながら，当時のセミナーなり研修なりの内容もほとんど何も覚えていません。しかし，居酒屋に行くことは，経験豊富な企業内弁護士の先輩に日ごろ聞けない話を聞く機会でもあり，これは，大変有意義な時間でした。

　当時私は，社内に1人だけの弁護士だったので，他の企業内弁護士と意見交換ができる機会は大変貴重でした。これは，他の若手の企業内弁護士も共通していたことと思います。とにかく，当時は社内で初めての弁護士，というような立場の若手弁護士が多く，企業の側も弁護士の処遇や活用方法に不慣れで，弁護士ということで警戒されたり遠ざけられたりするケースもあったりしたようです。そうなると，若手の企業内弁護士は，内部で相談する先もなく，1人

で悩みを抱え込んでしまいます。当時のJILAには，そのような若手の企業内弁護士のセーフティネットのような面もありました。

■第3部会長となって

　私が第3部会長を梅田さんから引き継いだのは，2010年のことでした。ちょうど梅田さんが米国に留学するというので，その後釜に据えられたということになります。

　第3部会は，通信（インターネット），放送，映画，出版，レジャー等の産業に属する企業内弁護士を中心に構成され，一見華やかな印象で，若手の企業内弁護士が特に多い部会でした。当時のメールをみると，第3部会では研究テーマを2つ設定し，それぞれグループを形成し，JILAの全体会で発表する，というような野心的な企画を準備していました。研究テーマは，「写り込みのガイドライン」（リーダー：上田さん，サブリーダー：宮武さん，若槻さん），「名誉毀損の真実相当性に関する考察（近時の最高裁判例を中心に）」（リーダー：平林さん，サブリーダー：橋本さん，三谷さん）というようなもので，企業内弁護士の日常的な業務にすぐに役立つような実践的なものでした。

　2010年以降のソーシャル・ネットワークの普及により，一般大衆がインターネットを利用することで，容易に表現の自由と著作権や名誉権との軋轢を生むようになり，同時に法律解釈上の多くの論点も生むようになりましたが，当時のJILAの第3部会の活動は，こうした問題に日々直面しつつ業務を行っていた企業内弁護士が，生の実感から様々な議論を行って，検討を加えていくという過程でもありました。

　懇親会も2か月に一度の頻度で行われていました。上記のとおり，第3部会の構成は若い弁護士が中心で，懇親会もかなりガヤガヤ騒がしいものであったと記憶しています。しかし，こうした機会こそが，ともすれば孤独に陥りやすい若い企業内弁護士にとって有意義であったのだと思います。

　ただ，当時のJILAでは，毎月新しい会員が入会するなど，会員数もどんどん増加していて，執行部のレベルでは実務的な負担が増大していた時期であったと思います。私自身も，部会や全体会のスケジュール調整など，かなり苦心していた跡が見てとれます。そして，そのような事情が影響してか，結局

JILAの全体会の日程の調整がつかず，上記の研究の発表を行うことは叶いませんでした。

2011年の３月には東日本大震災があり，日本は大きな危機を迎えていました。私自身も，そのころ転機を迎えていました。第３部会の部会長を務めることとなったのは，飛び込んで入ったゲーム会社が解散（実質倒産）して，路頭に迷いかけていたのを親会社の通信会社が拾ってくれてからしばらくしたころでしたが，だんだん大企業内の「社内政治」的なものに巻き込まれるようになり（いわゆる○○派，△△派です），職場に嫌気がさしてくるようになっていました。

いつものように勢いで会社をやめて，自分で仕事をするようになると，元来ぐうたらな私は，JILAの活動に時間を割くことも難しくなっていきました。

結局，その後は「企業内弁護士」に戻ることもありませんでした。

こうして，企業内弁護士として未熟なまま一生を終えそうな私ではありますが，そんな私でも輝かしいJILAの活動のほんの一部を担った時期があるということは，私の人生の中での数少ない誇りにしてよいのかもしれないと思っています。読んでくださった方には，ほとんど得るところのない本稿ではありますが，私にとっては，本稿を書くことでそのような思いに至ったことは大きな収穫でした。あらためて，このような機会をくれたJILAに感謝する次第です。

公務員弁護士のキャリアと草創期の第４部会の貢献

渋谷　武宏

JILAが創立から20年の節目を迎えることに，心からお祝いの意を表します。私がJILAに入会した2008年当時からは，想像できない規模の団体に発展しました。これも歴代の理事長や理事，監事，事務局，各部会，委員会や研究会などの多くの有志による働きと，会員の日々の活動の積重ねによって現在の姿になったのであり，特に幹事の皆さまには感謝したいと思います。

■組織内弁護士になったきっかけ

　思い返すと私が組織内弁護士になったのは，弁護士になってから３年目でした。当時，中堅規模の法律事務所に勤務しておりましたが，弁護士としてのキャリアを考えると，より専門性の高い仕事にチャレンジしたいと思っていたところ，２期上の知人の弁護士から，財務省関東財務局の証券検査官という役職で任期付公務員の後任を探している，という話がありました。

　証券検査官とは，証券会社に立入検査を行うなど，金融商品取引法（当時は証券取引法）の違反を見つけて処分勧告を行う職務です。私は弁護士になる前に，証券会社において法律家ではなくビジネスパーソンとして２年半にわたり営業職であった経験があり，当局からは検査される側でしたが，検査する側において過去の経験と弁護士としての知識を活かすことができるのではないか，と考えて応募しました。

　応募に際しては，事務所派遣ではなく自主的な挑戦のため，その時の依頼者との関係が途切れてしまうことや，社会人経験を経て当時32歳になっており若くはないという懸念，原則として２年の任期後の仕事の不安などもありました。他方，一般の弁護士や証券会社の役職員が経験できない当局検査の世界を経験できるのは得がたい経験であること，役所の企画部門や監督部門の経験のある弁護士は当時からたくさんいましたが，検査部門はまだ少なかったことから，専門性を高められるのは間違いないこと，一生懸命仕事に精進すれば誰か見ている人はいるだろう，任期後に就職活動をすればよいと最後は楽観的な見通しで応募したところ合格し，2006年１月から組織内弁護士として勤務を開始しました。

　財務省関東財務局の証券検査官の任期中は，豊富な法律知識と経験，正義感にあふれた当局の職員と一緒に仕事をする中で，非常に充実した時間を過ごすことができて期待以上の経験ができました。法律事務所でアドバイスを提供するのではなく，また裁判所の法廷でもなく，より現場に近いところで，職員と一緒に立入検査に入り現物検査やヒアリングに従事し，適切な公務執行に留意して仕事をまとめる達成感は，法律事務所勤務では得られないものでした。

■JILAに入った経緯

　2007年に証券取引法から金融商品取引法になる大きな法改正があり，改正対応のため任期を 1 年延長した2008年のことでしたが，財務局に勤務する他部門の任期付職員の弁護士から，JILAが編纂する，金融商品取引法をテーマとする書籍の執筆者としてお声をかけていただきました。

　当時，関東財務局の任期付弁護士は総勢 5 名程度であり定期的に勉強会を行っていて仲が良く，弁護士同士の議論ができる貴重な場となっていました。その勉強会で私は金融商品取引法の解説をしていたこともあり，JILAの書籍は，私にとって役所で得た自分の知見を世の中に還元するよい機会であると思い執筆を引き受けました。この書籍の執筆をきっかけにJILAという組織があることを知り，JILAに入会し，定例会に出席しました。そこで，金融機関や他の役所で働く多くの組織内弁護士と交流を図ることができました。

　当時はまだ会員が100人台の時代であり，多くの会員が顔見知りでした。また，執筆担当者の間での交流を経て，2009年に『最新　金融商品取引法ガイドブック』（新日本法規）として書籍が刊行され，出版記念パーティーなどもあり，多くのJILAの会員に知己を得ることができました。また，執筆することを通じて，自分自身の理解が整理されるのを感じ，体系だったアウトプットの機会は執筆を通じて実現するのが効果的であると実感しました。

　特に任期付公務員として一定の分野で非常に深い知見を得たJILAの会員は，積極的に執筆に取り組んで世の中に還元するとともに，そこで得た知識を執筆を通じて整理することにより，その任期で得た経験を普遍化し，その後の業務に活かすことが極めて重要であると思います。

■第 4 部会の主な役割と部会長への就任

　私は組織内弁護士として得た貴重な経験として，法律事務所がほとんど関与していないところで当局による金融行政と業者によるビジネスがダイナミックに動いているのを改めて痛感していました。そこで公務員の任期終了後，ご縁があって現在の法律事務所に勤務を開始した後も，弁護士が法律事務所の勤務だけでキャリアを終始するのは非常に惜しいことであり，弁護士のキャリアとして組織内弁護士の選択肢をもっと普及できないか，という問題意識を持って

いました。

　そんな折，JILAの活動に参加していたところ，私よりも以前に金融庁に出向していた任期付公務員の先駆けであり，JILAの理事でもあった幸村俊哉先生，谷垣岳人先生からお声がけをいただき，JILAの公務員をまとめる部会（第4部会）の部会長をすることになりました。2009年11月に部会制が導入されたのですが，部会長の仕事というのは，会員同士の交流の機会を作り，私がそうであったように，会員が組織内弁護士として職務を全うする上で必要な情報交換を促進して，悩みを共有し解決への手がかりや気づきを得ることのお手伝いをすることにあると思います。それを通じて，健全な組織内弁護士の発展に貢献するほか，部会員の声をJILAの理事会に伝えることやJILAとしての方向性を会員に伝えることも部会長の大きな役割になります。特に公務員からなる第4部会は，特定の分野の専門家が多数在籍しているという特徴があり，定例会をはじめ各種勉強会の講師の供給源になることや，監督官庁の高官を講師に招く際の窓口役を務めることが多い部会でした。

　私が第4部会の部会長の当時，定期的な交流会の企画のほかに，証券取引等監視委員会の高官で事務局次長の大森泰人氏に定例会の講師を依頼する件があり，打診や日程調整，当日の応接などをしたことがありました。監視委員会の事務局次長という立場の方に対しては，金融商品取引業者に所属する組織内弁護士からすれば，問題が起きたときに厳しく追及をしてくる，非常に神経を使う相手になります。しかし，JILAの定例会である夜の時間に合わせて講演をしていただき，大森氏のお人柄もありざっくばらんに意見交換ができ大変有意義な会でした。

　公務員と民間企業との間の関係は，民間企業からビジネスの実態に関する情報を公務員側に提供するために円滑な関係を構築することは非常に重要ですが，同時に，公務員は国民全体の奉仕者としての立場もあり，民間企業に対し公平に接する必要もあり，適度な距離感と透明性が求められます。この点でJILAは，法曹資格を有する者により構成されるため官民の関係性についてそれぞれが自主的に適切な判断をすることが可能であり，他の団体とは違った大変貴重な役割を果たしうる地位にいると思います。

　また，部会員相互の間には「公務員」という属性に照らして立場上の制約に

伴う共通の問題意識があります。プロパーの職員もおりますが，任期付職員が多いことから，任期後の身の振り方の情報交換も大きな共通の話題になります。そのような課題に関する諸先輩方の例の情報交換をするのも，部会における役割といえましょう。

　さらに，中央官庁における任期付公務員に加えて，地方自治体や学校法人，医療法人などにおける任期付公務員・法曹有資格者の採用増の時代を迎え，官庁に加え非営利団体の所属として第4部会に所属する会員も拡大し，その交流を図るのは非常に有意義であると思いました。例えば，自分が所属する組織で第1号の法曹有資格者である場合の注意点といった実践的な情報交換や，第4部会の交流を通じて，任期終了後に，その経験を活かすべく別の官庁などに新たに任期付職員として採用され即戦力として働く人も現れるなど，人的交流の機会の場は非常に有用です。

■最後に

　私は任期終了後の年数が経過したことから，後任の部会長として，第4部会に積極的に参加をいただいた岡本正先生にお願いして，部会長を引退しました。岡本先生には，部会の企画や，『公務員弁護士のすべて』（2018，第一法規）の出版を実現するなど，強力に4部会の活動を盛り上げていただき感謝しています。

　次の20年もJILAが順調に発展し，今まで以上に，組織内弁護士が多くの組織で働きルールに基づく公平な社会が実現することを念じて，本稿を終えたいと思います。最後までお付き合いくださりありがとうございました。

事務局長就任とJILA10周年記念式典

真銅 孝典

■企業内弁護士として

　私は，大学院修士課程修了後，2000年４月からメーカーの法務部に４年間勤務しました。仕事にはやりがいを感じていましたが，司法制度改革で弁護士が増えると，弁護士が企業に法務部員として入ってくるケースが多くなることが予想されるため，何か強みが必要になると感じていました。旧司法試験の受験歴もあったことから，それなら自分が企業内弁護士になろうと考えました。そこで，一念発起して法科大学院入学を決意して退職し，2004年４月に法科大学院１期生になりました。そして，新司法試験，司法修習（新60期）を経て，2007年12月に弁護士となりました。弁護士になるとほぼ同時にオリックス株式会社に入社しました。

　以上のとおり，私は社会人の経験はありますが，法律事務所勤務経験はありません。2007年ころは，企業内弁護士は法律事務所での法律実務経験を相当程度積んだ後になるものというのが多かったと思います。ただ，新60期で企業内弁護士になったケースでは，社会人経験があって，修習終了後に前の会社に戻ったり，別の会社に転職したりというケースも，それほど珍しくはなかったと思います。修習修了後に即インハウスローヤーになる者が相当程度出始めている時期でした。

■日本組織内弁護士協会への入会と事務局長就任

　私は，2007年12月に，JILAへ入会しました。当時は今と比較すると企業内弁護士の情報も少なかったので，JILAの勉強会で知見を得て，また他の企業内弁護士の方々と交流させていただくことは本当に貴重な機会で，熱心に参加していました。特に自分が入社した会社では，いわゆる先輩弁護士がおらず，企業内弁護士がどう執務をするのか悩んでいたので，JILAの存在は非常にありがたかったです。

　その後，2010年４月から2012年３月まで，JILAで理事兼事務局長を務めさせていただきました。私が事務局長に就任した経緯ですが，JILAのある勉強

会後の懇親会で当時の梅田理事長（現事務総長）の隣の席になり，その時にお声がけいただいたと記憶しています。「たまたま懇親会で梅田理事長の隣に座っただけの自分に務まるだろうか」という不安は当然あったのですが，JILAも会員数がかなり伸びてきており，急成長している団体で組織運営に携わることができる好機と考えてお引き受けしました。

　現在のJILAは，1,800名以上の会員が加入している団体ですが，2010年ころは，会員数200名超の団体でした。今よりはかなり会員数が少ないものの，2012年には会員数が500名を超えていることから，会員数が急激に増えている時期でした。

■事務局長時代

　梅田理事長に代わって，2010年4月に片岡弁護士（現JILA副理事長）が理事長に就任され，片岡理事長の下で，事務局長として事務局運営を行うことになりました。現在よりもかなり会員数は少ないものの，事務局員が仕事の片手間にやるにはだんだん厳しくなってきており，事務負担の軽減を図っていかなければならないことを意識していました。事務局業務の一部を外部へ委託し始めたのもこのころです。

　JILAの活動としては，定例会（業界ごとの意見交換，シニア会員による新人会員向け講義等），外部講師を招いての講演，提言等の活動を行っていました。

　対外的な活動としては，2010年10月に法科大学院協会の後援で，早稲田大学にて，主に法科大学院生向けに「企業内弁護士の現在と未来」と題するシンポジウムを開催したり，2010年12月に，市民窓口及び紛議調停に関する全国連絡協議会で「企業内弁護士の役割」というテーマで，パネリストとして参加したりしました。

　また，東京弁護士会の方々との企業内弁護士に関する意見交換会にJILA側の代表の1人として出たり，東京三弁護士会主催の司法修習生向け合同就職説明会に企業内弁護士のブースの相談員として参加し，企業内弁護士に関心のある修習生に企業内弁護士の業務や処遇等の説明を行ったりしました。

　まだまだ経験不足にもかかわらず，このような機会を得ることができたのは，

JILA事務局長を務めていたことが大きかったと思います。大変意義のある経験を積ませていただきました。

■JILA10周年記念式典

事務局長在任中の2011年9月にJILA10周年記念式典を開催することになりました。JILAが誕生して10周年という節目で，六本木のアークヒルズクラブという大変立派な会場での開催となりました。

当時の事務局メンバーを中心に，事務局長であった私も運営委員の1人として参加することになりました。当時の記録を見ると，4月から開催日に向けて，スケジュールを組んで準備を行っていました。来賓をどうするか，誰にご挨拶いただくか，式次第，案内状の発送，会費の徴収，記念品の準備，当日の受付，案内，支払等，いろいろな準備を行っていました。当時のやり取りを見返しても，運営委員の方々は緻密に検討・準備をされていました。運営委員は，業務で多忙な中，時間を捻出して一生懸命対応いただいており，改めて当時の運営委員の方々に感謝の気持ちが湧いてきました。

当日私は，司会進行役を仰せつかっていました。不慣れなため，かなり緊張していたのを覚えています。金融庁，証券取引等監視委員会，経営法友会，日本弁護士連合会，各出版社の方等，各団体から式典にご参加いただきました。JILAの存在が本当に大きくなっているのを実感しました。

JILA10周年記念式典の感想ですが，一言でいうと，「会場がすごく騒がしくて，全然上手くいかなかった」になります。ビュッフェスタイルの食事で，乾杯した後30分ほどしてから，来賓の方々にご挨拶をいただきましたが，すごく騒がしくて，声がよく聞こえず，大変失礼な状況になりました。来賓の方々には，今思い出しても大変申し訳ない気持ちです。司会者席から何度注意しても騒々しさが収まらず，「なんで弁護士はこんなにも人の話を聞かへんねん」と困惑と憤慨が入り混じった気持ちになっていました。皆がしっかり事前準備したにもかかわらず，会場の騒々しさで上手くいかず，司会を務めた者として，また事務局長として責任を感じました。

なお，JILA15周年記念式典のときは，乾杯・食事の前に，来賓等のご挨拶の時間を設定されていたと思うので，JILA10周年記念式典の失敗の教訓は，そ

こでは生きていたのではないかと思います。

■総　括

　JILA事務局長時代は，上記のとおり，大きな失敗もしたのですが，貴重な経験を積ませていただきました。その次の2年間（2012年4月から2014年3月）は，梅田弁護士が事務総長をされ，私は事務局次長（企画グループ長）として，JILAの事務局運営に関与させていただきました。

　事務局長・事務局次長の4年間で，急拡大していく組織の運営がいかに難しいものかを体感しました。また，そのころに理事会や事務局でご一緒させていただいた方には今でもお付き合いさせていただいており，大変感謝しております。現在のJILAは，部会，研究会，各種イベント，コンテンツの提供等きっちり組織として運営されており，大変素晴らしいです。

　次の5年，10年でJILAがどのように発展していくのかを楽しみにしつつ，私もJILAの活動に参加させていただこうと思います。JILAの益々の発展を祈念しております。

JILAにおける会員個人にとっての「意義」に関する考察（私見）

鈴木　孝司

■インハウスになったきっかけと，JILAに入ったきっかけ

　第2代研修委員長をやらせていただいた鈴木孝司と申します。JILA20周年を喜びお祝いするとともに，記念書籍に寄稿する貴重な機会をいただき感謝しています。

　まず，私がインハウスとなり，JILAに入会したきっかけは，約17年前（執筆当時）の2004年3月，14年間勤務した信託銀行を退職した時に遡ります。

　それまで信託マンとして，主に企業年金の営業や運用を担当し，法務部やコンプライアンス部とは何の接点もなかった私が，会社を辞めてロースクールに進学したわけですが，実は，私は当時から，弁護士資格を取ったら企業内弁護士として活躍したいと考えていました。

　その心は，法律のスペシャリストとして自分に付加価値をつけ，高度な専門性を有するビジネスパーソンとして企業のダイナミズムの一翼を担いたいという想いからでした。

　その後，2006年3月，ロースクールのエクスターンシップで東京の企業の法務部にお世話になった際，インハウス志望だった私は，JILAの定例会に特別に参加させてもらったのです。これが，私とJILAの出会いでした。

　今からは想像しにくいですが，当時のJILAは会員数50名未満で（資料によると同年10月に50名到達），学校のクラスのような全員の顔が見渡せる規模だったようです。たしかに，定例会は弁護士会館の小さな会議室で，ファウンダーの梅田さんを始め，10名程度の気心知れた雰囲気の固定メンバーと思しき方々が出席されていた記憶です。

　そして，会社を辞めてロースクールに進学してから約5年後の2009年1月，初志貫徹して企業内弁護士として大和証券（当時の大和証券SMBC）に入社した私は，満を持して（？）JILAに入会したのでした。

　このように，私がインハウスになりJILAに入ったことは完全に既定路線であり，ロースクール制度ができて，何を思ったか3人の子どもを抱えつつ，いきなり退職してロースクールに進学したことから始まって，インハウスとなってJILAに入会し，こうして20周年記念書籍に寄稿するまで，なんだかすべてが，まるで運命に導かれたかのようです（笑）。

■初代事務局長代行のち研修委員長に

　次に，初代事務局長代行と研修委員長だったころを振り返り，当時の苦労や意義などについて書きたいと思います。

　2009年1月，順調にインハウスライフをスタートした私は，JILAの定例会に積極的に参加するうちに，いつのころからか事務局として運営に携わるようになりました。当時，会員数は150名を超えたころで，4部会制を導入したり，次々と組織的イベントがあり，忙しい中にも活気のある中，私は，楽しく事務局の仕事に携わらせてもらいました。

　当時の事務局を振り返ると，すべてが手作りだった印象があります。組織が大きくなかったこともあって，自分たちのための活動をしているという実感が

あり，それが大きな「やりがい」の1つだったように思います。

　その後，2012年4月ころから定例会を運営するための研修委員会が設置され，初代研修委員長となった竹内さんの下，私は事務局で定例会を担当していた流れで研修委員となりました。当時は，会員数が500名に迫るころで（2012年5月に500名到達），500名もの団体を相手に，毎月，定例会を手作りで段取りするのは，いまさらながら，けっこうヘビーな状況に置かれていたことに気づきましたが，当時は，研修委員長や周囲の仲間に恵まれて，忙しいながらも楽しく充実したインハウスライフを送っていました。

　こうして慌ただしく研修委員生活が1年ほど経過した2013年3月ころ，私にとって「事件」がありました。そうです，次期研修委員長の打診があったのです。私は，自分で「危機察知能力」は低くないと思っており，当時「嫌な予感」がしなかったと言ったらウソになります。

　とはいえ，私が研修委員長を引き受けたのは，初代研修委員長だった尊敬すべき先輩弁護士の竹内さんから口説かれたからで，「竹内さんの頼みは断れない」という極めてベタでシンプルな理由からでした。

　そして，ここからは，流れ的に「嫌な予感」が的中した話です。

　研修委員長としての「苦労」は，なによりも，会員数が急増する中（2013年5月650名，2014年1月800名到達。私の独自集計によると，当時はJILA史上最高の会員数伸び率だった時期の1つです），ノウハウの蓄積もない状況下，毎月定例会を実施すること自体が大変でした（汗）。

　定例会の段取りは，実際に開催する数か月前から講師候補者を探すことから始まり，講師を依頼し，会場を確保するわけですが，会員数増加に伴い弁護士会の会議室ではキャパが足らず，出席人数が読みにくい中，外部の貸し会議室を転々としたりしました。

　会場確保後も全く油断できません。定例会のアナウンスをして，出欠確認する際，当時はすべてメールでの手対応でしたから，大量のメール処理に追われました。「遅刻しても大丈夫か」とか，「出席できないけど資料だけ欲しい」とか，1人の会員に対して複数回メールを往復させる場合もあり，毎月数日は業務中にメールと格闘していました。

　また，定例会終了後は毎回講師を囲んでのリアル懇親会がお約束でしたから，

こちらの段取りも会場確保から出欠確認まで，負荷の高い仕事でした。懇親会は会費（キャンセル料）がある中，毎回少なからず（中には連絡もなく）ドタキャンする人がいて，定例会以上に参加人数の確認には神経をすり減らしました。ドタキャン率予測（初代事務局長，真銅さんの職人芸）などでなんとか乗り切ったりしていましたが，時には幹事が自腹を切って不足分を埋めたこともありました。そういえば，大量の領収証も，担当の研修委員が定時退社後キンコースにダッシュしてコピーしていました（苦笑）。

このような定例会が毎月あり，講師探しのスタートから懇親会の会計終了まで，1回当たり数か月を要するミッションが（会社の業務外に）複数同時進行しており，それを少人数の手作業でこなしていたわけですから，今振り返ってみても少し気持ちが悪くなります……。

そのようなこともあり，研修委員長としては，各研修委員の負担を軽減するべく，委員の人数を確保する上で新たな委員のスカウトも重要なミッションでした。研修委員にイケメン独身男性が複数いるという真偽不明（ただし，「独身男性が複数」までは真実）の情報を提供して（おそらく期待半分，哀れみ半分で）○○さんに研修委員になってもらったこともありました（感謝！）。

■「絆」時々「彩り」，後「エール」

ここからは，気を取り直して研修委員会の活動における「意義」を中心に書かせていただきます。

当時，私たち研修委員が考えていたことは，定例会は，多くの会員にとってJILAとの大切な「つながりの場」であり，特に定例会しかJILAとの接点がない多くの会員にとっては唯一の「つながりの場」として，大きな意義があるということでした。

つまり，定例会は「JILAの顔」の1つであり，その重みは活動が多様化した現在と比べて相当大きかったはずで，研修委員は，それに恥じないようにと，毎月の定例会に対して，かなり強い責任感をもって取り組んでいました。

他方，当時は定例会の運営に対して，よくいえば「前向き・発展的に」，悪くいえば「無責任に」，「あーせい，こーせい」的な要求もあり，これには少し困りました。

　もっとも，会社の仕事だと，こういった要求に応えないと社内的な「誉れ」の問題につながりかねませんので，自分も無理をして，（多くは）周りにも無理をさせて事を進めがちです。しかし，研修委員は無給ですし「誉れ」の問題もありません。すべてはメンバーの「やる気」にかかっているわけです。私は，研修委員のメンバーにこれ以上負荷をかけてモチベーションを削がないように，「できないものは，できない」という方針で臨みました。

　今振り返ると，もっと工夫・合理化できた部分もあったのかもしれませんが，当時は，とにかく走り続けていて，周りをゆっくり見る余裕がほとんどありませんでした。

　私は，昔から何事も「幹事が一番楽しくあるべきだ」と考えるようにしています。これを法律家らしく研修委員に当てはめると，定例会を主催する上で，研修委員が一番楽しくあるべきということになります。そして，当時研修委員長だった私への「一番楽しかったのか？」という問いに対する答えは，やはり"YES"です。何が（どうして）楽しかったのかといえば，ズバリ研修委員会の活動を通じて得た仲間との「絆」です。研修委員をやらなければ，絶対に得ることのできなかった仲間との「絆」と，その仲間との思い出が，「幹事が一番楽しくあるべきだ」という私の考えを今も支えています。この仲間との「絆」こそ，研修委員（に限りませんが）として，JILAの活動を支えることの大きな意義の1つだと考えています。

　私は，研修委員長として，研修委員のメンバーには，いろいろと苦労はあっても，何かしら「研修委員をやってよかった」と感じてもらえるようにしたいと思っていました。当時の研修委員の仲間たちが，私のように「一番楽しかったのか？」という問いに対して"YES"と答えてくれるといいのですが。

　当時の研修委員会の仲間とは，その後も，何かと機会を見つけては集まってきました。苦楽を共にした仲間の存在は，人生に彩りを与えてくれると思います。普段頻繁に会っているわけではないですが，たまに会ってもブランクを感じさせない「心の友」のような仲間ができたと私は思っています。それだけでも，当時苦労をした甲斐があるというもので，むしろ「お釣り」があると考えています。最近はコロナ禍もあって，ずいぶん集まっていないので，落ち着いたら，また一緒にみんなで一杯やりましょう！

　最後になりましたが，私が研修委員長だったころと比べ，現在は定例会運営も相当組織化されているとは思いますが，そうはいっても，研修委員の方々は，毎月定例会を主催する上で何かとご苦労されていると思います。一会員として，この場で，あらためて感謝の気持ちを伝えるとともに，元研修委員長として，現研修委員の皆様にエールを送らせてもらって，私の「JILA20年のあゆみ」のパートを締めさせていただきます。

「JILA通信」ができるまで

熊野　敦子

■JILA入会前～インハウスを目指した経緯

　私が，組織内弁護士（インハウス）という働き方を知ったのは，恥ずかしながら司法修習生として地元関西にて就職活動を行っているときのことでした。冤罪事件に関するドキュメンタリー番組をテレビで見てショックを受け，弁護士を目指そうと考えた高校生の時から，自分が思い描き目指した弁護士像は「刑事弁護人」でした。企業法務についてはどこか無機質なものと感じてむしろ敬遠していたのです。それが，偶然に人材紹介会社の方と話す機会を得たときに，企業の中で働くイメージが急にむくむくと湧いてきた時の高揚感を覚えています。「企業は勝手に動いているのではなく，そこで働くたくさんの人が動かしている」そんな当たり前のことに突然思い至り，その中の一員として問題を解決していくことに大きな興味が湧いたことは自分でも驚きでした。「人がモノをつくり，人がモノを売る」そういう流れが見えやすいメーカーで働きたいと考え，京都に本社を持つ株式会社ワコールホールディングスに採用されました。

　採用当時，自社初のインハウスである点は理解していました。一般的には先輩インハウスがいないという点は，指導を受けられないといったところから不安要素と認識されがちですが，私個人としてはチャンスと感じていました。2009年当時はまだインハウスは珍しい存在でしたが，数年もすれば社会にインハウスが広まり「パイオニア」と呼んでもらえるチャンスは二度と来ないので

はないか，「1人目」になりたくてもなれない時代が来るのではないか，だとしたら「1人目」になれる今はチャンスだ！と考えたのです。今思えば，弁護士としてはもちろん社会人としても何の経験値もない状態で，随分と大それたことを考えていたのですが，当時はそう信じてインハウスになろう！と決めました。

　今回，執筆の機会をいただき，改めてJILAに入会したきっかけを思い起こしてみると，本当のきっかけは父でした。長めの就職活動を終えてホッとしていた私より先に，父がインターネットでJILAを見つけ「組織で働く弁護士の団体があるみたいだよ。入ったら？」と教えてくれたことを思い出しました。父は法曹関係者ではありませんが，インハウスがまだ珍しい存在であることを知り，少数派として業界に飛び込もうとしている娘を心配してアドバイスしてくれたのだと思います。

■JILA入会直後～初期事務局時代

　上記のとおり，インハウスは社内に自分ひとりだけでしたので試行錯誤の毎日でした。ただ，当時の上司は「弁護士としてあなたを育てられる人は，申し訳ないが社内にはいない。でも成長するための材料なら社内外問わず，いくらでも供給する」「弁護士としてあなたが成長することは会社にとってもプラスになるのでむしろ成長してほしい」というスタンスでした。

　改めて文字にしてみると無責任にも聞こえますが，自由に動いてよいという方針は私には合っていたと思います。東京で開催されていた「インハウスローヤーセミナー」（定例会）にあわせてほぼ毎月出張し，セミナーで知識を吸収したことはもちろんですが，その後の懇親会で多くの先輩方とお話しさせていただくことで疑問や不安を解消して前向きな気持ちになることができました。

　地方勤務ながらセミナーへの出席率が高かったことが目に留まったのか初期の事務局メンバーとしてお声がけいただき，梅田さんをはじめ，比較的世代の近いメンバーで議論や事務作業を行うこととなりました。2010年当時は事務局業務の一部をプロアクト法律事務所に委託したものの，まだ多くの業務を事務局メンバーで分担して対応していたため頻繁にメールのやり取りを行っていました。入会審査を通じてJILAの会員資格ひいてはJILAとしてのあり方につい

て議論した時間は刺激になりましたし，JILA10周年式典に際して消費財メーカーとしての特性を生かしてオリジナル販促グッズをつくり，式典に来場された皆さまその他お世話になった方々に配布したことは懐かしい思い出です。

■JILA入会3年目以降～「JILA通信」ができるまで

　2012年，事務局体制を刷新することとなり，業務改革の1つとして会員向けメールマガジンづくりが始まりました。梅田さんからお声がけいただき，上田さん（関西テレビ・2代目編集長）とともにパイロット版メルマガ作成にとりかかったのが同年5月のことです。当時JILAの会員数は年間150名以上のハイペースで増加していました。会員間の情報交換ツールは当時も今も変わらずメーリングリスト（ML）ですが，会員数増加に伴いMLでの情報交換も多数に上っていたためそれらを集約してMLの交通整理を行うこと，情報の一覧性を持たせることがメールマガジンの役割でした。「JILA通信を見れば，知りたい情報にアクセスできる」をキーワードに，会員の皆さんにわかりやすい情報提供をするべく梅田さん，上田さんと3人で意見を交わしながら検討を進めていきました。

　まずはJILA通信の中身をどうするか。「定例会情報等，MLに埋もれてしまってはもったいない会員の皆さんに有効に活用していただきたい情報は必須」「JILAという組織全体の動きについても興味を持っていただきたいから，それらを積極的に発信する内容も載せたいな」「所属事務所のWEBサイトを準備していることが多い準会員と異なり，正会員の多くは論考掲載等の活動内容（会員動向）についてアピールする機会を持っていないため，それらをアピールできる場をつくろう」「採用情報を募って掲載してみよう，募集フォーマットもつくろう」等々，信頼できるメンバー同士楽しく議論を交わしながら誌面内容を固めていきました。

　次はJILA通信の運用をどうするか。自分たちでキャッチできる情報には限りがあるため情報提供をお願いすることは必須です。定例会を運営している研修委員会の方に定期的に情報提供をお願いする方法を検討しました。委員会執行部の方は本業でお忙しい中でも手弁当で各活動を行っている方ばかりですから，極力手間やストレスの少ない方法で運用していく必要があります。いろい

ろと検討しましたが，われわれの方から毎月情報提供のお願いメールをお送り
し，そちらに返信いただく形で情報提供をいただくことにしました。

　そうして2012年5月，「JILA通信」と題するメールマガジン（パイロット版）
の発行に至りました。発行直後から反響がバンバン届きました……とはなりま
せんでしたが，情報がまとまっていて便利というお声をいただいたこともあり，
われわれも「JILA通信編集部」として月に1回の定期発行を目指して活動を
継続することとなりました。

　2012年9月の「JILA通信」本発行以降，翌年には森田さん（大幸薬品・3
代目現編集長）に，その後も多数のメンバーに加入いただきました。過去には
東京在住のメンバーにもご参加いただきましたが，2021年現在は関西在住のメ
ンバーが主に6名交代で編集業務を行っています。構成メンバーを関西在住者
に限定する意図はないのですが，編集業務は勤務地を選ばないため他の事務局
に比べても地方在住者が従事しやすい環境になっています。

　編集部メンバーが増えるにしたがい編集内容を統一するためのルールが必要
になったため，マニュアル作成にも取り組みました。JILAの活動拡大，組織
再編に伴い，研究会情報，部会情報，支部情報に賛助団体に関する情報と，掲
載情報が盛りだくさんになっていき，それと同時にマニュアルもどんどん書き
加えていきました。何度かの改訂を加えた後，現在では各編集担当者が気づい
たことを更新・共有する形で随時改訂しています。

　また2019年には会員も1,600名を超える大所帯となり，発足時に比べれば執
行部とそれ以外の会員，特に若手会員との距離がどうしても生まれがちな状況
でしたので，理事の皆さんをご紹介する意味合いも込めて，毎月1人ずつ理事
の方からご寄稿いただき，掲載する取組みを始めました。

■最後に〜皆さまへの御礼を込めて
　今回，本寄稿文を作成するにあたってJILA会員の友人と話をした際，JILA
通信はとても安定的に運用できているといった言葉をもらいました。私自身は，
JILA通信は事務総局，委員会，研究会，部会，支部の皆さんの精力的な活動
があり，会員の皆さんからの情報提供があるからこそ成り立つもので，編集部
は当たり前のことをしているだけだと思っていましたが，そういっていただけ

て嬉しく感じると同時に，本業・プライベートで様々なイベントを迎えてもお互いフォローして編集業務や各種検討・議論を続けている編集部メンバーにも感謝の思いを強くしました。

　個人的なことで恐縮ですが，私自身，初代編集長として活動中に出産を迎えることとなり一度は編集部から離れましたが，育休からの復帰後に戻ることができました。主に夜間に実施されるセミナーへの出席がむずかしくJILA会員としての活動もままならない中，関西支部執行部としての立場と育児の両立を断念して執行部から離れる決断をした一方で，編集業務を通じてJILAの皆さんの活動に触れることができたことは1つの心の支えになりました。

　取り留めもなくこれまでの「あゆみ」を書き綴ってまいりました。最後に，そして繰り返しになりますが，JILA通信は会員の皆さまのご活動があってこそのものです。これまで長きにわたって情報提供いただいた皆さま，ご相談に乗ってくださった皆さま，本当にありがとうございます。この場を借りて御礼申し上げます。そしてこれからもご協力のほど，何卒よろしくお願い申し上げます。

3．第 3 期・充実期（2012年〜2017年）
〜組織理念・財務基盤・組織基盤の整備と拡充〜

年	月	事　項
2012	4	綱領を制定
	5	会員数が500名に到達
	9	会員向けメールマガジン「JILA通信」の発行開始
		会員数が550名に到達
	12	部会の区割りを変更し，10の部会を設置
2013	1	会員数が600名に到達
	2	企業内弁護士に関するアンケート調査を開始
	5	会員数が650名に到達
	7	事務局業務の委託先をレクシスネクシスジャパンに変更
	8	会員数が700名に到達
	11	書籍『事例でわかる問題社員への対応アドバイス』（新日本法規）を出版
		「インハウスローヤーセミナー」の音声ファイルダウンロードサービス開始
2014	1	会員数が800名に到達
	3	公式ウェブサイト全面リニューアル
	4	年会費制を導入
	8	会員数が900名に到達
	12	管理業務遂行のための「一般社団法人日本組織内弁護士協会」を設立
2015	2	会員数が1,000名に到達
	8	会員数が1,100名に到達
	9	賛助団体制度を導入
	11	会報誌「JILA」創刊
		会報誌創刊記念パーティーを開催
2016	3	「インハウスローヤーセミナー」のYouTube Live配信を開始
		会員数が1,200名に到達
	4	事務局業務の委託先を学会支援機構に変更
	9	会員数が1,300名に到達
	10	第100回「インハウスローヤーセミナー」を開催
	11	創立15周年記念パーティーを開催
2017	3	中国四国支部を設置
	9	LAWASIA 東京大会 2017に「企業法務部会」として参加
		若手会員の国際会議参加費用補助事業を開始
		会員数が1,400名に到達

今日までそして明日から―JILAの爆発的拡大期と今後

第3代理事長　室伏　康志

■自分がインハウスになったきっかけ

　私は司法研修所37期で，1985年に弁護士登録をして以来，2021年4月で弁護士生活37年目に入りました。そのうち約半分に当たる17年半の間，国際的な金融機関であるクレディ・スイス（入社当時はクレディ・スイス・ファースト・ボストン）において日本のジェネラル・カウンセルとして法務・コンプライアンス部門の責任者を務めました。

　入社する前年の1999年はクレディ・スイスにとって大きな試練の年で，当時の金融監督庁（現金融庁）が外資系金融機関に対する本格的な金融・証券検査を行った第1号がクレディ・スイスでした。検査における金融監督庁の主たる関心事は，当時クレディ・スイスが扱っていたデリバティブ取引のうち会計操作目的と言われた取引でした。

　当時はバブル崩壊後10年近くが経っていましたが，バブル時のいわゆる「財テク」に失敗して運用目的で保有していた株式を中心とした有価証券の多額の含み損を抱えた企業が，デリバティブの使用により損失を顕在化させない会計処理を可能にするというのが典型的な取引の1つでした。いわゆる「飛ばし」は違法行為ですが，それらの会計操作は当時の日本の会計原則に従って行われたもので違法行為とはいえませんでしたし，実はそうした取引を行っていた金融機関は決して少なくはありませんでした。しかしながら，当局はそれを「不適切な取引」と認定し，その他に検査忌避等の違法行為もあったことから，銀行免許取り消しを含む重大な処分をクレディ・スイスに対して課しました。

　当時私は外部弁護士として検査と処分後の対応に関して，クレディ・スイスのグローバルとアジア太平洋地域のジェネラル・カウンセルとともに緊密に働く中で，彼らから半年以上にわたって入社の強い誘いを受け，2000年4月にクレディ・スイスに入社することになりました。それまで，まる15年間を法律事務所で働いてきて，弁護士としてそれなりに充実した日々を送っていたと思いますが，クライアントにより近い立場でこれまでと違った何か新しいことをやってみたいというのがインハウスになる大きな動機でした。

　社外弁護士が扱う仕事の範囲というのは契約書をめぐる作業が中心で，それは取引全体の一部であり，さらにビジネス全体から見ると極めて限られたものであることを認識する中で，もっと深くビジネスと関わりたいという当時の私の思いは，おそらく多くのインハウスの人達の動機と同じだったと思います。入社からしばらくはカルチャー・ショックの連続で法務・コンプライアンス部門の立て直しは決して容易なものではありませんでしたが，今振り返ると良い成果を出すことができたと思っています。

■JILAに入ったきっかけ

　2000年に私がクレディ・スイスに入社した当時の日本の社内弁護士の総数は未だ50人にも満たず，その中では私のように外資系企業のインハウスの割合が圧倒的に多かったと思います。JILA（当時は「インハウスローヤーズネットワーク」）のことを初めてきちんと知ったのは，2004年6月の『インハウスローヤーの時代』（日本評論社）の出版記念パーティーに呼ばれた時だと思います。当時のJILAは法律事務所の経験を経ずに最初からインハウスになった期の若い人たちが中心で，外資系金融機関の会員は非常に少なかったのではないかと思います。

　私がJILAに入会したのは，それからしばらく経った2011年のことで，当時理事だった池永朝昭さん（元アンダーソン・毛利・友常法律事務所パートナー）から誘われたのがきっかけです。池永さんは米国のコーネル・ロースクールに私と同じ時期に留学しており，外資系金融機関のインハウスとしても先輩でした。国際銀行協会（IBA）という外資系金融機関の業界団体があり，そこでもご一緒して規制改革要望などで一緒に金融当局との交渉にあたりました。

　私は入会と同時に理事に就任したのですが，JILAは依然国内企業のインハウスが主たるメンバーで，しかも比較的若手が多く，私自身のJILAの活動に関しても毎月の理事会に出席するくらいで，理事であったにもかかわらずやや遠くから眺めていたような気がします。ただ，私がお声がけしてそれまで少なかった外資系金融機関のシニアなインハウスの方々にも多数JILAに入会していただくことができました。

■理事長として注力したこと，成果

　私が理事長になった直接のきっかけは，2011年のJILA10周年記念パーティー
です。出席された方は覚えていらっしゃると思いますが，パーティーでの大混
乱（来賓のご挨拶を無視した参加者のあまりの喧騒に呆れた来賓のお一人から
叱責されるという失態）があり，それを契機に理事会で何度も議論がなされた
のがJILAとはいかなる団体を目指すのかということでした。

　これは私の理事長在任中もずっと続いた議論で，JILAの親睦団体としての
性格を強調する意見と政策集団としての役割を目指す意見とがあり，その後の
いろいろな動きに関してもその考え方の違いが現れました。当時はメーリン
グ・リストでもかなり活発に議論がなされましたが，最近は（司法試験合格者
に関する理事長声明の件に至るまで）まるでそういう場面を見ることがないの
が少し残念に思います。理事会での議論の結果は2012年４月の「綱領」の制定
に集約されました。

　私は３期６年間理事長の職にあったのですが，振り返ってみるといろいろと
大きな変化があった時期でした。第１に会員数の急激な増加です。私がJILA
に入会した2011年には300名ほどであった会員数は，理事長になった翌年には
600名近くに倍増し，退任した2018年には1,500名に到達しています。近年も会
員数は順調に増加していますが増加のスピードがこの時期を上回ることは今後
おそらくないのではないでしょうか。

　第２にガバナンスの改革があります。会員数の増加に対処するには執行部の
体制整備が喫緊の課題でした。その中でも，財政基盤を確立する必要を強く感
じました。ボランティアの団体とはいえ，すべてが手弁当で外部講師に謝礼も
払うことができないような状態は直ちに解消すべきだと思い，2014年４月に会
費制を導入しました。これには理事会内外でも喧々諤々の議論がありましたが，
退会した会員がそれほど多くなかったのには安堵しました。並行して賛助団体
（スポンサー）制度の導入にも踏み切りました。私も知り合いの法律事務所の
マネージング・パートナー達に連絡してスポンサーになっていただくようお願
いして回りました。幸い今では大手法律事務所の大多数がスポンサーになって
いただいております。

　財政基盤を確保したことによりそれまで竹内朗さんの事務所（プロアクト法

律事務所）の事務員さんにお願いしていた会員名簿管理等の事務を2013年レクシスネクシスに委託することができるようになりました（その後2016年 4 月に学会支援機構に委託先が変わりました）。

　理事長就任当時の執行部は，比較的シニアな弁護士からなる理事会と比較的若手の事務局という構造で，必ずしも両者の意思疎通がうまくいっていないというのが私の感じたところでした。理事会はいきおい理想論に傾きがちで，一方事務局は現実的な問題に傾注して両者の方向性は必ずしも一致していなかったと思います。そこで私は事務局会議にも出席するようにして若い人たちから直接話を聴くように心がけました。それまで弁護士会の活動からも疎遠だった私がなぜそこまで熱心になったのか自分でもよくわかりませんが，おそらく当時のJILAの持っていた新しい道に向かうモメンタムに自分自身感じ入っていたのだと思います。私の理事長 2 期目からは若手の事務局で活躍していた人たちにも理事になってもらうようにしました。会が大きくなるにつれて，多様な会員の声をどうやって会の運営に反映させるかというガバナンスの問題が重要になりました。

　第 3 に対外的な活動の拡充があります。私が理事長に就任してから日弁連や東京三会，大阪弁護士会，愛知県弁護士会執行部との定期的な意見交換が始まりました。最初は単なる儀礼訪問の短い時間だったものが会食を伴うようになり，本音で意見交換ができるようになったと思います。訪問先も増え，横浜（現神奈川県），京都，神戸，岡山，福岡そして当時インハウスが 1 名しかいなかった沖縄の各弁護士会にも出かけて行きました。インハウスの人数が増えることで大都市の弁護士会における認知度は急速に高まっていきましたが，地方会では最初のうち珍しがられたのをよく覚えています。その他にも，経団連や経営法友会など社内弁護士のステークホルダーの方々との意見交換の場が多くなりました。いずれにせよ，多くの人達に組織内弁護士の実情について理解していただくことは理事長としてのとても重要な使命だったと思います。

　海外団体との交流を始めたのは私の理事長時代です。私自身，シンガポールやパリでのCorporate Counsel World WideというJILAのような各国のインハウスの団体の連合体の会議に出席しました。2017年のLAWASIA東京大会では顧問を務めました。

■JILAのこれからについて

　日本のインハウス弁護士の数は着実に増えていますが，GC（ジェネラル・カウンセル）やCLO（チーフ・リーガル・オフィサー）というシニアな職位のポジションにある人は外資系企業を除くとまだまだ少ないのが実情です。日本の上場企業で日本の弁護士資格を有するGC／CLOはいまだに1桁台ではないでしょうか。そのことも含めて，残念ながらいまだに日本のインハウスをめぐる状況は，欧米はもちろんアジア太平洋地域の諸国と比べてもはるかに遅れています。

　それにもかかわらず，日本企業の法務・コンプライアンス部門は「より多くのことをより少ないコストで」成し遂げることを求められています。しかし決して適切なリーガル・リスク・マネジメントを犠牲にしてはならないことも明らかです。日本企業が国際競争力を伸ばしていくためには，経済産業省の「国際競争力強化に向けた日本企業の法務機能の在り方研究会報告書」で指摘された問題の解決は喫緊の課題だと思います。

　法務部がもっと「ビジネス・パートナー」として事業部門に寄り添うにはどうしたらよいか？　そもそも「ガーディアン」としてビジネスの抱えるリスクを十分に把握しているのか？　グローバルな法務・コンプライアンス・リスクを日本で集中して的確に管理できているのか？　最近はリーガル・テックの導入が叫ばれているが，それを導入した後の運用を行う体制の構築はどうしたらよいのか？　インハウス弁護士が担っている反復的でヴァリューが高くない仕事を低コストでアウトソースできないか？　外部弁護士の報酬を的確に管理できているか？　リーガル・オペレーションズを如何に立ち上げるか？　等々の問題を解決していくのは決して容易なことではないでしょう。JILAの会員もだんだんと社内でシニアなポジションに就く人が増え，このような問題の意思決定に関与できるようになると思います。

　最後に手前味噌の話で申し訳ありません。現在の私はEY弁護士法人に属していますが，主に取り組んでいるのはそういった企業の法務・コンプライアンス部門が抱える様々な問題解決のためのコンサルティング業務です。その他には，海外ではAlternative Legal Service Providers（ALSPs）といって法律事務所ではない会社が企業の法務・コンプライアンス機能のアウトソーシングの

受け手として大きな地位を占めていますが，今後は日本でもその需要は高まっていくものと確信しており，日本におけるALSPs業務の立ち上げにも関与しております。JILAでも最近リーガルオペレーションズ・テクノロジーズ研究会やリーガルリスクマネジメントガイドライン研究会が活動を始めています。近い将来JILA会員の方々とそういった場でご一緒できることを楽しみにしております。

JILAとともに「地方型インハウス」する

佐野　晃生

■インハウスになったきっかけ

　私がインハウスになったのは，所属企業とのご縁による，と申せましょう。

　私は，大学法学部を卒業→2年司法浪人→企業就職→所属企業の応援を得て司法試験合格，という経緯をたどりました。「応援」というのは，就職時にいったんは司法試験をやめたけれど，3年ほどして司法試験挑戦を再開した私を見て，所属企業（スズキ株式会社）というより社長をはじめとする先輩方が"社内弁護士を育成する可能性"を認めて，受験勉強しやすい環境を提供くださったのです。これはありがたかったです。

　首尾よく合格して司法修習を終え，30歳前後で法曹となった私は，国際取引案件も手がける弁護士になりたい，と思っていました。高校時代から洋楽のポップスを好んで聴いてきたこともありますが，スズキにおいて米国ほかの製造物責任訴訟に対応した経験が大きく影響したと思われます。

　しかるに，渉外系法律事務所，特に大手は年齢を重ねた自分を採用してくれるかわからなかったことから，輸出企業でもあったスズキでインハウスとして執務することは自然な選択でした。もちろん，受験勉強を応援してくださった企業・先輩に恩返しできれば，という気持ちもありました。四半世紀にわたって同社のインハウスとして執務できたのは，スズキという企業の魅力に加えて，この感謝の気持ちが常に根底にあったからだと思います。

■JILAに入ったきっかけ

インハウスとして東京弁護士会に登録した私は，すぐに２年間一般法律事務所へ出向して修行し，さらに米国現地法人へ出向して８年半後にスズキ本社（静岡県浜松市）の法務部に戻り，2004年に静岡県弁護士会浜松支部に登録換えをしました。JILAに入ったのはスズキ本社に戻った後の2005年ごろで，インハウスとしての執務の指針を得たかった（JILA会員との情報交換）ことと，JILA会員諸氏と触れられるセミナーに参加したかったことによると思います。

1　インハウスとしての指針を得る

インハウスとしての執務の指針を得たかった，というのは，次のようなことです。私は，スズキ本社において（静岡県弁護士会においても）初めてのインハウスでした（出向した現地法人アメリカン・スズキには当然のようにインハウスが在籍）。2005年当時，日本のインハウスは全国で100人いなかったと思います。いわば未開の領域で，どのように執務したらよいか，私も手探り状態でしたが，所属企業も所属弁護士会もインハウスに何をどれだけ期待できるか未体験のため，私からあるべき姿を提案できるための手がかりを得たく考えました。

書籍『インハウスローヤーの時代』（日本評論社）を手に取って梅田康宏さん主宰の「インハウスローヤーズネットワーク」（JILAの前身）の存在を認識しており，この方達と交流することが救いとなりそうな気もしていた一方，「この方達とお付き合いしても大丈夫か」と警戒もしていました（失礼しました！）。梅田さんに連絡を取って探りを入れた上で，霞が関の弁護士会館での月例セミナーに試しに参加したのですが，そこで多様な企業のインハウス（皆さん，紳士淑女でした）に接して，もっと交流をもって情報交換をしたい，彼らの考えや参考情報を得たいと感じ，JILAへの入会を決めました。

2　セミナーで学び，懇親を深める

JILAのメンバーと触れ合うセミナーに参加したかったというのは，セミナーで扱われたテーマが常に興味の対象であったことに加え，セミナー後の懇親会（居酒屋での飲み会）が好きだった，ということです。榊原理事長がインハウ

スのロビイング活動への参画につき講演下さったことがありました。企業にとって有意義なロビイング活動の実情を知らなかった当職は，「怪しい活動のような感をもっていた」と放言したため，榊原さんに笑顔で怒られたことも（？）微笑ましい想い出です。

　当時の常連メンバー（懇親会にも必ず出席）としては，梅田さんの他に現在理事としてリーダーシップを発揮されている平泉真理さんや片岡詳子さんほかの方がいらっしゃいましたね。当時からJILAを牽引下さっていることに，脱帽しつつ，大いに感謝しております。

3　東京から静岡県へ移っての変化

　東京（～米国）から静岡県へ移ったことは，初めて日本のスズキ本社においてインハウスとして執務し始めた意味があり，また，初めて静岡県弁護士会浜松支部の皆さんと交流を始めた意味がありますので，それぞれに即して記します。

(1)　企業人と信頼関係を醸成する

　初めて日本のスズキ本社においてインハウスとして執務し始めたことから，企業の役職員との信頼関係醸成に努めました。それまでは，インハウスが複数在籍する米国現地法人で執務していましたが，インハウスのいない日本企業において（静岡県弁護士会にもインハウスはゼロでしたから，周辺企業にもいません），存在意義を認められ，または評価されることを目指したわけです。従前から多くの企業人が「弁護士は敷居が高い」という印象を持っていると感じていたので，フレンドリーに接すること，しかし必要な場面でははっきりNoと言うことを意識しました。また，法務部長としての仕事であっても，弁護士資格ゆえの違いをアピールすることを意識しました。

(2)　弁護士会とも仲良く付き合う

　初めて静岡県弁護士会（浜松支部）の皆さんと交流を始めたことから，弁護士会およびその会員諸氏と胸襟を開いたお付合いを心がけました。2003年まで在籍した東京弁護士会では3,000人の会員の1人であったのが，浜松支部では

100人弱の会員の1人となり，会務への参加（委員会）・プロボノ活動（国選弁護・当番弁護士・法律相談）への参加要請が事実上より強くなりました。ここは企業の実情と弁護士会のニーズのバランスの上に解を見出すべきですから，企業・弁護士会の双方に情報発信を欠かさないようにして，「地方型インハウス」のあり方を提言できたと思います。

（3） 地方にいながら情報取得で遅れをとらない

　その他，「地方型インハウス」としては，インハウスの多い東京・大阪の情報にもアンテナを張ろうと意識していましたが，それはJILAを通じた情報交換が役立ちました。

■静岡から参加する役員としての苦労や成果，気をつけた点

　「地方型インハウス」の悩みとして，東京での集まりに参加するには，往復旅費15,000円を要し，最終22時発の新幹線に乗らなくては帰りそこねることとなり，気軽に集まることが難しい点がありました。企業都合の出張扱いはできない，他の役職員の手前，法務部長の専横のような印象を与えることも避けねばならない，と考えていましたが，今にして思えば，東京のインハウスと交流して情報を得ることも企業のために立派な意義ある行動だったでしょう。

　この点，JILAの役員に名を連ねた際，理事会諸氏は理解を示して下さり，電話会議で参加できるよう計らって下さいました。今はZoomその他の方法が手軽に使えるようになりましたね。電話会議でのエピソードとしては，当職自宅から電話会議で理事会参加中，自宅の飼い犬が鳴き声を発してしまい，「アレ，犬が鳴いた？」と指摘されたことがありました（笑）。

　ロースクール制が始まり，JILA若手会員がどんどん増えるようになって，JILA役員としては，後進の若手インハウスの皆さんのためにも，インハウスを企業や弁護士会にも認知させたい，先輩が可能な限り手本を示したいと意識しました。日本弁護士連合会の委員会（業務改革委員会など）の活動に，JILA会員も相当数が参加していましたが，私も声をかけていただき，前向きに取り組みました。

　2008年から2010年にかけての「企業内弁護士キャラバン」は，愛知県弁護士

会の青山學先生らをリーダーとし，全国の高裁所在地においてシンポジウムを行って，同地の企業および弁護士会諸氏に企業内弁護士の存在をアピールする試みでしたが，何回か参加させていただき，貴重な機会をいただきました。また，「企業内弁護士」等の書籍出版に関与させていただいたことも，かけがえのない想い出です。

　所属企業において，後進の社内弁護士を採用する活動は遅れましたが，私の時代に合計4人まで増やすことができ，他の静岡県企業でもインハウスが誕生して交流を持てるようになったのはよかったと思っています。これらも，自分1人でできたことではなく，JILAとともにあったがために為し得たことです。JILAには深謝しており，準会員となった現在もJILAへの愛着は強いものがあります。どうもありがとうございました。

岐路に立つJILA

本間　正浩

■インハウスの選択

　JILAが20周年を迎えたことを心からお慶び申し上げます。20年前，梅田さん（現事務総長）ほか数人の顔ぶれで表参道のレストランで毎月1回集まってとりとめもなく夢を語り合っていたころを思い起こすと，今昔の感があります。

　私はキャリアを法律事務所でスタートしましたが，弁護士経験10年という節目の時期を迎えて，それ以外の可能性も広く考えようと思いました。その時，私と同期の友人が1年ほど前にゼネラル・エレクトリック（GE）に入社していたことを思い出し，彼と食事を共にして様子を聞きました。当時，GEは大規模な企業買収を日本で立て続けに行っていたのですが，そこで弁護士を必要としているということで，もし関心があるのであれば，担当しているエージェントに声をかけておいてやる，とその友人から言われまして，それではよろしく，と答えたのが運命の分かれ目でした。

　その時は，正直一般的な関心以上のものはなかったのですが，しばらくするとエージェントから連絡があり，それに続いて日本GEのゼネラルカウンセル

との面接が設定され，その後立て続けに多くの人々に会うことになりました。そこで強い印象を受けたのは，企業内弁護士に対する強い期待です。結局，1999年9月にGEエジソン生命保険執行役員・ゼネラルカウンセルとして，企業内弁護士としての第1歩を踏み出すことになりました。

しかし，それまで組織の中に身を置いたことのない私のこと，それからは苦労の連続でした。入社したのはもともと純粋な日系の会社で買収前には専担の法務部は設置されていなかったという状態。一方，これを買収したのは外資系としても「突き抜けた」法務部を擁するGEです。単なるアドバイザーではなく，会社を動かすリーダーであるという強い期待が示され，「リーダーシップ」の発揮を要求されて，すべてが手探りの中での奮闘でした。それでも，エジソン社長や日本GEおよび親会社の両ゼネラルカウンセルの厳しい中でも手取り足取りの指導を受けて，少しずつ形になっていきました。多忙を極めた日々でしたが，本当に充実していました。

私の企業内弁護士としてのあり方は，ほとんどGE時代に学んだことです。「世界最強の法務部の1つ」とうたわれたGEで経験したこと，学んだことをわが国の企業法務機能の発展に役立てることは，プロフェッションとしての私の恩返しだと思っています。

■JILAとの出会い

さて，どのようにJILAと出会ったのか，すでに忘却の彼方に隠れ，しかとは思い出せないものとなっています。その時にはもちろんJILAという名前は存在せず，その正体は冒頭に述べたように，数人が毎月表参道のレストランに集まって食事をしながら語らうというもの以上のものではありませんでした。

そんなわけで，JILAの始めは「お友達の集まり」という以上のものではなかったのです。メーリング・リストも，今では研修会（よかれあしかれ賛助会員のマーケティングも含めて）の告知がほとんどですが，当時はもっとパーソナルで，会員間での業務上の問題やキャリアに関する議論も盛んに行われていました。

そんな中，初期会員の尽力があり，会員数は日増しに増加していく中，JILAのあり方についてもいろいろな議論がありました。一部の会員が懸念し

たのは，外部に対してはあたかも個人の単なる集団ではなく，一つの自立した実体を持った組織・団体であるように受け取られているのに対して，その実体は組織としての体をなしておらず，外部的な期待値と実体の間に大きな乖離があり，それが日に日に拡大しているのではないかということでした。

　私自身もその懸念を共有していました。例えば，メーリング・リストですが，相談事も含めて活発にやりとりがされていたのは良いとして，時に多くの目に触れるのが適切でないもの，例えば，相談が明らかに特定企業の特定の問題として特定されてしまうものなども散見されていました。

　おそらく，決定的な一撃となったのは，JILA10周年記念パーティーの惨状でしょう。日弁連会長や経営法友会等から来賓を招いた盛大なパーティーではあったのですが，現実は「お友達の集まり」になってしまい，来賓の挨拶の時も，来賓の方を向くでもなく，静かにするでもなく，多くの出席会員がスピーチの場所の反対側で集まって仲間内で大きな声でおしゃべりを続けるという状況になりました。スピーチ中，来賓の1人に「静かに話を聞きなさい！」とたしなめられるありさまでした。来賓も含めて，その場にいた数人の人々から「ガキの集団だね」という評を聞き，恥ずかしい思いをしました。

　これを受けて，JILA理事会でも深刻かつ熱心な議論が行われました。JILAをあくまで仲間内の集まりとして研修と相互懇親を中心とすることがよいという意見がある一方で，それだけではなく，組織内弁護士を代表する組織として，組織内弁護士の発展のための体制・環境整備や制度提案など，対外的な活動を1つの柱とするべきであるという意見も強く，最終的には後者の方針で行うということになりました。

　そのために，各種の組織・制度の整備が行われました。例えば，JILAの綱領もこのとき成立しました。もっとも，10周年パーティーのときからすべてが始まったというものではなく，その前からいろいろと進行してきたところのものではありますが，パーティーの衝撃が大きく影響を与えたのはまぎれもない事実です。

　政策委員会も，このような流れの中で成立し，委員長に私が選ばれました。政策委員会の活動は，文字通り組織内弁護士をめぐる政策の研究と提言ということでした。しかしながら，結果としては，その活動の多くは，立法過程にお

けるパブリック・コメントに対する意見表明とか，なかんずく弁護士会の施策等に対する意見表明に費やされました。それらに対して政策委員会は研究を行い，意見書を作成・提出してきました。

　例えば，東京弁護士会が進めようとしていた「弁護士お試しプロジェクト」に対する意見はJILAのWEBサイトにも搭載されていますが，これは政策委員会を中心として弁護士会との交渉により，弁護士会側の誤解を解き，制度の変更にまで至ったものです。

　その他，弁護士職務基本規程50条および51条改正問題に対する意見の作成など，活発に活動し，やがては日弁連が規則や制度の制定に関して会内関係委員会に意見照会をする場合，組織内弁護士に関係する場合にはJILAに対して事実上の意見照会をする慣行もできました。

■直面する課題

　ただ，このように活発に活動してきたものの，やはり私の時代には弁護士会等の活動に対して対応する，いわば「受け身」の活動が多かったことは否定できません。

　現在は，政策委員会そのものは廃止されましたが，JILAとしてはより積極的・能動的に政策提言を行い，かつ，それを実現するために力を尽くすことが期待されます。

　ただ，この点で留意するべきことがあります。私が政策委員長を務めてきたころは，組織内弁護士の認知それ自体がまだまだ希薄であり，組織内弁護士の側でも，活動する人が限られていました。弁護士会とJILAの議論において，実際にはその参加者がほぼ重複しているということもありました。そうでない場合，特に関心を持った人々，もう少し具体的にいえば，組織内弁護士に対して初めから好意的な人々と逆に反感を持っている人々を相手にしていました。言い換えれば，立場はどうあれ，一種の予定調和があったというきらいがありました。

　しかし，組織内弁護士がこれだけの人口になり，JILAもこれだけの規模になってくると，社会もこれを無視することはできなくなります。つまりは，関心の薄い人あるいは中立的な人々が舞台に登場するということです。そして，

事柄を「実現」することが内外からの期待あるいは要求になります。さらには，組織内弁護士に関する活動をしている人々の数も増え，その活動の舞台も広がり，かつてのように，JILAを中心とした一定の限定されたメンバーの中での議論にはならなくなっています。

　かつては言いっぱなしで済んだことが，これからは，より事実の根拠と論理性をもって展開することが必要になります。予定調和の時代にはなかった筋の通った反論も出てきます。また，「JILAはいろいろ要求をしてくるが，それでは，問題を解決するためにJILA自身はどういう努力をしているのか」という要求もでてくるでしょう。そのときに人を納得させることのできるだけの根拠をもった論理的な説明・主張を組み立てられずに一方的な要求を言うだけでは通りません。そのようなことでは，中立的な人の賛同を得ることもできませんし，好意的な人々からも見捨てられることになるでしょう。

　もう1つ，いまや大規模団体となったJILAとして克服すべき課題があります。世界的にみても組織内弁護士団体としてのJILAの特色の1つが，その包含性にあります。公務員から私企業まで，新卒社員からゼネラル・カウンセルまで，インハウス以外の経験を持たない人から，一定期間をインハウスとして過ごしたことがあるという人まで，その内実は実に多様です。これは誇るべきことです。しかし，「外延が拡大すれば内包が拡散する」のもまた事実です。集団の多様性は必然的にその認識・見解・意見の多様性を生みます。そのような中で，JILAが社会的に認知された影響力を持つ1個の団体として自立しようとするのであれば，多様性を維持しつつ，統一性をどのように保っていくのか，会員との間で共通認識をどのように形成し，多様な意見をどのように汲み上げ，調整し，それをJILAとしての統一された意見にまとめ上げていくことが必須です。これは，組織としてのガバナンスの問題です。JILAが社会において影響力を持つのであれば，それはJILAの規模，そしてそれが組織内弁護士の意見を代表していると思われればこそです。もし仮に，JILA内において共通認識の形成や意見調整の努力がなされず，結局は一部の者の意見がJILAの名に仮託されて外に出ているというようなことになれば，外部に対してJILAの意見が相手にされることはなく，その意見が影響力を持つなどということは夢のまた夢ということになるでしょう。

　言い訳になってしまいますが，これが，政策委員会が積極的・能動的な政策提言まで踏み込めなかった１つの理由です。JILAとして１つの意見にまとめ上げていく，そのメカニズムを作りきれなかったのです。

　JILAはまさに岐路に立っているといえます。外観と実体の乖離という，10年前に懸念された課題が克服されたのか，鼎の軽重が問われることになります。難しい舵取りが必要ですが，JILAが飛躍するためには避けて通れない関門だと思います。

公務員弁護士キャリアが拓く未来

岡本　正

■計画された偶発的なキャリア―Planned Happenstance

　法律事務所に勤務して６年目となる2009年10月，年齢も30歳となり，外でキャリアを積むなら最後のチャンスだろうというタイミングでした。そこから2011年10月までの２年間，内閣府行政刷新会議事務局に上席政策調査員として勤務し，行政改革（国の事業仕分け，行政事業レビュー，独立行政法人改革，特別会計改革等）や規制改革（公共サービス改革，規制仕分け等）の政策立案にかかわりました。任期中の2011年３月11日におきた東日本大震災が私の運命を大きく変えました。内閣府に加え日本弁護士連合会災害対策本部嘱託室長にもなり，災害復興支援や政策提言を担いました。

　2011年12月から2017年７月までの約６年間は，組織立ち上げにも関与した文部科学省原子力損害賠償紛争解決センターにて損害賠償紛争の和解仲介を担当する総括主任調査官を務めました。2013年には当時所属していた法律事務所から円満独立をし，2016年には仲間と法律事務所を設立して，2021年に現在の法律事務所に合流しました。

　そもそも内閣府への出向自体が突然のことでした。2009年夏に政権交代があり，秋には行政改革や規制改革を敢行する司令塔として，内閣府に「行政刷新会議」が設置されることになりました。その事務局には，各省庁の官僚だけではなく，学識者，民間企業などからも人材が集められようとしていました。弁

護士についても政府から日本弁護士連合会に推薦依頼があったそうです。そこでなぜか白羽の矢が立ったのが私でした。政治はおろか，行政関係者との縁も全くなく本当に不思議でした。おそらくはプロボノ活動の一環として日本弁護士政治連盟に所属し，弁護士業の枠を超えた勉強会や企画を重ねていたことが日弁連や関係者の目に留まったのかもしれません。

　冒頭に述べたようなタイミングだったことや，所属法律事務所も政府で経験を積むまたとない機会を尊重してくれたことで，出向を決めることができました。内閣府行政刷新会議事務局での職務については，書籍『公務員弁護士のすべて』（第一法規）に掲載されている拙稿を是非ともご参照ください。

■百花繚乱，一騎当千，公務員弁護士たちとの出会い

　日本組織内弁護士協会（JILA）への入会は，内閣府任期中の2010年でした。司法研修所第56期の同期弁護士で，財務省出向経験のある渋谷武宏弁護士の誘いによるものです。新しい仲間との出会いを期待して加入しました。当時の4つの部会のうち，国や自治体などパブリックセクターの組織内弁護士のグループである第4部会に所属しました。10部会制になってからもグループ分けは第4部会のまま現在に至ります。

　新しい仲間，知見，そして組織内弁護士同士の様々な話題や悩み事を共有しあえる環境に出会えたことは，国の省庁で勤務する弁護士の中でも先例のない役回りを帯びた部署にいた私にとっては僥倖でした。JILA第4部会には，それぞれの法律分野や業界で第一人者となったパイオニアたちがひしめいていたのです。

　このような出会いに触発されたのか，私は当時の内閣府で得た様々なご縁をネットワーク化しようと考え，産学官の専門職や公務員の仲間たちと「霞が関ランチミーティング」というコミュニティを2011年1月に立ち上げました。現在に至るまで毎月の交流を続けています。

　2012年からJILAの理事に就任し，理事長は新たに室伏康志弁護士になりました。同時に，初代第4部会長の渋谷弁護士の後を継いで第4部会長にもなりました。これまで勉強会や懇親を目的に参加してきたJILAへの関わりから，組織運営の重責を担う立場になってしまったのです。2016年からはパブリック

セクターの組織内弁護士を代表するかたちで副理事長にもなり，2018年に理事長が榊原美紀弁護士になってからも副理事長を続け，2020年まで副理事長を務めました。

■内閣府と原子力損害賠償紛争解決センターの8年間

　時間を少し戻します。2009年10月から2011年10月までの2年間の内閣府勤務を終えたのち，2011年12月から再び原子力損害賠償紛争センターに国家公務員として勤務することになります。東日本大震災・福島第一原子力発電所事故の被害者は100万人とも200万人ともいわれ，多数の原子力損害賠償紛争が予想されていました。

　そこで，簡易・迅速・柔軟を旨とする裁判外紛争解決手続（ADR）の設立が望まれ，政府関係者や日弁連との間で調整が続けられていました。ADR組織の実務を担う専門家として大量の弁護士人材が必要となり予算と人材確保にはじまる組織体制構築が急務となったのです。2011年夏までには原子力損害賠償紛争解決センターの構想がまとまり準備室が動き出します。

　当初私も組織の立ち上げに参加するよう内々に声がかかっていました。しかし，内閣府での行政改革任務を任期満了まではやり遂げたいという強い思いから，私自身はこの時点では準備には参画しない決断をしました。同時期に声がかかっていた高取由弥子弁護士が獅子奮迅ともいうべき働きで完璧にセンター設立準備の役割を果たし，2011年秋の原子力損害賠償紛争解決センター業務開始を実現させました。

　私は，内閣府の任務を終えて1か月経過したのち，2011年12月から同センターの総括主任調査官に就任します。当時は，和解を担う仲介委員弁護士や調査官弁護士の人員確保，調査官の長時間労働問題や待遇改善，業務内容改革，原子力損害賠償の実務指針（総括基準）策定，和解仲介の相手方である電力会社の手続対応問題等の課題で溢れていました。私は個別の損害賠償紛争の仲介案件に関わりながらも，各省庁との調整，国会議員対応，原子力災害の実態調査研究チームとの連携を含む政策課題にも奔走しました。内閣府で各府省庁と様々な調整を行ってきた経験や，災害復興支援に関わってきた経験が大いに役立ちました。

　同センターでは，再度の政権交代を跨ぎ，2017年 7 月まで実に 6 年近い年月を過ごし200件以上の案件に関わりました。2009年10月の内閣府から通算して約 8 年間におよび国家公務員であったのです。なお，原子力損害賠償紛争解決センターにおける調査官の業務については，前掲『公務員弁護士のすべて』における山村弘一弁護士の論稿に譲りたいと思います。

■公務員弁護士もまた弁護士の王道である

　JILA副理事長や理事の際に常に心がけていたのは，インハウスローヤーが民間組織だけではなく国や自治体など行政機関においても重要な地位を占めていることを正しく認知してもらうことでした。国，自治体，その他公的機関，学術界，メディア，学生，そして法曹界内部へも理解を求める活動に力を入れました。私がJILA理事になったころは，「行政機関で勤務する者は弁護士とはいえない」と平然と述べる日弁連や弁護士会の要職の方々も少なくありませんでした。

　そこでまず，「公務員弁護士」という言葉を生み出しました。今でこそメディア等でも使われるようになってきた単語ですが，JILAでの仲間たちとの活動がこの言葉を生みました。公務員弁護士は，行政機関などのパブリックセクターの組織内に勤務する法曹有資格者を広く含める概念です。常勤プロパー職，常勤任期付公務員職，常勤的非常勤職（常勤と同じように勤務するが地位や待遇は非常勤公務員の者。定員数や予算の都合によるもので，本来は常勤待遇と安定した地位を得るべきだといえます），非常勤職など多様な勤務形態があります。命名は思いのほか効果があり，国，自治体，メディア，日弁連や弁護士会等にも説明がしやすくなりました。

　具体的なプロジェクトとしては，書籍の出版があります。「公務員弁護士」の途を切り開いてきたJILA第 4 部会のメンバーを中心に私を含む26名の会員が，自らのキャリアや矜持について語る『公務員弁護士のすべて』を企画し，2016年 3 月にレクシスネクシス・ジャパンから出版しました（なお2018年に第一法規より再出版）。公務員弁護士のパイオニアとしてかつて金融再生委員会に勤務し，弁護士等を任期付職員として採用する制度ができるきっかけをつくった幸村俊哉弁護士をはじめ，国，自治体（東日本大震災被災地を含む），

医療機関，大学などの多様な分野のインハウスローヤーが集結しました。おかげで，弁護士，行政機関，学術界，学生等多方面から評価をいただける書籍となりました。法曹界内部に対しても公務員弁護士の存在感を示すことができたと考えています。

　大学との連携も生まれました。JILA会員が大学や教育機関を訪問し，特別講義や座談会を実施する企画を売り込み，学生たちが実際に公務員弁護士の話を聞ける機会を作りました。私が理事の間に，慶應義塾大学，青山学院大学，九州大学，神戸大学，民間教育機関・シンクタンク等を巡ることができました。また，2018年度から法科大学院協会，日弁連，文科省，法務省などが関わる啓発イベントである「ロースクールへ行こう!!」に参加するようになり，ブースを設けて若い世代へ組織内弁護士の魅力を発信する機会をつくりました。2012年から慶應義塾大学法科大学院で教鞭をとる身としても，JILAと法曹養成との連携は意義深いものと感じており，今後とも連携が深まることを期待しています。

　JILA第4部会にて主導した「語る―KATARU―」シリーズをはじめとする講演会・勉強会企画も強く印象に残っています。意識していたのは，国，自治体，大学研究機関などの会員ネットワークを活かした希少性の高い場の提供です。テーマは，規制緩和，ITや情報，事業再生，知的財産，公共政策，規制改革等の注目度が高いものを選択してきました。第一線の立法担当者や省庁幹部などをお招きした講演や対談企画は，JILA会員の大多数を占める民間企業のインハウスローヤーにとっても大きな刺激となり，新たな交流を生み出すことに貢献しました。

■あまねく「法の支配」を

　法の支配とは，正しく公正な法により社会の仕組みが成り立ち実践されることであると理解しています。われわれ弁護士が決して失ってはならないのが法の支配の理念です。裏を返せば，法の支配の理念を持ち続け法曹資格を活かして任務を成し遂げているかぎり，いかなる場所においてもその者は間違いなく「弁護士」の王道を歩んでいるのです。行政機関こそ，法の支配の維持が不可欠なことは論を待ちません。組織の中で働く弁護士がその砦を担うべく存在感

を増していくことを願います。法の支配という軸を持ち続ける限り，法律事務所のパートナーや勤務弁護士としてプライベートプラクティスを担うか，組織内弁護士（インハウスローヤー）として役員や従業員として仕事をするかには，本質的な差はないはずです。

　公務員弁護士の課題はまだ多く残っていますが，国や自治体での募集も増え続け，収入や待遇が十分なものも多くなってきました。何よりも，まだまだその分野や地域における「パイオニア」になるチャンスが眠っているという魅力は色褪せていません。

　JILAでの様々な活動が数珠つなぎとなって今の私を形成しています。内閣府のキャリアがなければ，東日本大震災を契機として新たな学術分野である「災害復興法学」を興して，大学講座の展開や，論文提出による法学の博士号の取得に至ることもなかったはずです。原子力損害賠償紛争解決センターでの職務も，現在の各種研究や政府・自治体の委員のご縁につながっていることは間違いありません。弁護士以外に，宅地建物取引士，ファイナンシャルプランナー，マンション管理士，医療経営士，防災士といった資格を取得したのも，公務員弁護士職務を通じて，多くのスペシャリストに出会い触発されたからです。そのすべてが，計画された偶発的なキャリアのごとく，今の私の活動や職務に反映されているといえます。まだまだ新しい世界は広がっている。そう実感できるのが公務員弁護士経験とJILAでの出会いでした。これからもきっとそうであるに違いありません。

日弁連への関与と今後のあり方

藤本　和也

■企業内弁護士になったきっかけ

　司法修習中，大学院でお世話になった先生にたまたまメールで近況報告をしたところ，30分後に「損害保険会社である共栄火災の法務部に入ってみませんか？」との返信が届きました。一本釣りということで直ちに面接の日程調整がなされましたが，共栄火災という名前を初めて聞いただけではなく，損害保険

会社が何をやっているのか十分に知らなかったので（そもそも会社については受験用会社法の範囲でしか知らなかったわけですが……），まずは近所の大型書店に足を運び，損害保険に関する書籍を購入し，共栄火災のHPの内容を把握する等，損害保険会社は何をやっているところなのかという情報を頭に叩き込むところからはじめました。そのように最低限の準備をした上で，面接に臨んだ次第です。

面接中に入社のお誘いを受けましたが，それまでに法律事務所を全く訪問していない状況だったことから，半年ほど事務所訪問の時間を設けてもらうようお願いしてみました。法律事務所と比較した上でそれでも共栄火災がよければぜひ来てほしいということで，ありがたい話ですが，入社の最終回答を半年間待ってもらえることになりました。その後，いくつかの法律事務所からお誘いをいただきましたが，法律事務所で弁護士業務を開始して軌道に乗ったならば，法律事務所を離れて企業に入る決断をすることが難しくなり，社会を動かす極めて重要なプレイヤーである企業の中で働く機会を失ってしまうのではないかと考えました。同時に，企業の外ではなく企業内において法務に携わらなければ，当事者として企業法務を理解することはできないのではないかと考えました。そのようなことから，最終的には修習を終えた直後に共栄火災に入社することとした次第です。

ただ，修習を終えた直後から企業内弁護士になるとしても，所属企業が抱える事件や民事刑事の個人事件について代理人として訴訟を遂行する必要を感じていましたし，弁護士会活動や執筆等の重要性も感じていたことから，当時の社長・担当取締役・法務部長から入社前に飲み会にお誘いいただいた際，「業務に支障のない範囲でこれらが可能であれば入社します。そして，これらの経験を会社の役に立たせます。」などと直接社長に可否を聞いてみました。そうすると，すべて認めてもらえたことから，安心して入社することができました（なお，業務への支障の有無は，私が判断できました）。

■JILAに入会したきっかけとJILAでの活動

私が企業内弁護士になった当時，日本の企業内弁護士数はいまだ300名に到達していない状況であり，弁護士会には企業内弁護士に関する委員会等は存在

していませんでした。そのような状況下において，他の企業内弁護士との情報
交換等をどのようにして行おうかと考えていたところ，JILAという団体が存
在することを知りました。そこで，弁護士登録と同時にJILAへ入会申請を行
いました。

　JILA入会後，徐々にJILAの運営に関わるようになりました。2010年2月に
JILA事務局メンバーとなり，2012年4月に事務局から離れるまで，入退会の
管理や名簿作成管理等の業務を担当しました。当時は企業内弁護士数が急激に
増加し始めた時期であり，それに伴いJILAへの入会管理件数も急激に増加し
始めていました。入会申請への対応はそれなりに時間がとられる業務であり，
また，入退会に伴い会員名簿全体を最新化する際には，所属変更の申請を行っ
ておらずJILAからの連絡が届かない会員に対してメールや電話で現状と連絡
先を確認するといった業務も行っておりました（なお，事務局業務等に伴い連
絡をした際に横柄な応答をする会員も少数ながらおりました。当該会員の状況
を踏まえて考察すると，いろいろ参考になった記憶があります）。ともあれ，
事務局業務は結構時間と労力のかかる業務でした。

　2年の事務局期間を経て，2012年4月から2018年5月まで，理事として
JILAの運営に関わることになりました。JILAを大人の団体に昇華させる必要
性が指摘されていた状況下において次期理事長からお声がけをいただきまして，
理事に就任することとした次第です。理事就任のお声がけをいただいたからに
は執行部を支えるべく，理事業務に可能な限り力を尽くそうと思いました。

　JILA会員を増加させる方針を踏まえ，身近で話をする機会のあったJILA未
入会の企業内弁護士については基本的に全員JILAに勧誘するなど，地道な活
動も継続しました（ところで，多くの人を勧誘してみて，勧誘するとなぜか態
度が大きくなる人が存在するということを知りました。どうやら，勧誘された
ことにより何か自分に特別な価値があると思うのか，（もちろん入会するかど
うかはその人が決めることですが）「入会してやってもいいんだぜ」という謎
な上から目線の態度がにじみ出てくるようです。こちらは単に業務の一環で機
械的に勧誘しているだけなのですが。人間心理のよい勉強になりました）。

　個人的に依頼を受け岡山大学の法科大学院に話をしに行くことが何度かあっ
たのですが，その機を逃さず，JILA中四国支部創設の下準備をするなどしま

した。弁護士会において問題を起こしそうになったJILA会員の火消しを本人の知らないところで行ったこともありました。

その他，日弁連や単位会にJILAの主張を伝えるとともに，JILAの主張が日弁連や単位会に誤解されないよう，主張の背景や趣旨を説明するといった根回しやフォローも行いました。日弁連や単位会の委員・幹事として活動を行いつつ，同時にJILA理事として活動していたため，時に利益相反だとの誹りを受けることもありましたが，JILAに弁護士会を理解できる人が少なかったので，私が担当していたわけです。

このようにして6年間，企業内弁護士の確立に向け微力ながらJILA理事としての活動を行ってきた次第です。一区切りついたと感じたことから，理事長交代に際して，私も理事を退任することにしました。

■JILAとしての日弁連（各種委員会，センター等）への関与

私の日弁連における活動ですが，加入順に示すと下記のとおりです（現在，ひまわりキャリアサポートセンター副センター長を拝命しています）。日弁連における近年の企業内弁護士関連の議論や活動については，次のとおりほぼすべて関与してきたといえそうです（ちなみに，日弁連理事会において，史上初めて企業内弁護士に関する報告を行いました）。

① 2010年7月～2012年6月：若手法曹サポートセンター（活動領域拡大PT）

② 2012年6月～現在：弁護士業務改革委員会企業内弁護士小委員会

③ 2014年2月～2015年3月：組織内弁護士の諸課題に関する検討WG

④ 2014年4月～現在：法律サービス展開本部ひまわりキャリアサポートセンター

⑤ 2015年4月～2017年5月：組織内弁護士の諸制度の整備に関するWG

⑥ 2017年6月～2020年3月：組織内弁護士の諸課題に対応する施策の提言に関するWG

　ただ，上記の諸活動は「JILAとしての日弁連（各種委員会，センター等）への関与」には該当しないでしょう。現在，「JILAとしての日弁連（各種委員会，センター等）への関与」，すなわちJILAが組織として日弁連に関与していると言いうるのは，年に1回のJILAと日弁連の意見交換会だけと考えています。私の日弁連における活動の根拠は，いずれも日弁連会長指名によるものであり，JILAの推薦枠や派遣枠によるものではありません（そのような推薦枠や派遣枠は存在しません）。JILAが組織として日弁連における組織内弁護士に関する活動に関与しているわけではないのです。

　私がJILA理事であった際，自分の理事としての役割を「日弁連担当」としていましたが，これは私がたまたまJILA理事と日弁連の活動を並行して行っており双方の調整をすることが可能であったからに過ぎません。逆にいうと，これは，日弁連の活動を並行して行うJILA理事が存在しなくなればJILAと日弁連の調整が困難になる可能性が高いということを意味していました。そこで，私は理事を退任するに際し，おおむね次のような投げかけを行いました。

　　企業内弁護士の今後のためには，強制加入団体である弁護士会との関係，とりわけ日弁連と良好な関係を維持することは極めて重要である。そのためには，日弁連において組織としてのJILAの存在感や発言力が高まることが必要である。JILA理事が日弁連内において「汗をかき」，企業内弁護士に関する施策を検討・実行する実質的役割を担い，日弁連の諸施策を推進してきたという実績の積み重ねがなければ，日弁連内でJILAの存在感が高まることはない。JILAが日弁連に対して単なる主張や要求を行うだけの存在であることが許される時代はすでに過去のものとなっており，今やJILAは積極的に政策形成や施策の共同遂行が期待される時代になっている。JILAがそのような期待に組織として応えることができなければ，日弁連におけるJILAの発言力は低下し，そのことは企業内弁護士の今後にとって望ましくないはずである。今後のJILAが日弁連に対して影響力を持ちたいと考えるのであれば，JILA理事は日弁連において実際に「汗をかく」必要がある。JILAが組織として日弁連に対する影響力や発言力をどの程度確保し

> ていきたいのか，よく検討していただきたい。

　日弁連においてともに汗をかき，日弁連の事情も十分に理解した上でJILAと日弁連との関係を調整することのできるJILA理事の登場が期待されます。JILAが会員の親睦と教育研修を行う団体に留まらず，組織として日弁連と対話することができる団体であるためには，日弁連の事情を事前によく把握し，JILAとしての主張を支える根拠の内容や説得力を十分に検討した上で問題を提起することが，JILAとしての望ましい方向性ではないかと思うところです。

■JILA20周年のお祝い

　ともあれ，1つの団体が20周年を迎えるということは，大変喜ばしいことです。JILAのますますの発展を祈念して，締めくくりにさせていただけますと幸いです。

会費制度導入の経緯

中野　竹司

■インハウスになったきっかけとJILA入会のきっかけ

　私は，会計や経営分析など数字を使った仕事に興味があったため，公認会計士試験を受けて，監査法人に入りました。監査法人では上場企業の財務諸表監査を中心に一般的な公認会計士の仕事をしていたのですが，金融バブルが崩壊して，財務デューデリジェンスを中心とした企業再生の仕事に関与する機会が増えました。

　この企業再生関係の仕事は面白く感じ，もともと法律には興味があったので，この分野を深めるには法曹になったほうがよいのではないかと思うようになりました。そこで，公認会計士の仕事を続けながら司法試験の勉強をしました。

　この時は，司法修習が終わったら企業再生などに関わりたいと思っていました。一方，そのころはまだ金融バブル崩壊した影響が残っていたこともあり，

会計監査や監査法人の規模が拡大して組織的運営が求められるようになったことおよび法的な問題が多く発生するようになっていました。そして，日本の監査法人に弁護士が1人もいないのはどうにかならないのかという話が，所属していた監査法人のグローバルネットワークから強い要請として来ていたようで，法務部に受け入れてみようという話が監査法人内に出ていたようです。そこで，当時勤めていた監査法人に戻った上で，法務部と監査部門を兼務することになりました。これが，私がインハウスになったきっかけです。

　今は，大手監査法人はいずれもインハウスを採用していますが，当時はいずれの監査法人も頻繁に相談する弁護士事務所はあってもインハウスはいない段階だったと思います。こうした状況もあり，入社の早い段階から海外で行われたグローバルの会議に参加することができ，年4回程度の頻度でグローバルの会議に参加しました。そこでは，海外のメンバーファームのインハウスローヤーと話す機会も多く，刺激を受けるとともに勉強になりました。海外の会議に出ても，最初は何を言っているのか全くわからなかったのですが，そのうちに聞き取れるようになり，議論ができるようになりましたが，コミュニケーションには苦労し，英語の重要性を強く感じました。

　当時私の勤めていた監査法人に弁護士は1人だけで，弁護士の同僚はいませんでした。また，自分自身，司法修習での経験以外，法律実務の経験はありませんでした。そのため，手探りで実務を行わなければなりませんでした。法的な問題は書籍による調査のほか，顧問弁護士に確認するなどの方法はありましたが，インハウスとしてどのように対応してよいかの悩みは尽きず，インハウスの情報が欲しいと考えていたところ，書籍を通じてJILAの存在を知り，JILAに入会しました。JILAに入って，他の会社の状況を知ることができたのは本当に勉強になりましたし，いろいろ助かりました。

■会費制度導入について

1　2014年度における会費制度の導入

　JILAは2014年度より会費制を導入したので，その当時の状況を説明します。

　この会費制導入を決めたころ，JILAは会員数が750名を超え（2013年12月1日現在で765名でした），各種セミナーや会報の発行等の会員向けサービスの拡

充に加え，部会，支部，研究会を中心とした特定の業種やテーマに特化した活動にも積極的に力を入れるようになってきました。また，2013年4月にはJILAの活動目的を明確に規定した「綱領」を制定した上で，委員会制度の設定によるガバナンス機能の強化，会員管理等の事務処理業務を一括委託するなどのロジスティック機能の強化，オフィシャルサイトやフェイスブック等を通じた情報発信の強化など，会運営の根幹となる様々な施策を進め従来の会員同士の懇親組織を超えて，社会から一定の活動を期待され，求められる存在になってきていました。

　実は，JILAは2014年度までは会費はとっていませんでした。参会者1名から1,000円ほど受け取っていたセミナー参加費，会場費の余剰金や関連出版物の印税などを主な収入源として，年間100万円程度の予算規模で運営をしていました。

　このように，限られた収入で運営するため，支出は極力抑え，地方での講演や海外における会議のパネリストとしての参加，事務局運営など当協会理事・会員の活動はすべて理事・会員の自己負担で行ってきておりました。また，セミナーの外部講師等に対しても，発展途上の団体であることをご理解いただき無償でお引き受けいただいてきました。

　しかしながら，近い将来，会員数が2,000名，3,000名規模にまで拡大することが見込まれる中，会運営に必要な体制は質的に異なるようになると考えられましたし，会員の管理，ニューズレターの作成発送，セミナーの実施などに必要な事務処理は増大する一方となると考えられていました。その後，実際にそうなったと思います。

　さらに，会員数の問題だけではなく，当時設置された「企業における法曹有資格者の活動領域の拡大に関する分科会」に代表されるような対外的なプレゼンスの圧倒的な飛躍に鑑みるとJILA内外の「善意」のみに依拠したような運営を行うような団体のレベルを超えていると考えられました。

　そのため，会員からいただいた年会費により，安定的な財源を確保したいということになり，理事会決議，会員総会決議を経て会費制度が導入されたのです。

　2014年度に導入した会費制度は，次のようになっていました。

（1）会費制の概要

ア　会費の金額

年会費5,000円（入会金は徴収しない）

イ　徴収時期

毎年 4 月 1 日～30日

毎年 4 月 1 日が到来した時点で会員名簿に掲載されている会員は，同月30日までに会費を納入する

ウ　徴収方法

所定の銀行口座あての銀行振り込み（都度振込み）

エ　減免措置

4 月 1 日の時点で弁護士となる資格（司法修習の修了等）を取得してから 1 年が経過していない会員（修習66期）については会費を 1 年間免除する

オ　導入開始時期

2014年 4 月 1 日

カ　導入に伴う特別減免措置

2014年度に限っては，会費制導入に伴う特別減免措置として， 4 月 1 日の時点で弁護士となる資格（司法修習の修了等）を取得してから 2 年が経過していない会員（修習65期）については会費を 1 年間免除する

キ　会費を滞納した会員の扱い

継続して 2 年間以上会費を滞納したしたときは会員資格を喪失する（定款13条 3 号）

ク　会費規則の改正

上記の内容に沿って，2014年 3 月の定時理事会にて会費規則を改正する

　その後，2015年 5 月よりJILA会員の納める会費に加えて，賛助団体が支払う賛助会費が導入され，財源が多様化し，また若干財政に余裕が出るようにな

りました。

2　会費管理について

　このように2014年度から会費制度を導入しましたが，導入当初は，業務委託先のサポートを得ながら事務総局財務グループで会費をエクセルベースで管理しており，また会費についての問合わせの対応は事務総局の総務グループで行っていました。

　その後，2015年度にカード払いによる会費納入を可能にすべく，財務グループで複数の業者にコンタクトを取り，カード払いを開始しました。ただ，会員数の急増とエクセルによる管理がかなり大変だったため，これ以上，事務総局ベースで会費管理を行っていくのは現実的ではないと考えるようになりました。

　そこで，会費管理のシステムを保有している現在の業務委託先に会費管理や各種業務を委託するようになりました。この会費管理の委託が遅れていたらと思うとぞっとします。

3　まとめ

　このように，結構大変なプロセスを経て会費制度が導入されました。財政的には，日常的な一般的なJILAの活動は会費で賄えるようになり，若手会員の支援や国際化，情報ツールの充実といった積極的な施策については賛助会費から支払うというおおまかな構造ができてきたのではないかと思っています。

　2014年会費制度導入時の状況と会員数等大幅に変わってきていますが，JILAの活動は会費によって支えてもらっていることは日々実感しています。

JILAとともに歩んだ私のインハウスキャリア

前田　絵理

■組織内弁護士になったきっかけ

　私は，2007年12月に弁護士登録したのち，西村あさひ法律事務所でキャリアをスタートさせました。弁護士登録時はまだインハウスは珍しく，自分自身も法律事務所への就職しか考えておりませんでした。

　また，それまで社会人経験の全くない自分が「先生」として突然大手金融機関や大企業の部長以上，時に役員の方などを相手にリーガルアドバイスをする，というインハウスになってから思えばなんともおそれ知らずな日々であったと思います。新人の自分に電話をかけてきて，ことさらに難しい質問をしてくるクライアントもおり，電話が鳴るといつも怯えていたことを覚えています。ただ，今振り返ってみても，この法律事務所での経験は，外部の弁護士の先生に案件を依頼する際の勘所など，その後の私の組織内弁護士（以下「インハウス」といいます）人生に大いに役立っています。

　西村あさひで新人時代を過ごした後，2011年1月に，旭化成株式会社（以下「旭化成」といいます）の法務部に転職をしました。主な転職の理由は，結婚し，子供が生まれたことと，もっと人と関わる仕事がしたかったからです（西村あさひでの新人時代はファイナンス部門に配属となり，PCの前でひたすら契約書をレビューする毎日で，クライアントとも電話やメールでのコミュニケーションが中心でした）。そして，企業法務を中心に扱ってきたキャリアから，一般民事を扱う弁護士になるのも選択肢としては難しく，当時まだインハウスで働く弁護士は少なかった（たしか300人弱）ですが，おもいきって日系企業の法務部に転職をすることを決意しました。日系企業を選んだ理由は，まだまだ未熟であった自分を育ててくれるのは外資系ではなく，日系企業であると思ったからです。こうして，私の日系企業でのインハウスとしてのキャリアが始まりました。

■JILAに入会したきっかけ

　前記のとおり，2011年1月に旭化成に入社しました。私は第1号の社内弁護

士でしたので，周りからは，とても珍しい存在に見られていることを，常々感じていました。当時はまだ国内にもインハウスが少なかったこともあり，会社としてもインハウスをどのように処遇すべきか，手探りのようでした。弁護士会の公益活動や委員会活動をさせてもらえないか，弁護士会費の負担を会社でしてもらえないか，など，制度を1から説明して1つずつ認めてもらい，社内弁護士を雇用する際のルールも独自に作ってもらいました。

　また，入社当時はまだ4年目の弁護士でしたので，国選弁護などの弁護士業務の経験も引き続き積んでいきたいと考えていましたため，会社には私の弁護士業務専用の名刺を印刷してもらったり，日常業務とは別の弁護士業務専用の固定電話やFAX番号を用意してもらったり，今思えば，本当によくしていただきました。入社した翌年には裁判員裁判も担当するなど，継続的に弁護士としての経験も積ませていただきました。

　このように，弁護士業務も継続しやすいよう環境を整えていただき，インハウスとしての業務の傍ら，弁護士としての自覚と経験を積むことができました。また，法務部での仕事も，契約交渉から訴訟，社内教育，M&A，コンプライアンス制度設計など様々な経験をさせていただき，順調にキャリアを積むことができました。

　ただ，それでも社内に他に日本の弁護士資格を有する弁護士はおらず，どこか気が休まらない環境であったこともよく覚えています。自分が弁護士であることを，社内ではできる限り押し殺しているようなところがありました。

　そのような中，自分で会社外の，いろいろな会や団体を検索していると，JILAという団体のHPが目に留まり，すぐに入会申込みをし，JILA主催の勉強会に参加しました。たしか，2011年の2月か3月で，転職直後だったと思います。当時はまだ会員数が少なかったからなのか，勉強会の後の懇親会に参加すると，15人ぐらいの会員が参加していて，温かく受け入れてもらいました。普段，弁護士としての顔を押し殺して会社員として何とか溶け込もう，溶け込もう，としていたところがありましたが，JILAの会員と一緒にいると，そのような，気遣いは不要で，とてもリラックスできる場でした。いつまででもその場にいたい，と思ってしまうほど，JILAの会員の方々との交流は私を勇気づけてくれました。

　それ以降，JILAで集まりがあるたびに，毎回勉強会などに参加するようになり，2011年の夏ごろには，事務局のメンバーの方に声をかけてもらい，事務局のメンバーに加えてもらいました。そのことで，一気にJILAの執行メンバーとの距離も近くなり，インハウス内のネットワークも広がり，JILAは私にとってなくてはならない存在になりました。

　その後も，引き続き事務局メンバーとして活動を続け，2014年に正式に事務局が各部門に分かれ，その中の企画Gの事務次長に就任しました。それと同時に，JILAの理事も拝命し，JILAを大きくし，また，会員に貢献できる団体となるため，理事長，事務総長のもと，ボランティアとはいえ，1年のうち30%以上のエネルギーと時間をJILAの活動に費やしました（当時は業務60%，家庭10%，JILA30%ぐらいだったと記憶しています）。週に何日も，夜，同じ事務局メンバーや理事長などと集まり，JILAの将来のために様々な企画を立案し，時に互いにお酒を飲んで親睦をはかり，今振り返ってみても，かけがえのない素晴らしい時間を過ごさせていただきました。

■企画Gでの活動

　企画Gでは，特に事務次長を拝命した2014年4月からの2年間は，総務Gと協同してJILAの定款や会則を整備したり，会費制を導入したり，賛助団体の制度を作り，賛助団体になっていただけるスポンサー様のもとを，有志の企画Gメンバーと総務Gメンバーと，当時の理事長とともに，何か所も何か所も訪問し，JILAという団体の説明をさせていただきました。2014年からの2年は，会員数も一気に増加し，それまでのやり方では財政的にも人員リソース的にも限界が来ていました。より大きな団体となり，会員の皆さまのためにより優れた価値を提供できるように，ルールの整備や財政基盤の確立が急務でした。

　また，財政基盤の確立の傍ら，取得する財源を使って，会員のために何ができるのか，企画Gで熱く議論を交わしました。そのような中，JILA会報誌の発刊を決め，新しく賛助団体になってくださったスポンサーの方々に広告を出していただいたり，共同企画のセミナーを開催したり，これまで東京の会員しか恩恵にあずかれなかったJILAの定例会セミナーの一部録画動画配信を実現したり，これまで事務局のメンバーがボランティアで何とか対処していた事務

作業を学会支援機構に外注することにしたり，JILAの急激な規模拡大に何とか追いついていこう，と皆で必死でした。忘年会企画や初の会報誌出版記念パーティーの開催なども思い出深いです。企画Gメンバーの数も，あちらこちらで機会があるたびにリクルートさせていただき，最も多いときで20名程おられました。当時，一緒に汗をかいた仲間たちは，今でもかけがえのない存在です。

■後任への引継ぎと米国留学・駐在

2016年夏から，米国留学と，その後の米国駐在が決まり，企画Gを後任の方に任せることになりました。業務量も増えていましたので，企画Gと賛助団体Gなどに分け，それぞれ今も後任の方々が引っ張っていってくださっています。

そして，留学と駐在から帰国するより数か月前の2018年4月から，再び理事としてJILAの活動にコミットさせていただく機会を頂戴しまして，今に至ります。

■今後，インハウスおよびJILAに期待すること

私のJILA入会当時，300名弱だった会員数も，今では1,900名（2021年7月30日現在）を超えています。今後ますます増えていくことでしょう。また，組織の中でインハウスに期待される役割も，インハウスの活躍の場もさらに広がっていくと思います。

私自身，約10年間勤務した旭化成では，法務部勤務は約半分で，残りは海外留学や米国で買収した企業での駐在経験，最後は経営企画部の海外企画室というところで，いわゆる法務の仕事とは全く異なる仕事を経験させていただきました。経営企画部にいる間に，新たにMBAにも挑戦し，2年の修士課程を2021年3月に修了しました。

これらの経験を通じ，インハウスとして法務の専門性を有しつつも，「経営」や「ファイナンス」の視点や，また，海外の同僚との仕事を通じて，日本本社のあり方，海外子会社の管理のみならず，最適な連携（シナジー構築）のあり方（創出の仕方），グループ企業の全体最適と海外各地域の部分最適をバランスさせる視点などを培うことができたと思います。そして現在では，米国系企

業のジョンソン・エンド・ジョンソン（日本）を経て，英国系のＥＹストラテジー・アンド・コンサルティング株式会社で，今度は子会社や，ネットワークファームの一員としての立場で日々，自らの貢献の場を模索しています。

　今後ますます増えていくインハウスの皆さまにも，法務の枠に留まらない活躍を期待しています。そのために，会員の皆さまの活躍を最大限後押しし，企業法務（組織法務）はもちろんのこと，高度な経営能力を備えたバランスの良い優秀なインハウス人材を輩出していける，そんな団体にJILAをしていけたらと思っています。

　インハウスという仕事，また，JILAという団体は，私にとって特別な存在です。

コミュニケーションの場としての部会フォーラム

野田　紗織

■部会フォーラムの意義

　部会フォーラム（以下「本フォーラム」といいます）とは，JILAの理事などの執行部と各部会の代表者とが意見交換を行うことで，JILA全会員に執行部の情報を届け，また，全会員からの認識や意見を執行部が把握するという双方向のコミュニケーションを目的として2016年に発足した定款に規定されない任意の会議体です。

　2016年当時，JILA会員は飛躍的に増加し1,300名に達しようとしており，その組織についても，会員が必ず所属する10の部会に加えて，会員総会，理事会，理事長，監事，3つの委員会，企画グループなど5つのグループを含む事務機構（ここでは，会員総会から事務機構までを合わせて「執行部」といいます），3つの支部および10の研究会など大きく広がりをみせていました。

　その一方で，会員1人ひとりに執行部での決定事項について適切な情報提供を行い，また，個々の会員の考えを執行部が把握することが難しいという問題に直面していました。特に，初めてのインハウスを採用する組織が増加していた時期でもあり，当該インハウスがせっかくJILAの存在を知って加入したと

しても，JILAとのつながりを見出すことができず，積極的に参加することが困難になるという懸念がありました。

そこで，JILA会員が最初に必ず所属する各部会とJILAの方向性を示す執行部との連携を深めることで，執行部のみならず部会代表者を通じて会員に向けた情報の伝達を行い，また，個々の会員の認識や意見を各部会で集約して執行部に伝えるという双方向のコミュニケーションの場を設定し，JILAの活動に生かしていきたいと考え，本フォーラムを発足させました。

■部会フォーラム運用面での苦労

1　執行部における決定事項の伝達の重要性

本フォーラムの開催により，まず直面したことは，執行部と部会や各会員との間で想像以上の情報量の格差があり，議論の場を設定する前に執行部の考えを説明する時間が必要ということでした。例えば，本フォーラムにおいて，部会会員向けメーリングリストの活用方法を議題としたことがありました。これは，全会員向けメーリングリストにおいて，会員による不適切な投稿が散見されたことから，執行部が注意喚起を行うべく全会員向けメーリングリストへの投稿ルールを公表したことを前提に，部会会員向けメーリングリストでは同様の問題が生じていないかなどを議論する予定でした。しかしながら，本フォーラムで議論を始めようとしたところ，ある部会代表者の質問から，各会員に執行部が定めた投稿ルール自体が認識されていないということが判明し，執行部がなぜ投稿ルールを設定するに至ったかという説明が求められることとなりました。

執行部では，執行部の決定事項，会員向け研修，対外的な広報活動，会員向けメーリングリストや会議室などの設備の使い方など，執行部から会員への情報について，随時JILAのホームページやメーリングリストで伝達しており，また，それで足りると考えていたところ，情報の受け手である各会員においては，常にJILAの情報に目を向けることは難しいということを認識しました。そこで，本フォーラムの目的の1つである執行部による決定事項の伝達をより重視しなければならないと気づかされるとともに，JILA全体の情報伝達の方法について検討するよい契機となりました。

2　率直な意見が出される場の設定

　また，部会による活動実績の違いについても悩まされました。JILAには10の部会があり，各会員の所属している組織の業種に応じて自動的に振り分けられます。部会によってはとても近い業種のみの会員が1つの部会として区分けされ，自らの業務に直結する議論を同一部会の会員全員と行うことができる部会もあれば，様々な業種が1つの部会となっていたり，同じ組織の中でも異なる業種を含んでいることから1つの部会の中で共通の問題意識を持つことが難しいという部会もありました。

　また，多くの場合が，後者のような課題を抱える部会において，思うような活動ができない，懇親会を企画しても会員が集まらないという問題に直面し，当該部会に所属する会員がJILAの活動を自分のこととして認識できず，JILAの活動に参加できないという問題につながっていました。

　本フォーラムの事務局としては，かかる部会において積極的に意見を出してもらいたいと考えていましたが，当該部会の代表者にとっては，本フォーラムのために部会に所属する会員の意見を集約すること自体が困難であり，積極的に意見を出すことなど容易ではありませんでした。このジレンマを根本的に解決する手立てはありませんでしたが，本フォーラムの事務局としては，部会代表者に対してフォーラムの際だけでなく，継続的に連絡をとってJILAの活動の中で何らかの関係性を探してもらうことや，本フォーラムの後に開催された懇親会で他の部会代表者との意見交換をしてもらうなど，少なくとも本フォーラム内の人間関係を構築することにより，本フォーラムにおいてはどんな発言も許される安全な場であるという認識を持てるような雰囲気の醸成を心がけました。

3　大きな会議体の運営

　加えて，個人的には，このような大きな会議体を運営すること自体が大変な苦労でした。当時は，私自身，自らが所属する組織においても大きな会議体を主催するような経験がなく，また，JILAにおいても理事に就任したばかりでやっと数回理事会に参加したというような経験しかありませんでした。その中で，JILAの理事や各委員会，事務機構に加え，部会の代表者というJILAにお

いても所属される組織においてもマネジメント経験が豊富な皆さまを迎えて，私が議論のリードなどできるのかという不安を抱えていました。実際，本フォーラムの準備の際は，私から執行部に対して議題や資料の提供を求め，議案を設定しなければならず，執行部への的を射ない質問を重ねており，不安は増すばかりでした。

　しかしながら，本フォーラムが始まってしまえば，私の小さな不安など全く不要でした。進行役こそ私を含めた事務局にて行いましたが，議案については執行部から説明がなされ，部会代表者からの質問や意見にも執行部からの回答がなされるなど，それぞれの経験から闊達な議論が繰り広げられました。

　特に印象的だったのは，業種による組織の考え方の違いでした。金融系の業種の集まる第2部会からはJILAにおけるコンティンジェンシープランといった危機対応についての質問がなされたり，通信メディアといった業種の集まる第3部会からは組織におけるコミュニケーションの構築方法の提案があったりと，これまでの私の経験からは想像もしていなかった議論が展開されました。

　今になってみると，本フォーラムの運営は，JILA組織のためのみならず，私個人としても組織運営についての検討や会議運営の方法などを真剣に議論する貴重な経験の機会となりました。

■部会フォーラムの成果

　2016年当時，JILAは会員数の急増により組織や事務機構などが大きく変化する過渡期にありました。かかる時期に，総会や理事会などの正式な機関ではなく，JILA執行部と各部会代表者とが率直に意見を交換できる，より柔軟な議論の場が設定できたことは，JILAの機関設計や情報伝達の方法などのJILA組織のガバナンス強化に大きく貢献しました。その後，各部会の代表者が理事として選任されることとなり，本フォーラム自体はその機能を理事会に吸収されることで，発展的に解消されました。

　これに加え，本フォーラムは，各委員会や各部会の活動を一度にお聞きできたことも大きな成果でした。これまで，各部会でのみ議論されていたことを，他の業種のメンバーが集う他の部会と共同で行って，それぞれの視点を共有することや，部会と研究会や委員会とが連携し経済界や業界団体に対しJILAと

しての提言を行うことなど，JILAのあらゆる活動をつなぐ場として本フォーラムが活用され，JILAの組織強化の一助となったのではないかと感じております。

事務局のお手伝いをさせていただいて

伊藤　　淳

■事務局に入るまで

　私が弁護士登録をしたのは新60期であり，新司法試験制度の第1期生になることもあって，法科大学院に在籍していたころから，これからは弁護士も新たな分野への進出が必要になるのではないかと考えていました。当時，私は福岡市に住んでいたのですが，九州地区で企業内弁護士はわずかしか存在していませんでした。そこで，自分が企業内弁護士になろうと考えて，司法試験の合格発表直後に株式会社福岡銀行の代表電話に電話をかけてみることにしました。

　結果として，同社に採用していただき，企業内弁護士になることができましたが，周囲には企業内弁護士はまだまだ少なく，企業内弁護士の情報というものがほとんどありませんでした。そこで，修習生時代から日本組織内弁護士協会（JILA）という組織があるのは知っていたので，2008年に企業内弁護士としてのキャリアをスタートした直後の2月にJILAに入会させていただきました。九州では企業内弁護士が少ないこともあって，2008年11月からは，日弁連の組織内弁護士促進PTのメンバーにさせていただき，全国の高裁所在地で開催された，組織内弁護士の活用に関するシンポジウムに参加する中で，JILAで活躍されている多くの企業内弁護士の先輩方と知り合うことができました。

　その後，2010年に福岡銀行から福岡財務支局に転職して，公務員弁護士としてのキャリアが始まりました。そのころ梅田事務総長から，JILAの事務局として一緒にやらないかと声をかけていただき，2011年から事務局総務グループとしてJILA事務局のお手伝いを始めることになりました。

■総務グループの役割

　私は，JILA事務局として2012年4月から2020年3月まで総務グループの事務次長をさせていただきました。総務グループの主な役割は，会員総会・理事会・事務総局などの各種会議の運営，会員名簿の更新管理，年に2回の統計資料作成，年に1回の企業内弁護士アンケート，新規入会者の審査などです。

　私がJILA総務グループとしてお手伝いを始めたころに，事務局の各種事務をしてくださっていたのは，プロアクト法律事務所でした。新規入会者からの申込みの取りまとめや会員名簿の更新作業などを対応いただいていましたが，法律事務所の本業の合間にやっていただいていたものですし，また，入会審査基準や会員からの様々な問合わせへの回答を個別に検討することも多く，いろいろとご迷惑をおかけしていました。

　その後，会員数の増加に伴い，各種事務のマニュアル化と正式な外部委託を検討して，2013年からはレクシスネクシス・ジャパン株式会社にJILAの事務局業務の委託を開始しました。レクシスネクシスには2016年まで委託をしていたのですが，委託を開始した2013年5月の会員数は600名だったのに対して，2016年3月の会員数は1,200名と2倍になっており，2014年に導入した会費制と相まって，ちょうどJILAという組織が拡大し，組織化していた時期と言えるのではないかと思います。このころは，毎月，非常に多くの入会の申込みがあったことや，会員数の増加によって，それまで想像もしていなかったような多様な問合わせがあったことを記憶しています。

　その後，2016年からは学会支援機構に委託先を変更しました。当初は個別にいろいろと工夫しながらやっていた各種事務も，このころには，だいぶマニュアル化できていましたし，会員からの問合わせ対応も，ある程度パターン化ができていましたので，レクシスネクシスからの引継ぎは比較的スムーズに行うことができたのではないかと思います。その後も学会支援機構様にはさまざまな対応をしていただいており，もしかしたら，ほとんどの会員の皆さまは詳しくは認識されていないのかもしれませんが，しっかりとJILAを支えてくださっています。

■総務グループで大変だったこと

　総務グループの各種作業で大変だったことはいろいろありますが，一番大変だったのは新規入会申込者の審査でした。会員の増加が急激であった時期には，年間約200名以上の入会申込みがありましたし，多いときには1か月で50名以上の入会申込みがありました。JILAの会員資格は，①常勤またはこれに準ずる組織内弁護士（正会員），②過去に正会員となりうる条件を満たしていたことのある弁護士（準会員），③弁護士法8条に基づく弁護士登録をしていないものの，弁護士法に基づき弁護士となる資格を有し，かつ，弁護士法7条の欠格事由に該当しない者で，組織において職員もしくは使用人となり，または取締役，理事その他の役員となっている者のうち，常勤要件を満たす者（非登録会員）となっているのですが，この要件充足性は判断が非常に難しいものでした。入会申込みをしてくださった方に，入会の要件を充たしているのかどうか，詳しい資料を出していただくのもなかなか難しく，性善説でヒアリングによる審査を進めてきましたが，会員資格に迷うような申込みについて，理事の皆さまといろいろと議論をさせていただきました。

　次に会員総会の委任状集めも大変でした。会員の皆さまには総会直前に何度もリマインドメールを送付してしまい，不愉快な思いもさせてしまったのではないかと思います。委任状をお願いするにあたって，単純に「賛成」や「一任」の委任状を送ってほしいというのも無責任ですし，会員の皆さまも忙しいので，一見してわかるような資料を作成するように努めていました。おかげさまで，定足数確保が当日なんてこともありましたが，何とか総会を成立させることができました。

　また，年に2回の統計資料作成は作業としては手間がかかるものでしたが，非常に面白いものでした。毎年6月末と12月末の2回，日弁連から全弁護士の名簿を受領してJILAで加工するのですが，6月基準の統計資料は毎年発行される日弁連白書にも掲載されますし，統計資料を公開すると，様々な研究や報道で引用されることとなります。何より毎回作成するたびに企業内弁護士の仲間が増えていくことが実感できるのは楽しいですし，今まで1人もいなかった単位会で企業内弁護士が誕生したことを知ったときは，非常に嬉しくなるものでした。

　さらに，研究や報道で引用されているものとして，年に１回の企業内弁護士アンケートというものもあります。アンケートでは，弁護士会費は誰が負担しているかという問いを設定させていただいており，開始当初からずっと，会社負担が８割を超えているという結果が出ています。そしてその結果を見たJILA会員から，「あのアンケートの結果をもって会社と交渉して，弁護士会費を会社負担にしてもらった」という声を伺ったときは，アンケートを実施していて本当によかったなぁと感じました。

■事務局以外での活動

　その他にも，JILAの活動で記憶に残っていることとして，初期に九州支部長を務めさせていただいたのですが，その後も九州支部の活動に深く関わらせていただいていることがあります。私は2013年に福岡財務支局から金融庁に転職して東京に移りましたが，私の後に九州支部長を務めていただいたTOTOの山下さんや現在の支部長である笠置さん，JILAの賛助団体となってくださっている大野先生など，多くの方々とともに九州支部としての活動をさせていただきました。

　さらに同じ地方支部ということで，関西支部や東海支部にも何度となく訪問させていただき，地方における企業内弁護士の置かれている状況の共有に加えて，様々な意見交換やその後の懇親会など，本当にお世話になりました。地方では東京に比べて，まだまだ企業内弁護士は少数ということもあり，現地の弁護士会と意見交換をすることだけでも大きな意味があると考えまして，2015年５月には当時の室伏理事長たちと一緒に，沖縄弁護士会に訪問させていただいたこともありました（この企画ではいろいろとご意見があったと伺っていますが，JILAの経費を使ったものでもないですし，現地の弁護士会の執行部に加えて，現役の企業内弁護士の方とも交流を図ったもので，企業内弁護士という存在を知らしめたという意義はあったと考えています）。

　また，2016年から勤務しているLINE株式会社においては企業内弁護士が多く在籍しており，JILAにも数多くの会員がいます。そこで，2017年にはLINEのオーディトリアムを会場とした忘年会を開催し，会員の皆さまに喜んでいただいたことも良い思い出の１つです。

　私は2020年3月をもってJILAの理事および総務グループの事務次長を退任させていただきましたが，今後も部会や支部など，様々な面からJILAの活動のお手伝いをさせていただければと考えています。

賛助団体制度導入の意義と運用面の苦労

國松　崇

■はじめに

　私は元賛助団体グループリーダーの國松（元TBS）と申します。現在は企画グループのリーダーを拝命していますが，もともと事務総局に入ったのは，NHKのインハウスとしてすでにご活躍されていた事務総長の梅田先生にお声がけいただき，企画グループの末席に加えていただいたことがきっかけでした。

　今回は，会費収入と並び，現在JILAの大きな財産基盤となっている賛助団体制度について，その立ち上げに携わった経験から，立ち上げ時の経緯や当時の苦労などを中心に，皆さまにご紹介したいと思います。

■賛助団体制度導入の経緯

　賛助団体制度が始まったのは2015年9月からですが，その当時JILAの状況といえば，会員数はついに1,000人を超え，なおも全国規模で会員数が急増している最中でした。また，様々な議論を経た上で，この前年から年会費が導入されたところでした。このような状況に伴って，JILAには2つの課題に向き合うことが求められていました。

　1つは，年会費を払ってJILAに参加してくれているすべての会員に，JILAのサービスや有益な情報をきちんと行き渡らせること。とりわけ東京や大阪での研修・セミナーに気軽に参加できない地方会員や，子育てや介護などご家庭の事情を抱える会員などが，他の会員と同じように，気軽に研修やセミナーが受けられるような環境づくりを整えることが必要でした。例えば，セミナーや研修映像のWEB配信ができれば，こうしたニーズに応えることができるのではないか，ホームページを刷新し，更新速度を速めて有益な情報を素早く届け

るなどの工夫があってもよいのではないか，といったアイディアが，企画グループを中心に盛んに話し合われました。

　そしてもう1つが，一部の会員がボランティアで組成・運営に協力してきた事務総局のリソースが不足してきたという課題です。さすがに1,000人を超える規模となると，本業を別に抱える少数のボランティア人員だけでは，事務総局の仕事を回せなくなってきたのです。特に総務グループはどんどん増える会員情報の更新はもちろん，各種問合せへの対応や会費の徴収業務など，既存のリソースでは到底追いつかないギリギリの体制が長く続いていました。これら事務総局の仕事の一部を，いよいよ本格的に外部事業者にアウトソーシングする必要性に迫られていたのです。

　今思い返せば，これらの課題に向き合うことは，これまで，ある意味では気の合う仲間同士が集まり，ボランティアで運営を続けてきた状態を脱し，JILAが確固たる業界団体・組織として進化を遂げていくためにも，必要なプロセスだったようにも思います。

　というわけで，事務総局では当時のメンバーを中心にさまざまな施策の検討を重ねていましたが，やはり何をするにしても「先立つもの」が不足していること，つまり，費用の面で乗り越えられない壁にぶつかることが多々ありました。年会費制度が導入されたとはいえ，年会費は1人5,000円であり，また残念ながら当時は未納者が一定数存在したことなども手伝い，これらを賄うだけの予算を安定的に確保するのは，まだ厳しい状態が続いていました。

　そこで，これらの課題を解決する道筋をつけるため，海外の同様の組織などを参考に，当時の室伏理事長が推し進めたのが，スポンサーシップ制度，つまり，現在の賛助団体制度だったのです。こうして，事務総局のメンバーからスポンサーシップ制度の実現に向けたプロジェクトチームが編成されることになり，私もそこに名前を連ねることになりました。このプロジェクトチームが，現在の賛助団体グループの前身となりました。

■賛助団体制度の立ち上げ（スポンサー探しと営業の日々！）

　プロジェクトチームが作られてからは，かなり早いペースで議論は進み，スポンサーを「賛助団体」と呼ぶこと，プラチナ，ゴールド，シルバーというカ

テゴリーを設けること，スポンサーとの間の約束事などがサクサクと決まっていきました。もうそこからは，怒涛の営業開始です。

　理事長はもちろんのこと，他の理事の皆さんにも大いに協力していただき，①JILAに理解を示していただけそうな法律事務所や会社などをピックアップ，②メールや電話などで接触し，制度の説明やアポ取りにつなげる，③興味を示してくれたところに資料を持って足を運び勧誘する，④ここぞというときは，理事長をはじめJILA役員のスケジュールも確保して同行してもらう，⑤アフターケアで事後の問合せなどに対応する，といった作業です。

　こうした一連の「ザ・営業活動」を，会社の業務の合間にどうにか時間をやり繰りして，プロジェクトのメンバーで手分けして実施しました。このころは，各メンバー間で情報共有のメールが飛び交っており，ほんの数分席を空けるだけで，返信が必要なメールが何十件も溜まっているというような状況が何日も続きました。本業とのやり繰りもありましたし，何より，失敗が許されない営業が連日続くような状況でしたので，記憶・印象だけでいえば，この時期がJILAの仕事の中で1番きつかったように思います。もしかすると，会社のスタートアップの時の状況と似ているかも知れませんね。

　とにもかくにも，こうした地道な営業活動を経て，ようやくいくつかの法律事務所が手を挙げてくださり，正式に賛助団体制度が開始されたのです（忘れもしませんが，最初にスポンサーになっていただけたのは，TMI総合法律事務所様でした！）。

　室伏理事長の一声からプロジェクトがスタートし，賛助団体制度が始まるまでの数か月間，プロジェクトメンバーは文字通り走りっぱなしでしたし，おそらく，会社の営業がいかに大変かということを知るよい機会になったのではないかと思っています（笑）。

■賛助団体グループの誕生から現在の賛助団体制度に至るまで

　賛助団体制度が開始してから，企画グループを中心としたプロジェクトチームは晴れて解散となり，その後，企画グループから賛助団体グループが独立するという形で事務総局の組織が再編されました。こうして誕生したのが，今日の賛助団体グループというわけです。私は，おそれ多くも初代賛助団体グルー

プのリーダーを拝命し，引き続き賛助団体制度の運営に携わることになりました。

　そのような中，次に賛助団体グループを悩ませた問題が，特に年ごとの更新時期に実施していた挨拶回りなどで受ける「賛助団体を続けるメリットはどこにあるのか」という質問への対応です。

　賛助団体制度の趣旨・目的は，JILAの理念に共鳴，賛同していただいたスポンサーに，その活動についてご支援いただくというものであり，その見返りとして何らかのサービスを提供するようなことは予定されていません。また，税制上，スポンサーからの賛助金を営業収入と誤解されないためにも，きちんと切り分けて取り扱う必要がありました。したがって，賛助団体との意見交換の場でも，JILAとしては，支援の見返りとして具体的な経済的メリットをお約束することはできない，というスタンスを堅持しなければなりませんでした。

　その結果，メリットを感じない，として賛助団体のカテゴリーを落としたり，そもそも更新しない，という賛助団体も出てきました。これは大変悩ましかったですね。もちろん，上記のスタンスは維持しなければならないのですが，決して安くはない賛助金を快く出してくださる賛助団体に対して，せめて，何か1つでもメリットを感じてもらえる施策が打てないだろうかと，いろいろと検討を重ねたものです。

　例えば，今日では，情報交換メーリングリスト「mlcom@JILA.jp」を通じて，賛助団体からも様々な情報が皆さまに届けられていると思いますが，これも，現在の賛助団体グループが中心となって各所と調整を重ねてようやく実現したものの1つです。

　このような各メンバーの地道な努力と調整の結果が，プラチナスポンサー6団体，ゴールドスポンサー1団体，シルバースポンサーに至っては47団体もの賛助団体から支援を受けるJILAの今日につながっています。

■結びに

　JILAの会員数は現在も順調に増加し続けており，JILA自身のプレゼンスも大いに向上しました。JILAとして，会員の皆さまに対し，これまで以上に手厚いサポート体制を構築していかなければなりません。また，それだけではな

くJILAが社会から期待される役割にも，きちんと応えていく姿勢が求められています。賛助団体制度は，こうしたJILAの役割を果たしていく上で，今や欠かすことのできない重要な財産的基盤となっています。

　何もないところからスタートしたこの制度が今後さらに成熟し，それに伴って，JILAの活動がもっと大きく広がっていくことを，立ち上げに関わった1人のメンバーとして，心から期待しています。

JILAが国際会議（LAWASIA東京大会）企画初参加で得た成功とその意義

戸田　真理子

■インハウス弁護士になったきっかけと，JILAに入ったきっかけ

　私は，もともと，全く法律に関心をもたず，大学では心理学を専攻していました。大学卒業後は，総合電機会社に就職し，本社人事部で，人事制度の構築・運用や，労務対応等の業務に従事していました。入社後，大学院に通学するなど，若手社員教育の一環として労働法関連の各種法令を学ぶ充実した機会をいただきましたが，それが弁護士になろうと思ったきっかけではありません。

　私のキャリアを大きく変えたのは，入社数年後に生じた大きな不祥事，バブル崩壊後の業績悪化，ガバナンスの動揺等を経て，第三者に同社が吸収され子会社化されるに至る過程での経験です。当時，結果として，グループ全体で10万人近く，単体で数万人に上る雇用の維持は困難となり，下請先や取引先の事業にも大きな影響を与えました。人員整理等の人事施策が実行される中，従業員とその向こうにいる家族の方々の顔が思い浮かび，どうしてこんなことになったのだろう，と苦悩しました。企業の存続目的については多様な考え方がありますが，その当時の経験から，私自身は，企業の存続は，従業員やその企業に支えられて生活している人々の人生を守るために必須なのだと考えるに至り，そういった従業員等の人生を守ることができる仕事がしたいと思うようになったのです。

　企業の存続といっても，様々な仕事のシナジーによって実現されるものです

から，仕事の選択肢も同様に様々にあります。しかし，当時の私は，同社を吸収した企業にインハウス弁護士がおり，彼らが内部から会社を守っているのではないかと推察したこと，また，欧米の大企業にはおよそインハウス弁護士が存在していることを知り，いつの日か日本企業にもインハウス弁護士が増える時代が来るのではないか，と考え，「この仕事だ」と思いました。

　そこで，一念発起，退職してロースクールに入学して弁護士を目指しました。司法試験に合格したら，企業に就職し，インハウス弁護士になろうと強く思っていたため，弁護士資格取得後は，迷わず企業に就職しました。幸運にも入社した企業には，日本でトップクラスの数のインハウス弁護士がおり，先輩から日本組織内弁護士協会（以下「JILA」といいます）への入会を促していただきました。JILAで実施される研修や勉強会を通じてのスキルアップの機会の充実，同業他社のインハウス弁護士との情報交換の機会など，JILAの活動の意義は私には明白だったので，すぐに入会を決め，今日まで所属しています。

■LAWASIAにJILAが参加することになった経緯

　LAWASIA東京大会は2017年9月18日から21日までの4日間開催され，日本弁護士連合会（以下「日弁連」といいます）と東京3弁護士会が協力して開催および準備にあたりました。同大会では，合計32のセッションがスケジュールとして組まれ，内容は，人権，家事，刑事，公益，ビジネス法（8分野）と多岐に渡り企画された中，企業法務のセッション実施についても企画されました。

　日弁連は，この企業法務セッションについて，JILAおよび経営法友会に協力要請の声かけを行いました。JILAはこれに応じ，日弁連の東京大会プログラム委員会に，当時JILAの広報渉外委員会の委員長であった榊原美紀さん（現JILA理事長）と同委員会委員であった高畑正子さん（現JILA副理事長）が参加されることになりました。そして，JILAと経営法友会との共催という形で企業法務の2セッションが組まれることとなり，企業法務部会が立ち上げられました。

　私は，広報渉外委員ではありませんでしたが，国際仲裁の勉強会で高畑さんにお目にかかり，種々ご教示をいただいていたご縁で，企業法務部会のJILA側の事務局メンバーに入らせていただきました。私も，同プログラム委員会に

二度出席をさせていただきましたが，その際，JILAの出席者と，日弁連および経営法友会とでセッション内容について活発な意見交換会が行われていたことを覚えています。

■企業法務セッションの準備から当日までの様子と，JILAが国際会議で1つの企画をやり遂げた意義

　企業法務セッションの企画は，経営法友会と協議しつつJILA主導で進められ，セッションのテーマは，①通信秘密保護制度〜弁護士との相談内容は秘密か？　②アジア太平洋地域における企業内弁護士の現在と未来，になりました。日弁連のスケジュールに沿って，2016年12月には，同テーマとパネリストの大枠が決定していました。高畑さんは，パネリストを引き受けられるとともに他のパネリストを集める役割も担当されることとなりましたが，パネリストの調整は，選定時から大変苦労されていました。パネリスト選定に関するLAWASIA本部基準に沿って，地域とジェンダー等を考慮し，The Japan In-House Counsel NetworkやInternational Bar Associationを通じての知人何人かにお声がけされ，ようやく2017年4月にパネリストが内定しました。一方，JILAはモデレーターを引き受けたものの，その人選はなかなか進まず，決定は2017年6月まで難航しました。

　東京大会まで残り3か月という限られた期間で，パネリストの方々は，当日までメールや電話などで活発な議論を行い，セッション直前までスピーカーズルームで議論されていらしたそうです。ただ，残念ながら，その議論の一部しか，当日のセッションの時間的制約においては話すことができなかったそうです。とはいえ，いずれのセッションも最後まで意義深い議論が展開され，日本だけでなく他国の参加者からも良い反応をいただけました。

　特に上記②のテーマについては，ちょうど，アジアパシフィック地域でインハウス弁護士の人口が揃って増加傾向にあったことから，これを共通の問題として取り上げつつ比較し，さらにインハウス弁護士の今後の方向性についても各国の視座から議論が広がり，最後までエキサイティングな対話の流れに引き込まれ，あっという間にセッションが終わったように思われました。

　このように，JILAとして国際会議の企画の1つを初めてやり遂げたことは，

JILA組織がそれまでの日本国内の限定的な活動を，国際的な活動に広げてい
く契機となりました。同企画の成功を通じて，インハウス弁護士がクロスボー
ダー取引を扱うことも少なくなく，英語を使用する機会も多いこと，また，各
国の司法制度，法令その他の知識の習得に関するニーズも関心も高いことが改
めてわかったからです。

　JILAはその後国際委員会を立ち上げるに至り，同委員会は，国際会議に
JILA所属弁護士を出していく窓口機能，国際的に活躍できるインハウス弁護
士の育成等に力を入れています。日弁連にもJILAの国際的な活動が伝わって
いるのではないか，と私自身は期待しています。今日のJILAの国際的な活動
のフレームワークは，LAWASIA東京大会での企画参加とその成功によって作
られたといっても過言ではないでしょう。

■若手参加費補助施策の実施とその意義

　LAWASIA東京大会で，JILAがもう１つやり遂げたことがあります。弁護
士登録10年以下の若手インハウス弁護士への参加費補助の実施です。私は，こ
の参加費補助実施実務の主担当でした。

　LAWASIAの参加登録費は早期割引適用でも10万円でした。日弁連は，若手
弁護士の大会参加を促すべく，いくつかの応募条件を付して５万円の補助支給
を実施しました。若手弁護士の参加登録費は半額となるので，ありがたい施策
です。しかし，５万円の自己負担は，若手インハウス弁護士には依然大きく，
一方で，前述のとおり，インハウス弁護士も，企業活動のグローバル化ととも
に各国法令の理解や各国の特色を踏まえた交渉・コミュニケーション能力の習
得が必要であり，しかも，できるだけ感受性が豊かなうちに，その実経験を積
むことが大切です。

　この点，LAWASIAは，実務面と学術面の割合の均衡および取り扱うテーマ
の多様性等の観点から，若手インハウス弁護士にとっては他で得られがたい経
験ができる場といえました。そこで，JILAとして，若手インハウス弁護士に
対して，日弁連の補助に加えて，１人当たり５万円の参加費補助を実施するこ
とで，彼らが自己負担０円で同大会に参加できるようにしました。

　応募条件としては，３つ以上のセッション参加（JILAが開催した前記①②

セッションへの参加努力も要請）とレポート提出等を付しました。早期割引適用まで残り約 1 か月半という短期間での募集でありましたが，あっという間に予算に達し，合計約20名への参加費補助支給が実現できました。

　さらに，若手参加費補助を利用した参加者の実際の声を聴き，同施策の意義や改善点等を見出すため，同大会終了後に参加者を集めての報告会を開催しました。報告会では，参加者一様に，大会参加がいかに新鮮かつ深い学びの体験だったか，個々の視点で生き生きとお話しされていました。また，各国の司法制度や法令への関心が一層高まったことなどから，今後の国際会議においても同様の補助を期待する声が多く上がりました。

　もっとも，私にとって一番印象深かったのは，国際会議の参加について，所属企業等から業務との関連性を認めてもらえず，有給休暇を取得しなければならなかったという話でした。その点が心理的な足枷ともなって，参加費補助を受けられるにもかかわらず，大会参加を断念した方もおられたそうです。今後，国際委員会の活動の 1 つとして，各企業等に国際会議への参加によって得られる知見が業務に関連し有用であることについて理解を求めていく，といった働きかけを行っていくことも，必要であるかもしれません。

　同大会での参加費補助施策は，その後，JILAにおいて，国際会議への継続的な若手補助事業の実施へと発展しました。JILAの国際的な活動をさらにしっかりとした潮流にすべく，私も，一層，同活動に参加していきたいと考えています。

公務員弁護士のはじまり

幸村　俊哉

■インハウスになったきっかけ

　1998年秋ごろ，弁護士会の委員会の業務が終わった後に，ふらりと第二東京弁護士会（以下「二弁」といいます）の役員室に立ち寄りました。すると，当時，同じ会派の廣瀬哲夫副会長が缶ビールを片手に「ちょっと面白い話があるので，どう？」と私に冷えた缶ビールを渡してくれました。「なんでしょう

か？」と聞きますと「今度，役所から推薦依頼が来ていて，東京の弁護士から2名を募集しているんだよ。」とのことでした。私は何の話をされているか見当もつかず立っていると，「やってみない？」と言って缶のプルタブを引き，乾杯をするようなしぐさで私に公務員への道を投げかけました。

　これが私のインハウスになるきっかけです。当時，大蔵省が金融と財政に分離されました。そこで，金融部門の金融監督庁の上部組織として急遽，金融再生委員会という組織が設立されました。その事務局には各省庁や日銀や各士業から人材が集められ，私も弁護士会からの推薦で課長補佐となりました。なお，結局，弁護士からなったのは私1人でしたが，上司には元裁判官の方が2人いて大変お世話になりました。

　もう20年以上も前の出来事なので，多少おぼろげですが，こんな感じで私はインハウスになりました。当時は，役所は公権力であり，弁護士自治を堅持し公権力に対する最後の砦としての役割を担っている弁護士会とはいわば敵味方のような関係でした。そんな敵の中に弁護士が入っていくということは到底考えられない時代でした。当然，これまでこのような推薦はなかったようで，私がどのような身分で行くのか，給与はいくらとするのかなど大いに揉め，当時，やはり同じ会派の高木佳子先生（後の二弁会長）が日弁連事務次長をされていたので，役所での私の上司となる方といろいろ協議をしていただきました。検事の立場でどうかというアイディアもあったようですが，定員の問題もあったようで，最終的には国家公務員採用Ⅰ種職（現在の総合職）と同じ立場でということになりました。給与については，当時住宅ローンを抱えていたので，少し赤字となりましたが，ありがたいことに大分配慮していただきました。

　給与の問題とは別に大きな問題がもう1つありました。当時は弁護士法で弁護士資格を保持したまま公務員になることはできませんでしたので，ここで一旦弁護士を辞めるという決断が必要でした。弁護士を辞めると実質的なキャリアの中断のほかに，形式的には弁護士の登録番号がリセットされてしまうという問題がありました。再度弁護士登録する際には新しい弁護士バッジの購入とともに，そこに印字されるのは新しい番号となるのです。2年後に戻ってくるときには5000番くらい若くなってしまいます。私はバッジと番号を預かってもらうのではダメなのか粘りましたが，「最高裁判所の裁判官になる先生もそう

しているのだから」と断られました。

　私のこの経験がきっかけになったかどうか明確には知りませんが，その後任期付き公務員の制度ができて本当によかったと思います。実際，弁護士に戻って担当した調停か和解の席で相手方の年配の先生から「先生も弁護士何年かやればわかると思うけど。云々。」と言われたことがありましたので，バッジの色と番号はやはり意味があるのだと苦笑いした記憶があります。

■JILAに入ったきっかけ

　2000年12月末をもって，金融再生委員会事務局を退任し，元の事務所に戻りました。また新たに弁護士業務を再開していたところ，仕事の関係で知り合った梅田康宏弁護士から「インハウスローヤーズネットワーク」の存在を教えていただきました。梅田弁護士は雑誌の温泉特集などにも出ていた変わった弁護士だったので，おそらく彼が立ち上げた「インハウスローヤーズネットワーク」も面白いものに違いないと思いました。

　また，私は実質，公務員弁護士の第1号の責務として，後進に公務員弁護士（OB・OGを含む）のネットワークを作りたいと思っていました。弁護士である自分が公務員になるにあたって情報が全くなく困りましたし，公務員弁護士をやってせっかく得た知識・経験をこれから公務員になろうとする弁護士に提供したいと思っていました。そこで，梅田弁護士からの，このネットワーク構想はちょうどよいアイディアだと思い，インハウスローヤーズネットワークに参加させていただくこととしました。

　正直，入ってからの数年間はどのような活動をしたか覚えていません。ただ，鮮明に覚えているのは，「インハウスローヤーズネットワーク」から「日本組織内弁護士協会」に組織変更する際のことです。「JILA」を「ジャイラ」と読むことに，なんか怪獣の名前のようだとなんともいえない違和感を感じましたが，ロゴ作りはさすがにセンスがあるなと感心しました。いくつかの案が出され，その中から選んだと記憶していますが，今でも優れたロゴだと思っています。

　また，つながりを意味する「ネットワーク」から組織を意味する「協会」となることにも大きな変化の期待を持ちました。そのころは設立当初より人数も増えてきていたのだと思いますが，やはり活動の主体となることは質的な変化

をもたらすと思われましたし，実際にその後そうなっていきました。

■弁護士会とJILAとの橋渡し

　平成25（2013）年度の二弁の副会長となりました。それまで二弁や日弁連の各委員会をまさに多重会務者として行ってきましたが，副会長という執行部の役割を担ったことは，弁護士会の仕組みそのものを理解するのに大変役に立ちました。二弁では，会長1名，副会長6名で執行部を組織します。原則，毎週1回，理事者会を開き，日常的なある程度重要な事項を決めていきます。

　二弁にはその他に40名の常議員会というものがあり，そこで執行部だけでは決められない重要事項を原則，月に1回の定例会議で決めていきます。そのほかに会員の権利義務などに関係するさらに重要な事項は原則，年に1回（通常，このほかにも臨時総会があります）の会員総会で決めていきます。

　JILAには前記のとおり設立当初に近いころから関与してきました。その間，会員の人数がどんどん増えていき，組織運営の難しさも目の当たりにしてきました。人数の拡大を背景に，それぞれの時代の執行部が，それぞれの時代に沸き起こる悩みの種をどう扱っていけばいいのか悩んでいました。私の記憶している大きな悩みの種というか，大きな変化は3つあります。

　1つは前述のネットワークから組織への転換です。もう1つは仲良し組織から社会的存在への脱皮です。JILAの綱領を作ったときの夜の会議室での様子を今でも覚えています。最後の1つは執行部の大幅交代です。まさに現在の執行部に交代したときです。その時，どのようにJILAを組織的に運営していくのか議論をしていました。時点にもよりますが，JILAの理事の人数は二弁の常議員に近いくらいの規模です。これでは日常的な運営について，幅広く，深く，スピーディーに議論・結論を出すことは無理です。構成メンバーはJILAも弁護士会も同じく弁護士。議論を始めたらなかなか止まりません。JILAの運営も弁護士会の運営方法を参考にする必要があると思いました。正副理事長会による機動的な執行部の組成です。理事は常議員のように会員の意見を執行部に反映させ，会員は総会で基本的事項を決定するのがよいと考えました。

　2020年3月にはJILAと二弁との間で連携協定書を締結することができました。これは主にJILAの榊原美紀理事長と当時の八杖友一二弁副会長の修習で

の人的関係が強く功を奏した賜物ですが，私自身以前から協定を締結すること
を願っておりましたし，多少の助力はしましたので，調印式は非常に嬉しい記
念となりました。二弁ではこれまでソウル弁護士会や台北律師公會などと協定
書を締結し，毎年の交流会を継続しています。やはり書面を締結するだけでな
く，継続的に交流や連携の活動をする努力が団体間の連携には必要です。

　現在，二弁との間では共同セミナーなどが企画されていますが，これからも
絶え間なく連携を継続する努力が必要です。また，二弁だけでなく，他の弁護
士会などや他の士業団体のインハウスの組織や海外のインハウス組織などとも
連携をすることが必要と思います。ただ，その場合にも同様に，協定書を締結
して終わりではなく，連携を継続することが必要です。それができる先と連携
をするようにすべきです。

　常々思っておりますが，組織の発展のためには，求心力（組織の結束）と遠
心力（アウトリーチ）が必要です。私はこれからも弁護士会での知識・経験・
人脈などをJILAの運営に活かし，JILAという組織がまとまり，弁護士会やそ
の他の団体との橋渡しをできるよう頑張っていきたいと思います。

４．第４期・成熟期（2018年〜現在）
〜積極的情報発信・政策関与・社会貢献への軸足のシフト〜

年	月	事　項
2018	9	会員数が1,500名に到達
	11	書籍『公務員弁護士のすべて』（第一法規）を出版（2016年３月にレクシスネクシス・ジャパンから出版，版元変更のうえ再出版）
2019	1	会員数が1,600名に到達
	2	「LGBTカップルの婚姻の権利に関する理事長声明」を発表し，米国商工会議所と連携して日本外国特派員協会にて記者会見を実施
	3	「独占禁止法の審査手続に関する意見」を表明
	7	書籍『Q&Aでわかる業種別法務　不動産』（中央経済社）を出版
		書籍『Q&Aでわかる業種別法務　銀行』（中央経済社）を出版
	11	会員数が1,700名に到達
		書籍『Q&Aでわかる業種別法務　自治体』（中央経済社）を出版
		書籍『Q&Aでわかる業種別法務　医薬品・医療機器』（中央経済社）を出版
2020	1	国際委員会を設置
		書籍『Q&Aでわかる業種別法務　証券・資産運用』（中央経済社）を出版
	2	部会代表理事制度を導入
	3	第二東京弁護士会と提携協定を締結
		書籍『Q&Aでわかる業種別法務　製造』（中央経済社）を出版
	4	組織内弁護士調査研究委員会を設置
		「組織内弁護士のリモートワークテレワークの実施状況に関するアンケート調査」を実施
		規制改革推進会議に「新型コロナウイルス完成防止を妨げる電子署名法の改正に関する提言」を提出
	5	規制改革推進会議成長戦略WGに出席し「電子署名法の改正提言」を発表
	8	「インハウスローヤーセミナー」のZoom開催を開始
	10	規制改革推進会議成長戦略WGに出席し「規制改革推進会議に対する提言書―紙という技術・手法を用いた規制・制度から技術中立性への見直し―について」を発表
		会員数が1,800名に到達
2021	6	会員数が1,900名に到達
	8	創立20周年記念論文集『組織内弁護士の実務と研究』（日本評論社）を出版
	11	書籍『日本組織内弁護士協会20年のあゆみ』（中央経済社）を出版

ダイバーシティ推進をめざして

第 4 代理事長　榊原　美紀

■インハウスになったきっかけ

　インハウスになろうと思ったのは，アメリカのロースクール留学がきっかけです。留学は2000年，当時「インハウス」という言葉も初めて聞いたくらいで，法律事務所以外で働くことなど考えたこともありませんでした。その程度の認識だった私ですが，ロースクールのアメリカ人学生たちが，卒業後の選択肢として当然のことのように「インハウス」の話をしていて驚きました。キャリアのゴールとして上場企業のジェネラル・カウンセルがよいとか，ニューヨークのトップファームのパートナーがよいとか，NPOに行きたいとか，フラットに話していたのです。日本はたいへん遅れているとショックを受け，20年くらいすれば，日本もこんな風になるのだろうかと思ったことを記憶しています。

　2003年ごろ，転職を考えた時に，アメリカで聞いた話を思い出しました。早めにインハウスになり，その道のパイオニアになるのも悪くないと考えたことを記憶しています。ただ，若かったこともあり，トライアル程度の気持ちでしかなく，上手くいかなければ法律事務所に戻ればよいと考えていました。

　キャリア形成については，少し未来志向で考えてみると，20年後にはその小さな思いが自分の未来をブルーオーシャンのように切り拓いてくれる気がします。

■JILAに入ったきっかけ

　パナソニックに入社後，当時のJILAの理事長の片岡さんから勧誘されて入会しただけで，長い間，幽霊会員でした。たまに研究会に参加することはありましたが，知り合いもおらず，孤独に感じたので続きませんでした。セミナーを提供している外部団体の 1 つ，という認識しかありませんでした。

　本格的に活動を始めたのは，2013年に，梅田さんに委員会活動に誘ってもらったことがきっかけです。当時，自分は他社のインハウス情報にとても疎かったので，委員会の懇親会の場で他人の経験談を聞いているだけで楽しかったですし，比較するものさしを持つことは重要で，その後のキャリアを考える

ベースになっていったと思います。

　毎日，会社と家の往復しかしていないインハウスも多いと思いますが，それは長い意味では，キャリア形成にとってお勧めできません。同業他社だけでなく他業種のインハウスと付き合う機会として，JILAの活動へ参加することによって，大げさかも知れませんが，違う未来が拓けると思います。

■**理事長として注力したこと**
　〜情報発信・政策提言・社会貢献へのシフト
　4年間の広報渉外委員会の委員長を経た後，2018年に理事長に就任しました。広報渉外委員会の委員長時代に，広報活動と渉外活動という2つの実務を担ったことが，その後の理事長の方針に影響しています。対内および対外の情報発信や政策提言といった活動に注力したいと考えました。

　1　JILAバージョンのコーポレートガバナンスの実現

　JILA会員の女性比率は40％もあるのに，以前の理事会は8割くらいを男性が占めていました。前理事長にも女性理事を増やして欲しいと直訴したこともありました。それゆえ，自分が理事長になる以上は，コーポレートガバナンス・コードや男女共同参画で掲げられている目標値として30％を目指すべきと思い，女性理事の比率を40％に引き上げました。当時，日弁連の会長などから「女性が多いな」と笑われたこともありました。

　それまでの理事会では，一度の理事会で1つのテーマについて時間をかけて議論し，継続審議になることが多かったです。それはそれで深い議論ができるのでよい面もありますが，弁護士会とは違って，インハウスはビジネスパーソンとして時間当たりの生産性を考えるのは得意なはずで，違和感もありました。

　女性比率の増加後，理事会に変化が表れました。女性が多くなったことで多様性が促進されるとすれば，一般論としては審議に時間がかかりそうなものですが，結果は反対でした。女性のほうが家事，育児，介護など，仕事以外に社会から期待される役割が多いためなのか，とにかく迅速にやろう，という意見が多かったです。準備をしっかりして，理事会ではサクサク意思決定しよう，という意見も増えました。そのおかげで，意思決定にかかる時間が減り，一度

の理事会で 5，6 個のアジェンダについて検討できるようになりました。

2　さらなる権限移譲と組織再編へ

　それまでの 3 委員会制を，「研修委員会」，「渉外委員会」，「国際委員会」，「組織内弁護士調査研究委員会」の 4 委員会制としました。

　政策委員会は，名前のとおり，どんな政策課題でも取り扱うオールマイティの委員会で，論客たちが集まり，インハウスに関わるすべての政策テーマを取り扱っていただいていたため，常にパンク状態でした。そのため，組織内弁護士調査研究委員会と衣替えし，ここ数年来やるべきと考えられてきた政策テーマに所管事項を絞りました。政策委員会のように，何もかも射程にしなくてよい一方で，テーマになったものは必ず実現してほしい，という思いから生まれた組織です。

3　インハウスによる，インハウスのためのルールメイキング

　これまでインハウスは，政府や弁護士会が策定した各種の指針を参考にして業務遂行してきました。しかし，インハウスは，外部法律事務所と資格のない企業法務スタッフの中間的な立場で，異なる役割を担うことも期待できる以上，インハウスだからこそ示せる指針を自らの手で策定すべきと考えました。

　それゆえ，組織内弁護士調査研究委員会では，働き方改革や多様な職域での活躍などのインハウスの働く環境の変化に伴い課題となりつつある，①兼業・副業に関する指針，②23条照会に関する指針，③不正調査・内部通報窓口に関する指針，④公務員弁護士の弁護士会会費問題についての調査研究を順次行いました。その成果は，20周年記念として公表されることになっています。

4　政策提言

　理事長として注力してきた分野で，特にダイバーシティーについては思い入れが強く，多くの政策提言を行いました。

（1）　LGBT同性婚の導入

　所信表明で「政策提言の活動としては，同姓婚支持や秘匿特権の導入に加え，

夫婦別姓についても推進していく」と掲げたとおり，同姓婚については米国商工会議所やLLAN（Lawyers for LGBT & Allies Network）といった外部団体と連携しながら，同姓婚支持の声明を公表し，日本外国特派員協会にて記者発表をしました。

（2）　秘匿特権の導入

　提言を行い，秘匿特権もどきの制度は導入されたものの，今なお課題が多く，組織内弁護士調査研究委員会にて集中的に検討が続いています。

（3）　電子署名法の改正

　2020年春ごろからのコロナ禍の影響に関して，テレワークの実施状況に関するアンケート調査を実施しましたが，おおむね企業法務においてはテレワークがなじむことも分かったため，政府に「新型コロナウイルス感染防止を妨げる電子署名法の改正に関する提言」をし，電子署名法の改正に向けた活動も行いました。

（4）　夫婦別姓制度の導入

　2021年3月，夫婦別姓の導入も提言しました。2021年中には，2015年に合憲とされた判断について，再び，2021年6月合憲の判断が下されました。極めて遺憾であるものの，4名の違憲判断含む7名からの厳しい意見が述べられました。また，1996年の法制審から15年を経て，世論も70％以上が支持するに至り，再び法改正の議論が浮上しています。

　先般，東京オリンピック・パラリンピック組織委員会会長による，「女性委員は，わきまえず，話が長い」という性差別発言や，国連女性差別撤廃委員会が女性差別撤廃条約違反として，2003年，09年，16年と日本に法改正を要請していること，それが日本国憲法14条1項の問題であること等，日本の男女不平等に国際的にも注目が集まる今，法曹界と経済界のいずれの性格も有するJILAとして，人権擁護だけでなく，日本経済の競争力強化の視点からもしっかり声を上げるべきと考えました。

（5）　最高裁判事の女性比率向上

　今年，最高裁判事の4名が定年を迎えますが，司法においてもジェンダーの平等が求められます。2021年4月，「最高裁判所の女性判事増加を求める意見」を最高裁判所長官等宛に提出しました。

　これまでのJILAの発展を俯瞰すると，もはやJILAは，皆で勉強やネットワーキングだけをやっている互助会のような組織ではなく，社会的な使命を十分担える団体に成長しつつあり，今後も経済界や広く社会一般のために積極的に政策提言を行いたいと思います。

5　他団体との連携

　他団体との連携も活発化しています。2020年3月，二弁と協定を締結しました。東京のインハウスの比率は1割を超えているものの，弁護士会の各種の制度は，いまだ法律事務所勤務を前提としたものがほとんどなので，弁護士会の施策にインハウスの視点を反映することを目指して協定を締結しました。

　また，2020年12月，韓国のインハウスの団体KICAとも協定を締結しました。グローバルな企業法務を目指すインハウスの方々に，研鑽やネットワーキングの機会をもっと提供できればと考えました。

6　未来へ

　この時期に理事長という大役を担う機会に恵まれたおかげで，インハウス業界の未来について考える習慣がついてしまいました。企業法務の弁護士採用はこのままずっと増加の一途をたどるのか。米国のようにリーガルのヘッドは資格者ばかりになるのか。それとも，資格の有無を含めた多様性がもっと重視されるのか，などです。

　JILAで多様な意見を戦わせながら明るい未来を自分たちで作っていくことができればと考えています。

４人の理事長の下で理事を務めてきて

平泉　真理

■インハウスになったきっかけ

　私のインハウスとしてのスタートは，2005年，外務省国際法局経済社会条約官室（当時）に任期付き公務員として勤務を始めたときでした。私は，その少し前の2002年から，当時所属していた大阪の法律事務所での勤務を一時休止し，NYUロースクールに留学していましたが，その際，Andreas Lowenfeld先生という，高名な教授の通商法の講義を受けました。バイやマルチで締結する国際約束や，WTOといったダイナミックな通商法の仕組みがとても面白いと思いました。ただ，米国などと異なり，日本では通商法を扱う法律事務所は少なく，私の当時の勤務先事務所にもそのような案件はありませんでした。そのため，通商法を仕事にすることはないだろうなと残念に思っていました。

　その後，2004年の秋に，帰国して元の法律事務所に戻りました。通商法のことはすっかり忘れ，日々の業務に追われていたのですが，それから数か月後の2005年２月ごろ，私の弁護士会のレターケースに，日弁連からのA４サイズ１枚のチラシを見つけました。普段は，この種のビラはごみ箱にすぐに捨てていましたが，なぜか，ふと，私の目を引いたのです。

　それは，外務省が，当時取り組んでいた経済連携協定の交渉やドラフティングに携わる弁護士を募集するというものでした。まさに，通商法に接する仕事です。その瞬間，私は，稲妻に打たれたように，その場に立ちつくしました。「これは，私のための募集案件に違いない」「私は，これに応募しなければならない」と，確信しました。

　しかし，留学から帰ったばかりで，ようやく事務所の案件をさばき始めたところなのに，今度は上京して任期付き公務員になる……。そうなると，当時の私のボスに多大な迷惑をかけるのは必須でした。悩みに悩みましたが，これはもう抗えない運命だと思い，ボスに率直に話し，許しを請いました。ボスはとてもがっかりしていましたが，それでも，快く送り出してくれました。ボスの寛大さには心から感謝しています。

■JILAに入ったきっかけ

　そうして2005年5月から外務省で勤務を開始しました。任期付き公務員と
なった私には，JILAの会員資格ができました。外務省勤務中の2006年1月に，
初めてJILAの定例会に参加しました。そのときのJILAは，まだ小さな団体で，
出席者もわずか10数名程度でした。某企業の法務部長を囲んでの，アットホー
ムな座談会でした。現在のJILAの定例会では，100名の定員がすぐに埋まりま
すので，隔世の感があります。それがきっかけで，多くの魅力的なインハウス
ロイヤーと出会いました。創設者の梅田康宏さんをはじめ，勤務先の企業を背
負って立つ精鋭たちが，企業で日々発生する生きた課題について熱く語る様子
が，とても眩しく見えました。JILAへの入会を即決しました。

　その翌年の2007年には，外資系製薬企業の企業内弁護士に転身しました。そ
の後，二度，同業界での転職をしましたが，現在に至るまで約14年間にわたり，
企業内弁護士を続けています。2006年のあの時，JILA定例会に参加していな
かったら，組織内弁護士という仕事を身近に感じることはなく，自分のキャリ
アパスとして選択するには至らなかったかもしれません。ですから，JILAは
私の恩人のような存在といえます。

■4名の理事長の下で副理事長を務めてきて

　現在まで，梅田康宏さん，片岡詳子さん，室伏康志さん，榊原美紀さんの4
代の理事長が，JILAを率いてきました。記録を紐解いてみますと，私は，
2008年から13年間にわたり，4名の理事長の下で理事を務めてきて，そのうち，
片岡さん以下の3名の理事長の下では，副理事長を務めました。本書の執筆依
頼がなければ，こうやって時間をとり，過去を振り返る機会はなかったでしょ
う。

1　梅田理事長時代：2008年から2009年にかけて（1期2年間）

　梅田さんが初代理事長を務められたこの時期，私は，理事兼関西支部長でし
た。梅田さんは，今から20年前に，たった4人のメンバーで，ゼロからJILA
を立ち上げた創設者です。JILAに対する思い入れは誰よりも強く熱く，JILA
がここまで発展したのも，創設期に，梅田さんの熱意に打たれてJILAに参加

する仲間が多かったためであると思います。当時まだ，ごく数人の会員しかいなかった関西支部にも，何度か応援に来てくださり，JILAのあるべき姿や関西支部の将来など，夢を語って盛り上がったことをよく覚えています。

　組織内弁護士の黎明期において，梅田さんの爽やかなルックスと誠実なお人柄のおかげで，組織内弁護士のイメージと知名度が大きく向上したと思います。そして，現在も，副理事長兼事務総長として，日々，JILAの膨大な事務をこなしてくださっています。本当に頭が下がります。

2　片岡理事長時代：2010年から2011年にかけて（１期２年間）

　片岡さんが２代目理事長を務められたこの時期，私は，副理事長兼関西支部長でした。片岡理事長のリーダーシップの下，JILAはさらに盤石な組織となりました。大規模な10周年記念パーティーを開催したのもこの時期です。

　片岡さんは，今ではたくさんの組織内弁護士を抱えるパナソニックに，履歴書を持ち込み，自らを売り込んで同社の組織内弁護士になったというストーリーが有名な，いわば，組織内弁護士のパイオニアです。片岡さんの，弁護士らしからぬフットワークの軽さ，フレンドリーさ，そして，誰をも一瞬で笑顔にしてしまうキラースマイルが，多くの会員を魅了しました。メディアでも片岡さんのご活躍が取り上げられるようになり，組織内弁護士のステータス向上につながりました。また，特に若手会員からの支持が厚いことも，片岡さんの人徳の証です。個人的にも，転職相談に乗っていただいりした恩人であり，本当に感謝しています。

3　室伏理事長時代：2012年〜2017年にかけて（３期６年間）

　室伏さんが３代目理事長を務められた３期６年間も，引き続き理事会メンバーとなりました。そのうち，2012年〜2013年と，2016年〜2017年の２期においては，副理事長を拝命しました。

　室伏さんの強みは，JILA会員の中でも，ご勤務先において特に高い地位の役職に就いていらっしゃったこと，組織内弁護士として豊富なご経験をお持ちであったことと，それらのご経験に裏打ちされた，抜群の安定感です。弁護士会の重鎮たちとも互角にわたり合えます。

　この時期に，全国の多くの弁護士会と懇談会を開催する流れができました。会費制の導入，賛助団体制の導入，国際会議へ参加する若手会員支援など，現在のJILAの礎ともいえる様々な制度の導入を決定したのもこの時期です。理事会の中で意見が割れることもありましたが，いつも室伏さんが素晴らしい議事進行をされました。また，室伏さんのお洒落なファッションにも注目していました。

4　榊原理事長時代：2018年から現在に至るまで（現在2期目）

　4代目理事長である榊原さんをお支えして，現在，2期目です。この間，幅広い会員の声を集約するため，部会代表理事制が導入されました。

　榊原さんは，多様性の促進など，社会の抱える課題解決へ向けた熱意には並々ならぬものがあります。榊原さん体制においては，多様性促進の一環として，女性理事が多く登用されました。榊原さんは，法の支配を社会の隅々まで及ぼすべきという理念の下，法曹でもあり，組織人や経済人でもあるという二面性を有する，私たちでしかできない提言をすべきだという強い使命感をお持ちです。

　2019年2月には，LGBTカップルの婚姻の権利について，JILA史上初めての理事長声明を出し，記者会見も実施しました。続いて2021年3月には，夫婦別姓制度の導入についての理事長声明を発出しました。法曹界や経済界との人脈を駆使して，いろいろな活動を企画し，実行する榊原さんの実行力にはいつも感銘を受けております。

　以上，4名の歴代理事長は，それぞれ個性やリーダーシップスタイルは異なりますが，全員が，能力，お人柄ともに，素晴らしいリーダーです。これだけの組織を束ねるのは本当に大変なことですが，強い使命感の下，大変な責務を果たしていらっしゃいました。

　これらの4名の理事長をお支えできたことは，とても得がたい貴重な経験で，光栄に思っております。これらの理事長の仕事に比べれば，副理事長である私の仕事はずいぶん楽であったはずなのに，十分にサポートできなかったなと，反省しきりです。

■今後のJILAの方向性・注力すべき点など

　JILAは，この20年間で会員が急増し，現在では，1,919人（2021年7月30日現在）もの会員を擁する大規模な団体になりました。活動の範囲も広がり，理事会や事務総局の業務も激増しています。事務作業の一部を外部委託してはいますが，いまだに多くの作業を，理事や委員，事務総局の方々のボランティアに頼らざるを得ません。リソースの強化と業務の効率化が課題です。

　また，規模拡大に伴い，会員の属性や考え方も多様化しています。部会代表理事の導入に伴い，理事も増えました。理事会での検討課題も増加し，多様化しています。多様性は健全な意思決定のために重要ですが，その前提となる多様な意見の交換と相互理解には時間がかかります。本業で多忙な理事の皆さんの時間の確保も大きな課題です。

　また，今後，問うていかねばならないと思うのが，JILAの方向性，すなわちJILAがどういう団体を目指すのか，ということです。JILAは社会的にも注目され，発言力を持つ団体となりつつありますので，なおさらです。どのような政策提言を行うべきか，弁護士会との関係はどうあるべきかなどについて，現在，理事会で議論しているところですが，今後，会員の皆さんとも議論を共有し，検討を続けていく必要があると感じています。

日本における国際仲裁活性化の動きとJILA国際仲裁研究会

髙畑　正子

■銀行員から弁護士へ

　大学卒業後，日本の銀行に就職しましたが，当時，法務部はなく，総務部の文書課が通達や約款，契約書等の書類を管理していました。多くの銀行員は，法学部出身で，新入行員研修期間中，銀行法，証券取引法，民法，商法，手形小切手法，不動産登記法等法令からガイドライン等まで学びますので，契約交渉は，フロントで行うことができる体制でした。

　顧問弁護士が株主総会や労働法等コーポレート周りを助言し，紛争解決については別の外部法律事務所が事件ごとに選定されていたというのが日本企業の

標準的なスタイルでした。

　司法試験合格後は，いつかは金融機関のインハウスになると思っていましたし，そのインハウスのイメージは，フロントの契約交渉の支援でしたので，いわゆる渉外事務所にて主に契約関係，会社法関連の実務経験を積むこととしました。その後，外資系金融機関にインハウスとして採用されたことから，JILAへ入会しました。

■日本における国際仲裁活性化とJILA

　2000年代初頭より，様々な視点から日本における国際仲裁を活性化すべきという議論がなされていますが，主に，2つの観点が重要だと思います。

　1つは，日本企業のFDI（対外直接投資）の拡大に伴い，その投資環境を整備するという観点から，経済連携協定等において紛争解決条項の重要性が再認識されてきたという点です。例えば，一般社団法人日本経済団体連合会（以下「経団連」といいます）の提言である2006年10月17日付け「経済連携協定の「拡大」と「深化」を求める」，2008年4月15日付け「グローバルな投資環境の整備のあり方についての意見」，2015年12月15日付け「投資協定等の締結加速を求める」等において，経済団体として日本企業の対外投資活動を支援するためにも，仲裁条項を含む国際協定が必要であると認識されています。また，近年ヨーロッパの先進国を中心に提唱されている国際投資裁判所構想との関係では，2019年10月15日付け「投資関連協定に関する提言」においても，投資紛争解決制度としても国際仲裁を推進すべきという立場を維持しています。

　もう1つは，日本における司法インフラ整備の一環として，仲裁地として日本が選ばれない原因を解明し，改善する必要があるという点です。例えば，1998年5月19日付け「司法制度改革についての意見」においても，「司法の制度的インフラについて」「国際仲裁センターの充実」を挙げ，「国際的な経済活動の進展に伴って，紛争解決の手段として国際仲裁の充実・強化が必要であるが，わが国における仲裁機能の不備もあり，わが国企業が一方当事者たる紛争の大部分が外国の仲裁機関に属することとなっている。安定的な国際取引を確立する観点から，信頼できる仲裁機関を整備することは，国際社会への貢献の選択肢のひとつでもある。」と指摘されていました。

経済的には，先進国であっても，法治国家として未成熟な感じを払拭するためにも，日本の都市が好ましいい仲裁地として認識されることが大切であるという認識の下，2018年には，JIDRC（日本国際紛争解決センター）等，審問施設，トレーニング施設の設置，各国の人材の育成等に取り組んでいます。また，2020年には，法制審議会仲裁法制部会（諮問第88号）が設置され，仲裁法の改正を含む日本のADRのあり方について議論されています。

■SIAC仲裁と日本企業

2000年ころより，シンガポールでも，国際仲裁のハブにしようという動きがありました。従来，日本の企業には，ICCパリが仲裁地として人気でしたが，パリより近く，時差も少なく，"第三国"であるシンガポールは，日本企業にも使い勝手がよいと考えられていたところ，SIAC（シンガポール国際仲裁センター）の日本企業に対するマーケティング戦略も功を奏し，日本企業の間でも人気が急騰しています。SIACの規則の改訂等もあり，国際的にもその評価が高まり，2021年には，ロンドンに次ぐ第2位の仲裁地とされています。

SIACのCEOである Lim氏と初めて会ったのは，私がエネルギー事業会社へ転職した，2014年ころでした。そのころ，エネルギー憲章条約事務局のジェネラル・カウンセル等とエネルギー投資とその紛争解決手段のあり方の議論をする機会があり，ヨーロッパにおけるエネルギー投資の歴史を学ぶとともに，さまざまな紛争解決方法の1つとして，国際仲裁が活用されていることを認識しました。

それまで，主な業務経験は，M＆Aやファイナンス等のいわゆるトランザクションであって，紛争解決の経験はあまりなかったので，大変興味深く，関連する論文を読んだり，仲裁実務家の話を聞いたり，仲裁関係のイベントに参加したりしていました。

ある日，スピーカーとして参加したイベントの後のレセプションで，Lim氏から，日本企業のジェネラル・カウンセルとしてシンガポールでの仲裁についてどう思うかと聞かれ，英米法と大陸法の問題もあるが，アジアでのプロジェクトであれば事実に関する証人等関係者にとって便利ではないか等お話しました。

その後も，様々な機会で，最前線で活躍する優れた仲裁実務家をご紹介いただいたり，東京，シンガポール，ロンドン，シドニー等，各地のイベントでも一緒にパネリストを務める等機会あるごとに意見交換させていただいています。また，私は2017年に設置されたSIAC Users'Councilのメンバーも務めています。

■JILA国際仲裁研究会とSIAC

現在，JILA会員は，企業法務，特に契約関係の実務経者が多く，かつ，比較的登録後の経験年数の短い方が多いので，国際仲裁の実務に実際に携わっている方は少ないのではないかと思っております。もっとも，あと10年くらいのうちに，法務部長やジェネラル・カウンセルになる方が多いとすると，所属企業にとって大切なプロジェクトについて紛争が起きた場合には，その解決手段について経営会議の場等で意見を言えるように，勉強しておく必要があります。

そこで，2017年1月，JILA会員にも国際仲裁のことを学ぶ機会が必要と考え，国際仲裁研究会を立ち上げたいと思いました。そこで，世界各国に投資を行っている事業会社所属の会員の多い，エネルギー・資源開発法研究会のメンバーを中心に，国際仲裁に関するセミナーを行いました。セミナーは100名を超える大盛況で，国際仲裁への関心の高さを改めて認識しました。

2018年2月には，研究会設置申請書を提出し，設立趣意書には，「グローバリゼーションの進展とともに，紛争解決手段として国際仲裁がその重要性を一層増している中，国外にて事業を展開している企業の組織内弁護士においては必要不可欠の知識となってきている。そこで，当研究会は，国際仲裁に係る最新の文献，実例の研究，同分野の専門家からの講演会などを踏まえ，最新の実務，問題点，解決法などを把握することを通じて，研究会会員が，各組織における，国際取引と海外投資を促進するために，国際仲裁をより効果的に活用できるよう，参加者同士が一緒に議論し合うことで研鑽し，研究するものである。」と記載しました。

なお，事前に当研究会についてJILA会員にアンケートを行ったところ，国際仲裁研究会において研究したいテーマとして，以下の項目が挙げられました。

① 各種国際仲裁やその他の紛争解決手段との比較，検討

② 国際仲裁を巡る日本および諸外国の立法の状況，投資協定等

③ 国際仲裁に必要な英語の基礎及び実務

④ 国際仲裁条項の基礎（仲裁機関，仲裁人の選定，仲裁地の選定，準拠法，使用言語等）

⑤ 国際仲裁条項の実務（交渉に必要な実務知識，解釈が分かれた場合の対応等）

⑥ 国際仲裁申立ての基礎（手続の概要等）

⑦ 国際仲裁申立ての実務（期間，費用，経営層の説得，仲裁人選任に関する諸問題等）

⑧ 国際仲裁における秘匿特権，秘密保持，証拠開示，ヒアリング等

⑨ 国際仲裁判断の承認と執行に関する諸問題

⑩ 国際仲裁のケーススタディ（日本企業の関与事例と実務における影響等）

⑪ 国際仲裁のモックコート（詳細かつ集中的な研修等）

　JILA国際仲裁研究会では，2019年にSIACと共催でセミナー「インハウスのための国際仲裁」を行った他，SIACのイベントに後援したり，スピーカーを派遣したりしています。ICC（International Chamber of Commerce，国際商工会議所），HKIAC（Hong Kong International Arbitration Centre），JCAA（Japan Commercial Arbitration Association，日本商事仲裁協会）その他の仲裁機関のイベントにも積極的に関与し，JILA会員にとって有益な情報を提供しています。2019年10月には，JILA会報誌用の座談会を行いました。

　また，国際仲裁の実務をより学ぶために，国際仲裁研究会員による連載企画として，2020年3月より，JCAジャーナル（日本仲裁人協会）の企画で，国際仲裁研究会員による寄稿が連載されています。

■JILAと法制審議会国際仲裁部会

　2020年9月に設置された法制審議会国際仲裁部会に，私（日本組織内弁護士

協会副理事長）は委員として出席しております。弁護士会よりは経済団体に近い立場，すなわち，仲裁人や申立代理人ではなく，国際仲裁を利用する本人（企業）の立場から意見を提出しています。

　どの手続法についてもいえますが，ことに国際仲裁に関しては，ユーザーの意見を取り入れることが大切だと考えています。2021年3月に公表された「仲裁法等の改正に関する中間試案」についても，JILA国際仲裁研究会として議論する場を設けパブリックコメントを提出しました。引き続き，JILAとして，国際仲裁について研究を続けたいと思います。

自治体弁護士である私とJILAについてのあれこれ

幸田　　宏

■インハウスになったきっかけ

　私の場合，東京都庁に14年半勤務した後，司法試験に合格をしたのは39歳の時です。東京都では，土地区画整理部門，法務部門，公務員災害などを担当した後，司法修習に行きました。学生のころから旧司法試験を受験していましたが，法科大学院の制度ができ，職場からの通学が可能である大東文化大学の法科大学院を夜間と土日の授業を利用して修了し，受験資格を得ることができました（もっとも，同大学院は，かなり早い時期に募集を停止してしまいました）。

　司法修習の際には，他の修習生とは異なる年齢であり，一般的な法律事務所に就職活動をしても，ニーズが全然違うだろうなどと考えていたところ，法科大学院でお世話になった実務家教員の先生から，さいたま市の任期付き公務員の話を紹介していただきました。司法修習に行った時点では，一般的な法律事務所の仕事をやろうと思っていたのですが，都道府県の仕事の次に，政令指定都市の仕事をやってみるのも面白いだろうと考えました。

　さいたま市には，選考を経て，2014年3月から勤務し，現在に至ります。任期付き公務員の任期は，最大5年までですが，2019年3月からは，任期のない公務員として採用され，現在に至ります。もともと公務員をやっていたことも

あり，早く職場に慣れることができました。しかし，区役所の名前には，特別区や各政令市では共通したものがあります。さいたま市の上司に「中央区にいたとき」と言われたときには，私は「東京で勤務されていたんだ」と思い込み，さいたま市の中央区役所（旧与野市に当たる地域の区役所）に勤務されていたことに気づくまで時間がかかりました。

■JILAに入ったきっかけ

　市役所に勤務すると同時に埼玉弁護士会に所属しましたが，当時，同会に所属する自治体勤務の弁護士は私以外にはおらず，企業の組織内弁護士も私が知る限りいなかったのではないかと思われます（現在では，私の知る限り5つの市役所に組織内弁護士がいます）。

　埼玉弁護士会では，2014年当時，新規登録会員が自動的に委員会の委員になるものとして，研修委員会，人権擁護委員会，人権を考える市民の集い実行委員会，特定秘密法対策本部がありました。たまたま市役所と埼玉弁護士会が近いこともあり，埼玉弁護士会の活動に参加したいと思い，市役所の管理職として一番活動がしやすい研修委員会に同年の6月から毎月通うことになりました。研修委員会では，新規登録会員による判例の報告や，中堅・気鋭の弁護士による事件処理実務の講義（例えば，不動産執行の実務，IT関係の事件など）があり，勉強になりました。

　もっとも，以前の職場の法曹有資格者や修習同期で特別区のインハウスになった方々とも交流はありましたが，組織内弁護士に必要な知識について，身に着ける機会があればと思っていました。

　そのような時に，たまたまネットでJILAのホームページを見つけたため，入会しました。

■自治体弁護士の特徴とJILAへの期待

　自治体に勤務している弁護士（弁護士登録がない法曹有資格者を含む）には，次のような特徴があります。

1　扱う法令の多様性・特殊性

　自治体の場合，対外的な法律関係については，契約だけではなく処分（行政行為）が多いことが挙げられます。処分が適法か否かについては，行政行為の根拠となる法律の要件に該当する事実があるかによるため，根拠法令の解釈と事実を認定する証拠の有無が問題となります。処分の根拠となる法令には，都市計画法，建築基準法，道路法や河川法といったまちづくりの分野から生活保護法，児童福祉法といった福祉分野まで様々なものがあります。

　また，自治体から金銭を交付する場合，それが処分によるものか，契約によるものかを確認する必要があります。

　契約については，締結の方法が地方自治法や地方自治法施行令等で詳細に定められています。債権についても地方自治法に民法と異なる時効期間，援用を要しない，放棄することができない等の定めがあり，どのような債権にこれらの規定が適用されるかが問題になります。また，自治体の有する債権については，民法上の債権についても，催告に近い「督促」という行為によって時効の更新があると解されているという意外な制度もあります。

　訴訟については，民事訴訟の他に処分の取消しの訴え等の行政事件訴訟法に基づく抗告訴訟があります。また，地方自治法に規定されている客観訴訟である住民訴訟も見られます。国家賠償請求訴訟も含む民事訴訟と行政事件訴訟法の適用がある訴訟の事件数は，半分半分ぐらいのイメージがあります。行政事件訴訟法の適用がある訴訟では，訴訟要件から争われることが多いという特徴があります。また，自治体側からの訴えの提起や，自治体が被告となる事件についての上訴，和解等には議会の議決（または長による専決処分）が必要という特徴もあります。

2　弁護士登録をしていない法曹有資格者の割合が多いこと

　自治体に所属する法曹有資格者の場合，民間企業に所属する場合と比較して，弁護士登録をしていないことが多いことも顕著な特徴です。弁護士登録をしていないことの理由としては，組織が弁護士会費を負担せず，個人の負担となってしまうことが挙げられます。また，弁護士資格がなくても訴訟における代理人となることができること等も理由です。

3 勤務地が多様であること

弁護士が勤務している自治体は，全国にわたります。東京都のような規模の大きな自治体もありますが，人口が2万人に満たない小規模の自治体の例もあります。自治体の規模や特徴によって，仕事の範囲や内容が異なります。

4 任期付きの職員が多いこと

弁護士が自治体の職員となる場合，任期付職員として任用されることが多いことも特徴です。例えば，2年，3年等の任期で任用され，更新される事例も多いですが，法律上，任期は5年を超えない範囲内と定められています。任期のない職員となる場合も見られますが，まだ少数派といえます。

5 自治体弁護士としてのJILAへの期待

以上の特徴を持つ自治体弁護士の特殊性から，JILAには，同じ組織内弁護士の間での交流を広げ，知識・ノウハウの共有を図ることが期待されます。また，このことは，弁護士登録をしている人だけではなく，自治体弁護士となったことにより弁護士登録を外している人，様々な地方で勤務されている方との間でも求められているといえます。

また，弁護士登録については業務上メリットがないという職場もあると思いますが，登録をすることにより他の弁護士と意思疎通が容易になり，業務に役立てることができる，研修を受ける機会を増やすことができる等のメリットがあります。そこで，弁護士登録がより容易になるように，支援が期待されます。

6 第4部会長・副理事長としてやりたいこと

第4部会では，さらに講演会，懇親会等，上記5で述べた交流の機会を増やしていきます。また，採用情報の交換や，弁護士会費の負担の問題などに対応したいと思います。

次に，他の部会に所属している方々と同じく，第4部会には，各分野の第一人者が多く所属しています。そこで，JILA全体に向けてメンバーに役立つ情報を発信する機会を増やしていきます。

また，公的部門で勤務する弁護士は，同じ職場で勤務する他の職員の方々よ

りも，社会に向けて情報を発信しやすい立場にあるといえます。そこで，これまでも『Q&Aでわかる業種別法務』シリーズの「自治体」や「学校」を発行してきましたが，さらにJILAとして情報発信ができる場をより多く設けていきたいと思います。

JILA全体でも，組織内弁護士の行動指針作成等の調査研究，他団体との意見交換等を通じて，組織内弁護士があらゆる分野でより活躍できるように，組織力を活かして活動していければと考えます。

部会活動トレンドのシフトと会員2,000人時代の活動のあり方

岩本　竜悟

■はじめに

私は2015年4月からJILA第6部会の部会長を務めています。本稿では，本稿執筆時点である2021年3月までの6年間の部会活動を振り返るとともに，その間に生じた部会活動のトレンドのシフトについて述べることで，会員2,000人時代の部会のあり方を浮き彫りにします。

■JILA第6部会の特徴と役割

第6部会は，医薬品メーカー，医療機器メーカー，医療機関，ヘルスケア関連のITサービスなど，ヘルスケア業界の企業・団体に所属するインハウスローヤーとその経験者で構成される部会です。

主な活動内容は，①部会定例会，②有志の勉強会，③メーリングリストによる情報交換，④書籍の執筆などです。定例会では，部会員によるレクチャーや座談会を通じて業界法務や法務のキャリアについて学ぶとともに，部会員の懇親を図っています。

有志の勉強会としては，2020年7月に部会員有志20名による「医療機器の法務に関する勉強会」が発足し，月に1回，テーマを定めてオンライン会議形式で学んでいます。書籍の執筆としては，部会員約30名によるプロジェクトとして，2019年12月に中央経済社から『Q&Aでわかる業種別法務 医薬品・医療機

器』を刊行しました。現在，同書の分冊・改訂版の執筆を準備中です。

　ヘルスケア業界の法務の特徴として，業法規制，業界団体ルール，契約形態，知財の位置づけなど，業界の特殊性が現れるトピックが多く，高い専門性が求められることがあります。第6部会の役割は，JILA全体の研修会や研究会では十分に応えることができない，ヘルスケア業界固有の法務に関する情報交換や学びに関する会員のニーズに応えること，また，それを通じて，法務機能を担う専門的人材としてのインハウスローヤーを求めるヘルスケア業界のニーズに応えることにあります。

　もちろん，第6部会以外にも，ヘルスケア業界固有の法務に関する情報交換や学びのニーズに応える団体はいくつも存在します。弁護士会の委員会や研修会，法律事務所のセミナー，業界団体内の委員会などです。テーマによっては，資金・人員・ノウハウなどに優れるこれらの団体の方が会員のニーズを効率的に満たせることが少なくありません。第6部会の活動はそれらと補完関係にあるものなので，他団体に任せるべきものは任せ，自らの特徴が活かせる分野で活動しています。

　第6部会が持つ，他団体にはない特徴は，「同業の（ヘルスケア業界の企業・団体に勤務する）」「インハウスローヤーだけの集まり」であることです。この特徴を活かすことは，第6部会を，「ヘルスケア業界の企業・団体内の実務に即している」「自分の業務に応用しやすい」「ベンチマークになる」「深く掘り下げている」「法的にも洗練されている」学びの場とすることだと考えています。

　経済産業省が2018年と2019年に公表した「国際競争力強化に向けた日本企業の法務機能の在り方研究会 報告書」では，ビジネスのグローバル化，イノベーションの進展，レピュテーションリスクの増大など，企業を取り巻く経営環境の変化と合わせて法的環境も大きく変化しており，企業の法的リスクがこれまで以上に多様化・複雑化してきていること，そのような状況下において，法務部門が果たすべき役割がますます重要となっていることが指摘されています。

　また，同報告書では，「関係団体」の1つとして，JILAが企業内で活躍する若手法務人材を育成するための企業法務に関する研修プログラムを充実させること，特に，法的知識に関する研修以外にも，例えば，法的知識の活かし方，

社内クライアントに対してどのような対応をするべきかといった，法務部門の
メンバーとしての哲学や行動規範について学べる機会を拡大することが期待さ
れています。

　このような状況認識はヘルスケア業界にもそのままあてはまるものなので，
会員2,000人時代を迎えて，第６部会の役割はますます重要になっていくもの
と考えています。

■**活動トレンドのシフト**
　この６年間で，部会員の人数は倍増し，部会活動の幅も広がりました。これ
までに，以下のような活動トレンドの変化が生じています。

1　オンライン会議の活用による部会活動の柔軟化
　2020年に突如発生したコロナ禍により対面形式のイベントが実施困難となる
までは，第６部会の活動は対面形式のイベントがメインでした。例えば，四半
期に１回の定例会は，都内で，対面式で，特定のテーマで１時間のプレゼンと
意見交換を行い，その後飲食店で懇親会を行うというスタイルでした，同様に，
2017年から2019年まで行われていた会員有志の勉強会も対面式でした。

　対面式の部会活動には，直接顔を合わせて話すことで会員間の関係が深まる
というメリットがありました。特に，私にとっては，『Q&Aでわかる業種別法
務 医薬品・医療機器』の出版企画で編集代表を務めるにあたって，対面式の
部会活動を通じて１人ひとりの部会員の考え方や関心分野や得意分野を把握し
ていたことが大いに役立ちました。

　一方で，対面式の部会活動には，地方会員が参加しにくいというデメリット
がありました。コロナ禍でやむを得ずオンライン会議形式で定例会や勉強会を
開催してみて，①地方会員に限らず部会員全員にとって移動の負担がなくなる
こと，②運営側の負担も減ること，③チャット機能を使った質疑応答や関連リ
ンクの紹介など対面式にはない価値が出ることなど，メリットが非常に大きい
と実感しました。コロナ禍が収束すれば対面式の定例会や勉強会ももちろん復
活するでしょうが，今後は会員の柔軟な参加を可能にするオンライン会議形式
がメインになっていくのではないかと感じています。

2　書籍出版による活動成果の業界還元

　JILA 6 部会員約30名が総力を結集して執筆し，2019年12月に中央経済社から刊行した『Q&Aでわかる業種別法務 医薬品・医療機器』は，それまでの第6部会活動の集大成でした。この書籍は，「医薬品・医療機器メーカーの法務部門に所属するJILA第6部会員が，新しく自分の部署に入ってきた後輩や部下に部署の仕事の全体像を把握してもらうために，『これを読むといいよ』と最初に渡したいと思う本」というコンセプトで，「インハウスローヤーだから書けること」を特に意識して執筆しました。

　このようなコンセプトの類書がそれまでに存在していなかったこともあり，この書籍は業界で好評を得て，増刷を重ねています。それまでの活動では，参加した部会員にとっての学びや懇親のニーズを満たすことだけに注力してきましたが，この出版を通じて，書籍という形で部会活動の成果を業界に還元することの意義を実感しました。さらに，「応用編」の出版を視野に入れた有志の勉強会も活動中です。今後も書籍出版を通じて第6部会の知見や活動成果を業界に還元する取組みを続けていきたいと考えています。

3　他部会員も含めた「ヘルスケア・インハウスローヤー」のネットワーク化

　2021年から，第6部会以外の会員も含めた，ヘルスケア・インハウスローヤーのネットワーク化に取り組んでいます。

　2020年まで，第6部会は基本的に第6部会員だけを対象として活動を行っており，他部会員との連携は，一部の第4部会員だけが対象でした。具体的には，4部会に所属する，厚生労働省所属のインハウスローヤーや，附属病院を有する大学所属のインハウスローヤーです。第6部会にとって，前者との連携は規制当局の考え方を知る上で，後者との連携は産学連携について学ぶ上で，それぞれ非常に有用であるため，これらの他部会員との連携を行っていました。

　4部会以外に目を向けると，素材，IT，メディア，機械，食品，保険，商社などの業界に属する企業の中にも，医薬品や医療機器をはじめとするヘルスケア事業を手がけている企業が少なくありません。これらの企業に所属する会員の中には，「本業は別の事業だが，所属企業がヘルスケア事業も手がけているため，自分もヘルスケア関連の法務を扱うことがある」「自社はヘルスケア

事業を手がけてはいないが，これらの企業と提携することがあるため，自分も関連法務を扱うことがある」という方が少なくありません。

　これらの方のうちの何人かから相談を受けた結果，「ヘルスケア業界の法務のことはよくわからないが担当しなければならない。しかし，他の業務もあるのでそれだけに時間を割いていられない」「ヘルスケア業界の法務について聞ける知人がいない」「所属企業にとって現時点では中核事業ではないので，十分な経営資源が投入されていないように思える」など，特有の悩みがあることが分かりました。

　そこで，これらの方々の悩みに応え，JILA会員がヘルスケア業界の法務に関する専門的な知見を身に付けて所属企業への貢献を高めていけるようにするため，部会を超えて，ヘルスケア業界の法務を担当するインハウスローヤーのゆるやかなネットワークを2021年1月に立ち上げました。このネットワークを今後強化していくことで，法務機能を担う専門的人材としてのインハウスローヤーを求めるヘルスケア業界のニーズにJILA第6部会としてしっかりと応えていきたいと思っています。

興味あることを追いかけた先にあった法曹の仕事

村瀬　拓男

■インハウスになったきっかけと，JILAに入ったきっかけ

　私は，1981年に奈良県東大寺学園高校から東京大学理科I類に入学，同時に東京大学新聞に学生編集部員として入部しました。中学のころから「活字」「出版」の世界に興味があり，週刊で一般紙と同じような新聞を作っていた活動に興味を持ったからです。東大新聞には，在学中ほぼ3年間参加し，進学した工学部土木工学科の就職推薦先には目もくれず，出版社を中心にマスコミを受験して，第一志望だった新潮社に入社しました。東大新聞出身者はやはり新聞を中心としたメディアへの就職者が多く，2021年6月から朝日新聞社の社長になった中村史郎氏は，私の一年後輩にあたります。

　文芸編集者希望でしたが，週刊新潮編集部に配属されました。週刊誌記者が

社会人スタートです。入社した1985年は騒がしい年で，日航機墜落や国鉄分割民営化など，大きな事故や変化があったため，忙しく厳しい記者生活でしたが，このときの経験は今非常に役立っています。もっとも，当時は将来こうなるなんて，全く考えておらず，一刻も早く週刊誌以外の仕事を望んでいたところ，2年目の途中で新規事業セクションに異動しました。異動後まもなくアニメーション映画製作のプロジェクトが持ち込まれました。

　大学2年生での駒場時代，蓮實重彦ゼミに参加して，年100本のノルマをクリアしていた身として，アニメーションとはいえ映画製作に携われるチャンスでしたから，手を挙げて担当者となり，出資者である新潮社と制作スタジオであるスタジオジブリ，メインスタッフとの連携を担当しました。完成した映画が『火垂るの墓』で，以降弁護士になるまで，ビデオ等の運用ビジネスもほぼ1人で担当していました。

　ここでようやく法律の話につながるのですが，この時点では法律知識など一切なく，会社の顧問弁護士に最初にした質問が「契約書には何を書いたらいいのですか」だったくらいでした。しかし，仕事を通して感じたのは，出版業界は音楽業界や映画業界と比べてライツビジネスという意識が薄いということでした。

　その後，電子出版事業に取り組み，CD－ROMでの『新潮文庫の100冊』や，携帯電話で日本初の読み物コンテンツ配信事業を担当しました。電子メディアでの出版は，いろいろ解決すべき法的課題が多くあり，出版界に通じている専門家も少ない中，自分で勉強しなければと思ったところ，妻から「勉強するなら資格を目指せば」と言われたことで，司法試験に取り組むことになったのです。

　仕事をしながらちんたらやっていたため，少し時間がかかりましたが，合格者増員の恩恵もフルに受けて2004年に旧試合格，59期で修習に入りました。修習に入る前に社長から戻ってきてよいという確約を得て（中小企業の便利なところです），2006年にインハウスとして登録しました。以上が，インハウスとなったきっかけです。

　今はインハウスではなく，自分の個人事務所登録としていますが，出身会社である新潮社の事実上の社内弁護士として仕事をするほか，これまで一緒に仕

事をしてきた会社を中心に顧問弁護士として弁護士業務をしています。インハウスから離れたのは，もう少し幅広い仕事をしたいと思ったこともその理由ですが，出版業界全体での法的課題の解決に興味を持ったため，という点が大きかったと思います。グーグルブックプロジェクトの問題や書籍自炊問題，繰り返される著作権法改正への対応，電子出版に対応した出版契約ひな形の作成などについて，業界団体である日本書籍出版協会の場などで知財関連のプロジェクトチームの座長を務めていますが，ある程度個社の立場を離れて取り組まないと議論が前に進まないためです。

　コミックを中心とした電子書籍市場の急拡大とそれに伴う出版業界の変革を，中から見つつ，デジタル・ネットワーク社会に法的課題に対応する機会が得られて，けっこう楽しい弁護士生活を送っています。直近では，正規版配信サービスであることを示す「ABJマーク」の制定と，運営母体法人の設立，その常務理事として運営に携わるといったことをやっています。

　常務理事といえば，学生時代に活動していた東京大学新聞は，実は公益財団法人となっていて，数年前から常務理事を引き受けています。そこで2021年5月まで理事長を引き受けていただいたのが，通信法の分野で著名な宍戸常寿氏であったため，東大新聞の運営活動と，出版業界としてのデジタル海賊版対策活動がシンクロしていました。ちなみに近時の理事長には，濱田純一元東大総長や長谷部恭男名誉教授がいらっしゃいます。

　延々と，多分自慢めいて聞こえる自分語りをしてきたのは，社会人生活の途中で弁護士を目指したことや，インハウスとしてスタートしたことを具体的に語ることが，ほぼ一貫してやってきたこと，興味があることの中で，自然と選択されてきたことを説明する上で，必要な記述であったとご容赦いただければと思います。

　おっと，JILAに入ったきっかけを書き忘れておりました。修習から会社に戻るときに，インハウスという存在についての情報が少なく，いろいろ探していたところ，JILAが編纂した『インハウスローヤーの時代』（日本評論社）に出会ったことがそのきっかけとなります。梅田さんに連絡をとっていろいろ教えていただき，2006年10月の登録と同時期に入っています。会員数が50名くらいのときだったので，けっこうな古参会員ということですね。

■JILAが自ら組織内弁護士の倫理指針を公表する意義

　私は，現在JILAでは組織内弁護士調査研究委員会の委員長を拝命しています。倫理指針をまとめることが，委員会の最大のテーマなので，「意義」を意識する前に，まとめなければならない「義務」が先立ってしまうため，けっこう難しいお題です。

　所属会である第二東京弁護士会では，委員会活動として研修センターに所属しており，新規登録弁護士向け研修，継続研修（法律実務研修），そして倫理研修の企画・運営を担当しています。弁護士倫理についてちゃんと勉強した覚えはなかったのですが，普通は5年に一度勉強するだけの倫理の問題を，毎年解説する側で（二弁では，倫理や綱紀の委員が講師，研修センター委員が司会を担当して倫理研修をしています）検討していくうちに，「門前の小僧習わぬ経を読む」の言葉通り，弁護士倫理への意識が深まってきたように思います。

　言うまでもなく，弁護士の職務は，弁護士法および弁護士職務基本規程に従って行われるものです。そして職務基本規程は，弁護士自身が定めたものです。この職務基本規程は2004年に制定されてから大きな改正はされていないものの，その解説は大幅に膨らんでいき，現在刊行されている第3版のボリュームは初版の倍以上になっている感じです。職務基本規程が制定されてから今に至るまでの間に，弁護士の総数はほぼ倍増しており，たぶんこれまで事務所内で口伝のように承継されてきた弁護士倫理の知識や考え方について，解説書に頼らなければならない状況になってきたということなのでしょう。

　しかしながら，弁護士総数とは比べ物にならないほど増加したのは組織内弁護士です。2004年にようやく100人を超えたばかりだったのが，2020年には2,600人を超える弁護士が企業内弁護士として登録（公務員を含まず）されています。それにもかかわらず，職務基本規程において組織内弁護士を対象とする2箇条の解説はわずか6頁にすぎませんし，その他の条項の解説においても組織内弁護士が直面する課題について，必ずしも役立つものとはいえません。調査研究委員会において倫理指針を検討することは，まさに，職務基本規程を組織内弁護士にとって使いやすく，より理解を深めていく作業にほかなりません。

　もう1つ重要なことが，JILAすなわち組織内弁護士自らが，指針の検討を

行っているということです。職務基本規程およびその解説も日弁連すなわち弁護士自身が作っています。これは弁護士にとって，その職務に対する社会の信頼が最も重要なものであり，信頼を勝ち取り維持・強化していくために弁護士はどう振る舞わなければならないのか，という問題だからこそでしょう。

　同様に，組織内弁護士にとっても，その所属組織だけでなく組織外の社会からの信頼が重要であると思います。「弁護士が中にいるのにこれかよ」と思われるようでは，組織内弁護士にとっても，またその組織にとっても意味がありません。組織内弁護士が，自分たちが直面する課題について考え，答えを出していくことが，組織内「弁護士」という存在についての，社会の，そして所属組織の信頼を得ていくことにつながると考えます。

私とJILAとJILAの渉外活動

佐藤　雅樹

■インハウスになったきっかけ

　私がインハウスになったきっかけですが，私の場合は，弁護士資格を取る前から資格のない法務部員として企業内で法務に関わっていましたので，「インハウスになった」というよりも，「資格を取ってもインハウスとして企業内に残った」という表現がより妥当なのだと思います。では，なぜ私は「資格を取ってもインハウスとして企業内に残った」のか。いくつか要因はありますが，最大のものは，海外に住んでみたかったから，というものになります。

　私は学生時代はいわゆるバックパッカーで，ろくに大学の講義にも出席せず，タイ，中国，インド，ネパールなどのアジアの国々をふらふら旅行していました。日本に生まれ育った自分自身を相対化して客観的に理解したいという思いから，極力現地に溶け込もうと思い，一泊1ドルもしないような安宿に泊まり，現地の人が食べる屋台のご飯を食べたり，現地の大学生に議論をふっかけたりしながら1か月，2か月と生活していました。でも，旅行者というのはあくまで旅行者であり，その土地・社会に根を張っているわけではありませんのでなにか手応えが不十分で消化不良の思いを抱えていました。そして，そのころか

ら，一度外国に本拠を置いて生活してみたい，日本とは全く異なる社会・文化の中で生活してみたいという気持ちを持つようになりました。

そんな中，私が就職し法務に携わっていたアルプス電気という会社は，グローバルな顧客を相手に電子部品を製造販売している会社で，法務メンバーも海外赴任することが珍しくないという環境でした。しっかりと実績を残して，会社から海外赴任させても戦力になると認められれば，海外赴任をして海外に生活の本拠を置く機会が与えられる可能性は非常に高い環境でした。

そうした環境で仕事をして3年ほど経った時に，日本のロースクール制度が始まり，幸運にも私は会社からそこで勉強する機会を与えられ，さらに運良く司法試験にも合格することができました。司法修習には会社を退職して行きましたので，修習中には，任官や法律事務所への就職を考えたこともありました。

ですが，やはり，海外に生活の本拠を置く，とりわけ，留学生とか法律事務所でのセコンディーという地位ではなく，海外現地法人の社員として海外現地法人の組織に組み込まれて仕事をするという体験は，企業内での海外赴任という形でなければ実現できないものであり，その可能性が非常に高いアルプス電気の法務組織に戻るのが，私の本当にやりたいことへの近道であると改めて認識し，アルプス電気に再度入社しました。これが，私が資格取得後もインハウスとして企業内に残った最大の理由です。

ちなみに，再入社2年後には欧州全体の法務責任者（Chief Legal Officer）としてドイツの子会社に赴任することになり，3年半の間ドイツに生活の本拠を置いて，現地の法律問題に第一線で対応するという経験をすることができました。こうした機会を与えてくれたアルプス電気とその関係者には今でも非常に感謝しています。

■JILAに入ったきっかけ

JILAに入ったきっかけですが，私がインハウスになった時点ではまだインハウスは今ほどメジャーな存在ではなく，インハウスに関する情報が非常に限られていました。ですので，インハウスに独特の法曹倫理上の課題や，無資格者が多数を占める日本企業の法務組織において有資格者が存在することの意味など，インハウスだからこそ直面する課題に対する答えを模索する上で情報が

必要だと思い，JILAならそれを持っていると思ったからです。

　弁護士登録後すぐにJILAに入会しました。ただ，当時は金融機関のインハウスが大部分で金融業界の話題が多かったため，メーカーにいた私は馴染みにくい雰囲気を感じ，あまり頻繁には会合等に参加していませんでした。そうこうする間に海外赴任でドイツに行ってしまったため，その後はほとんど幽霊会員になっていました。再びJILAの活動に関与するようになったのは3年くらい前からです。一度はJILAから疎遠になってもまた戻ってきた人を暖かく受け入れるオープンさは，JILAの良いところだと思います。

■JILAの渉外活動の成果と今後の展望について

　2020年3月13日に第二東京弁護士会（以下「二弁」といいます）とJILAは，組織内弁護士の活動を通して法の支配を社会の隅々まで浸透させるとともに，弁護士自治を堅持することを目的として「連携協定書」を取り交わしました。

　この協定締結の背景には，二弁内でも組織内弁護士の割合が1割を超え，組織内弁護士がその所属する組織で働きやすく，また，二弁の構成員として活動をしやすくするための支援や環境整備が弁護士会にとっても重要であるとの認識のもと，二弁とJILAで協力して，組織内弁護士向けの倫理研修を準備したり，JILAの一部の活動を二弁の公益活動として認定するなどの取組みを行ってきましたが，これを継続して行っていくために連携協定という形にすべきだという二弁とJILAの考えがありました。

　この連携協定は，JILAが弁護士会と包括的な協力関係を結んだ最初の事例であり，また弁護士会が，組織内弁護士は社会に法の支配を浸透させるために重要な役割を果たすと評価している点で重要な意味合いを持っています。

　JILAはその前身組織が2001年に設立されて以来一貫して，組織内弁護士の役割として，その所属する組織の価値向上への貢献とその所属組織内および社会全体の法の支配の実現への貢献を掲げ，組織内弁護士の意義について法曹界および社会一般に訴えてきました。

　しかし，20年前においては組織内弁護士の数が非常に限られており（2001年9月時点で全国で66名で，2020年6月時点の2,629名と比べると約40分の1），その実態が正確に知られていなかったこと，また，組織内弁護士の所属先の多

くが企業，特に多くの場合は大企業であることから，組織内弁護士は労働者を
はじめとした弱者の人権抑圧を助長する活動をするといった偏った見方をされ
ることも少なくありませんでした。

　そうした状況からスタートしたことを考えると，組織内弁護士の役割に対す
る正しい理解に立脚し，法の支配の確立における組織内弁護士の重要性を正面
から謳っている二弁との連携協定の締結は，この20年間の地道な活動の積み重
ねが実を結んだ大きな成果だと評価できます。

　会内に組織内弁護士を多数抱える単位会は，二弁の他にもいくつかあります。
それらの単位会においても，組織内弁護士の重要性についてご理解いただき，
その理解を基礎に，組織内弁護士が弁護士会活動をしやすくするための環境整
備や，所属先組織における弁護士としての活動を支援する仕組みの整備など
（JILA活動を公益活動として認定する，公務員弁護士の弁護士会費減免など）
も漸次進めていただいています。ただ，二弁のような包括的な連携協定のある
単位会はありません。もし，上記の取組みを促進する上で連携協定やこれに類
するものが有用であれば，今後はその締結も視野に入れてこの取組みを進めて
いきたいと考えます。

■経済団体との連携について

　経済団体との連携では，経営法友会との関係が組織内弁護士の置かれた状況
の変化を反映しており注目に値すると思います。経営法友会とは，国内の大企
業を中心に1,200社以上が参加し，各社の法務担当者向けに情報交換や研修の
機会を提供し，また企業法務に関わる様々な研究や情報発信を行っている団体
ですが，JILAはこの経営法友会の代表幹事，幹事の方々と定期的に協議の場
を設け様々な課題について議論をしてきました。

　過去の議題としてよく挙がったのは「有資格者の採用する上での注意点」
「弁護士資格のある法務部員の育成方法とキャリアパス」といったものでした。
いずれも，弁護士資格のない法務部員のみから構成されていた日本の企業法務
の世界に「弁護士資格を持つ法務部員」という新しいタイプの法務部員（以下
「有資格者法務部員」といいます）が入ってくることに伴って認識された新し
い課題でした。

　JILAの統計上企業内弁護士の数が初めて500人を超えたのが2011年6月，1,000人を超えたのが2014年6月，2,000人を超えたのが2018年6月であり，過去10年の間に急速にその数を増やしていることが分かります。また，そうした急速に増えた企業内弁護士の大部分が比較的若手の弁護士であったことは，2020年時点の組織内弁護士の92.6％が60期代，70期代であることから裏づけられます。

　つまり，過去10年の日本の企業法務界の課題の1つは，若手の有資格者法務部員を新たに採用するにはどうしたらいいのか，彼ら・彼女らを企業法務の世界でどう育成・処遇していくべきかというものであり，その点についてわれわれJILAがその会員の声を企業側に伝えていくのが，経営法友会との定期的な議論の場でした。過去の議論を通じて，企業内弁護士の弁護士会費は企業側が負担すべきこと，有資格者法務部員が弁護士会の研修や委員会活動等に参加することには企業側にもメリットがあることなどについて，JILAから企業側に説明し，ある程度理解も得てきたところです。

　今後もこうした点は課題であり続けるでしょうが，近時の環境変化により今後はJILAと経営法友会で議論すべき課題もその内容が変わってくるのではないかと予想しています。

　2020年6月時点で企業内弁護士の数は2,629名まで増え，企業内での業務経験を重ねたミドルからシニア層の企業内弁護士の数も増えてきています。つまり，企業法務の世界に有資格者法務部員がいることが常態化し，またその有資格者法務部員をマネージする側も有資格者であることが珍しくなくなっています。そうなると，企業法務の世界の課題は，有資格者法務部員の採用や処遇というところから一歩進んで，弁護士であるからこそ有する訴訟代理権や弁護士会照会制度，弁護士・依頼者間の秘匿特権などを企業法務の世界でどう活用するのか，またその限界はどこかといった，有資格者法務部員の存在を前提にその活動内容に焦点が当たるようになってくるのではないかと思います。

　また，企業内で有資格者法務部員が高いポジションに就くようになるにつれて，日本企業におけるいわゆるジェネラル・カウンセル設置の要否や是非，その要件として弁護士資格を持つことが必要なのかという議論が活発化していくこととが予想されます。

　これらの議論はまだ発展途上のためこれから議論が深まっていくことが期待されますが，JILA20年あゆみという文脈で考えた時には，こうした議論の焦点の変遷が組織内弁護士の発展の歴史を反映しており，非常に興味深いものだと思います。

会報誌「JILA」のあゆみ

山本　晴美

　本書をお読みの皆様，初めまして。JILAで広報Ｇ担当理事をしております，山本です。本稿では，私のインハウスローヤーとの出会い，JILAとの出会い，そして会報誌「JILA」についてご紹介させていただきます。

■インハウスローヤーとの出会い

　私は当初，少年犯罪を扱う弁護士になりたいと思っていました。小学生のころ，学級崩壊やいじめを経験し，小学生なりに絶望した日々を送っていたところ，母が１冊の本を買い与えてくれたことがきっかけです。その本は大平光代先生の『だから，あなたも生きぬいて』（講談社）。この苦しい日々も，弁護士になれば，誰かに寄り添うときの一助となるかもしれない，そう思ったのです。

　中高生のころは，ドラマ「ビギナー」「HERO」や漫画『家裁の人』に影響されつつも，法曹になることを夢見て，法学部に進学しました。しかし，いざ講義を受けてみると，なんだか思っていた勉強と違うようにも感じ，司法試験を受ける決意も固められぬまま，三回生の夏を迎えました。

　私の通っていた同志社大学法学部は，企業法務の育成に力を入れています。希望すれば大学院開講科目である，リーガル・フィールドワーク（企業の法務部へのインターンシップ）を受講することができるとのことで，好奇心もあり申し込んでみることにしました。ちょうど金融商品取引法が整備されたころ，噂のＪ－SOXでも学んでみようと申し込んだのが，有限責任監査法人トーマツの法務部でした。

　インターンシップでは，多くのことを学びました。監査法人という職業柄，

社内の遵法意識は高いほうなのでしょうが，それでも法務の目線とビジネスの現場の目線は異なりうるもの。やみくもに保守的になるのではなく，適切にリスクテイクしてビジネスをサポートしていく必要があります。また，Google検索でヒットするような単純な情報提供を超えて，付加価値を提供できなければ，企業側には法務を置く意味がありません。

　インターンシップを通して，目の前のビジネスがうまくいくように，法律とビジネスの橋渡しをする人間になりたい。具体的には，法律自体の世界観や立法経緯などの趣旨をビジネスの現場に伝え，あるいは現場からのリクエストを法律の趣旨に即した形に整理し直し，必要なら当局に働きかけるといった，法律とビジネスの風通しをよくするような組織内弁護士を目指すようになったのです。

　その後，幸運にも，法科大学院在学中に国土交通省航空局にてインターンシップの機会をいただき，トーマツ入社後にも2年間にわたり金融庁企画市場局にて市場法制の政策立案に携わることができ，ビジネス側と当局側，双方の考え方を学ぶことができました。

■JILAとの出会い

　無事司法試験に合格した後，インターンシップ先であった有限責任監査法人トーマツの組織内弁護士として，キャリアをスタートさせました。弁護士である上司に，他の社内の弁護士資格保有者を紹介してもらい，その方の紹介でJILAの事務総局に加わることになりました。当初は，財務G所属でしたが，会報誌創刊号発行時にお声がけいただいたことをきっかけに，2016年以降は編集G（現広報G）に移りました。

■手探りばかりの創刊号

　会報誌「JILA」は，2015年11月に創刊号が発行され，以降は半年に1回のペースで発行されています（実はプレ創刊号というものも存在しますが，こちらは私が入会する前に発行されたものなので本稿では割愛します）。

　始まりは，2015年6月。JILAに入ってひと月ほど経ったころ，会報誌創刊号の編集メンバーとしてお声がけいただきました。集められたのは私を含め4

名，当然ながら弁護士1年目の私は最年少，それまで会報誌や書籍の編集どころか執筆すらしたことがないので，段取りが全くわかっていない始末。また，JILAの組織のことも全くわからぬまま，他のメンバーに言われたことをとりあえずやる，程度の働きしかしていませんでした。

　とはいえ，他のメンバーも編集作業は手探りだったようで，終盤でミスが多々発覚。裏表紙に掲載されるイベントの広告が，会報誌発行日には終了しているものばかり！デザインがイメージと違う！肩書や表記が統一されていない！……ゲラが刷り上がってから室伏理事長（当時）や梅田事務総長に多々ご指摘をいただきました。10日ほど，職場では本業を放棄してJILAの編集作業しかしていなかった記憶です（職場の同僚が本稿を読んでいないことを祈ります）。当時のメンバー間では「〇時〜〇時は会議中のため返信が遅れます，申し訳ありません」という趣旨のメールが飛び交っていました。そんなわれわれを根気強くサポートしてくださった中央経済社の皆さまには頭が上がりません。

■リーダー不在の会報誌編集

　このように話すと，まるで私が初年度から頑張っていたようですが，そんなことはなく，膨大な修正や，外部との応対をしていたのは私以外の先輩弁護士のメンバーでした。私から見てもご心労は相当だったのでさもありなんですが，創刊号発行後，4名中，2名の方が会報誌編集からご卒業されました。

　残ったのは，66期の先輩弁護士（弁護士3年目）と私（弁護士2年目）。66期の先輩は私1人残るのを危惧して一緒に残ってくださった上，梅田事務総長に窮状を訴えてくださいました。そんな経緯で第2号は，途中まで梅田事務総長がリーダーを代行，途中で渡部事務次長（現オンラインG担当事務次長，理事）がリーダーを引き継ぐという形で進みました。

■編集環境の改善

　渡部事務次長を迎えて編集環境は大きく変わりました。まず，メンバーが増えました。子育て中・地方在住のメンバーを迎え，今では10名規模までに拡大しました。会議はオンラインで，データ共有はGoogle Driveで行われるようになりました。メンバーが増えるにつれてコンテンツも多様化し，私1人では思

いつかないであろうテーマや，接点のない執筆者とも出会うことができました。ISBNも付与され，国会図書館にも所蔵されるように。JILAの忘年会などで会報誌を褒めていただくことも増え，いわく，「他誌では読めないテーマ」とのこと。こういったお声をいただけるととても嬉しいです。

■会報誌のいま

　会報誌第10号を発行した2020年，われわれはいくつかの変革を迎えました。まず，同じ編集Gであったオンライン担当（オンラインG）と分離・独立し，名称が編集Gから広報Gに変わりました。旧広報・渉外委員会で所管していた国内広報業務（プレスリリース作成・取材対応）も新たに担当することとなりました。メンバーは10名，創刊号からの唯一の生き残りである私が，おそれ多くも担当事務次長・理事になりました。

　会報誌編集で心がけていることは，近江商人よろしく，「三方良し」となることです。会報誌は会員・賛助団体の皆さんの手元に届く，目に見える会費・賛助の対価です。ゆえに，読み手にとって読みがいがあることがまず重要です。次に，書き手にとって自由な場であること。会報誌は他誌での執筆経験のない若手にとって，開かれた，絶好の初舞台でありたいと願っています。

　さらに，広報Gのメンバーにとっても，仕事やプライベートと両立でき，JILAにつながるモチベーションを維持できる環境であること。取材や編集を通して，シニア層の理事や普段接点のない会員に出会うなど，編集に時間を割く意味のある活動でありたい。そんな思いをもって，日々活動しています。

■私の個人的なおすすめ記事

会報誌は公式HP内，会員専用ページからお読みいただけます。

- 渡部友一郎会員「若手組織内弁護士の新しい鍛錬方法―カリフォルニア州司法試験―」（創刊号）

　　初めて担当した記事の１つ。カリフォルニア州司法試験について知るきっかけになりました。そして第２号から渡部さんと編集でご一緒することになります。

- 柴田睦月会員「私のインハウスローヤーとしてのアイデンティティ」（第

3号）

　社内初の新卒インハウスとして悩みを感じていた当時の私に，大きな勇気をくださいました。

• 神内聡会員「学校内弁護士の実践と存在意義」（第4号）

　JILAには様々なバックグラウンドの会員がいて，様々な業界で活躍されています。担任や部活動顧問を持つ学校内弁護士のお話，オープンフォーラムと銘打った同号の特集の中でも特に印象的な記事ではないでしょうか。

• 特集　若手インハウス10の悩み（第7号）

　過去最高に反響のあった特集です。若手インハウスは孤独を感じがちですが，JILAにはたくさんの若手インハウスと，メンターになってくれる先輩弁護士がいます。まずは定例会に顔を出していただければ，あなたの世界はきっと広がります。

• 吉鹿央子会員「世界の不思議を追いかけて」（第10号）

　創刊号ではキャリアについて書いていただきましたが，今回は海外出張のエピソード集で，思わずクスリと笑ってしまうものも。コロナ禍だからこそ海外出張特集を組もうと思いついた広報Gのメンバーにも感謝です。

■おわりに

　私の弁護士歴＝JILA歴＝会報誌編集歴は2021年で7年目を迎えます。その間に自身でも書籍を上梓し，多少のノウハウも得て，以前のように勤務時間中に編集作業をするなどということはなくなりました。会報誌自体も，多様なメンバーのおかげで，充実したコンテンツをコンスタントに提供できるようになりました。

　いつも会報誌をお手に取ってくださっている，会員，賛助団体，その他関係団体の皆さま。執筆にご協力くださっている皆さま。サポートをくださる中央経済社の歴代編集者の皆さま，学会支援機構の皆さま。そして，いつも私の想像を超えて楽しい特集を組んでくれる，素敵な広報G各位に深い感謝を込めて，本稿を上梓します。会報誌「JILA」に今後もご期待ください！

日本組織内弁護士協会におけるルールメイキングの過去と展望

渡部　友一郎

■エグゼクティブサマリー

　本稿は，2020年12月を基準時として，第 1 に2019年以前のJILAルールメイキングの過去をまとめ，第 2 に，2020年度，榊原理事長を中心に実行された「規制改革推進会議」を舞台とした新しいルールメイキングについて記録を留めるものです。最後に，日本組織内弁護士協会をプラットフォームとしたルールメイキングの展望について卑見を述べます。

■ルールメイキング

　まず，ルールメイキング（法形成，ルールの形成）とは何を指すのでしょうか。この点，「法形成」とは，「法を創り出し，変化させることに直接寄与する作用」[1]をいいます。

　ルールメイキングは「法形成学」といった単一の学術分野が確立されているものではなく，通常，法学・政治学・経済学・社会学その他の異なる学術分野の研究・理論を参照する必要があります。例えば，法学を構成する「立法学」という領域では，一定の政策（の確定）を前提として，当該政策について法的合理性を維持しつつ一定の文書（法文）に構成することを目標とするものであり[2]，多数の先行研究が存在します。同様に，「法政策学」と命名された領域においても先行研究が存在します。

　法政策学の代表的著作である平井宜雄『法政策学［第 2 版］』は，各種学術領域の主要な社会理論を広く基礎とし，現代においてルールメイキングに携わる法律家や法務・公共政策部門に対し多くの理論的視座を与えるものです。他方，ルールメイキングは「公共政策活動」と呼ばれることも多いと承知しています。実際に，政治学と隣接する領域には「公共政策学」と呼ばれる領域があります。ここに公共政策とは，「社会が抱える様々な政策問題を解決するため

1　大森政輔＝鎌田　薫『立法学講義［補遺］』24頁［石村健］
2　大森＝鎌田・前掲32頁［加藤幸嗣］

の，解決の方向性と具体的な手段」[3]をいうとされています。

　公共政策学は，文理融合の1つの学際的な領域であり，2000年代には，公共政策大学院が創設され，例えば，東京大学は，法学政治学研究科と経済学研究科が，公務員をはじめとする政策の形成，実施，評価の専門家を養成する大学院修士課程（専門職学位課程）として「公共政策大学院」を設置しています。

■2019年以前のJILAのルールメイキング

　日本組織内弁護士協会綱領は，「以下の事項を主たる目的とする団体」として，その1つに「組織内弁護士に関する諸問題を研究し，<u>必要に応じて政策を立案し，関係各機関に提言すること</u>によって，社会の組織内弁護士に対する理解を深め，評価を向上させ，その活動領域の拡大を図る。」（下線部は筆者）と定めています。

　すなわち，法を創り出し，変化させることに直接寄与する作用またはこれに準じる作用を目的として定めており，実は，明確に意識されていない部分もありますが，ルールメイキングはJILAの目的の中核として規定されています。

　組織面では，日本組織内弁護士協会定款（令和2年2月28日）62条第1項は，委員会に関して，「本協会は，必要があると認めるときは，理事会の決議を経て，特定の事項を行わせるため，委員会を置くことができる。」と定めており（なお，委員会の設置に関する規程（平成24年4月13日規程7号）も参照），従来は，理事会および（旧）政策委員会がこのルールメイキングを担ってきたといえます。

　JILA公式サイトの意見書・声明・指針[4]を確認すると，（網羅性に欠けているおそれがありますが），過去，①日本弁護士連合会「営利業務の届出等に関する規程」第3条規定の登記事項証明書に関する意見書（2020年3月23日），②独占禁止法の審査手続に関する意見（2019年3月12日），③LGBTカップルの婚姻の権利に関する理事長声明（2019年2月14日），④東京弁護士会が公表した「弁護士トライアル制度」について（2015年7月10日），⑤「弁護士お試し制度」の見直し要請の件（2015年2月10日），⑥女性弁護士の社外役員候補

3　秋吉貴雄ほか『公共政策学の基礎［新版］』26頁
4　https://jila.jp/about/statement_news

者名簿登録要件に関する一部削除の要請（2015年 1 月27日），また毛色が異なりますが，⑦組織内弁護士による国選弁護・当番弁護の受任に関する倫理行動指針（2014年 3 月 8 日）が公表されています。

　このように，歴史的にみると，断続的にではありますが，要所要所でJILAはルールメイキングの機能を保持してきたことは特筆に値します。

■2020年のJILAのルールメイキング

　2020年のJILAのルールメイキングは，単に意見書を公表することにとどまらず，規制改革推進会議という政府のルール形成の極めて重要な会議体において，プレゼンテーションを行うという新しい試みが行われました。具体的にみていきましょう。

　第 1 に，押印制度の見直しです。2020年 4 月27日，JILAは，規制改革推進会議に対して，「新型コロナウイルス感染防止を妨げる電子署名法の改正に関する提言」を提出しました[5]。さらに，JILAは，規制改単推進会議から意見聴取の機会をいただき，2020年 5 月12日に開催された同会議の成長戦略WGにおいて，「電子署名法（2000年）の改正提言」を発表し，委員の皆さまからの質問等に応答しました[6]。2020年，規制改革推進会議は，不要な押印廃止そして電子署名法におけるいわゆるクラウド型電子署名サービスの法解釈を明確化し，組織内弁護士を取り巻くコロナ禍での押印出社について構造的な改善を果たすことができました。詳細は，榊原美紀「コロナで変わる「書面・押印・対面」慣行と企業法務から発信すべきこと」（ビジネス法務2021年 1 月号），渡部友一郎「電子署名の規制改革―士業によるルール形成」（月刊登記情報704号（2020））をご参照ください。

　第 2 に，書面制度の見直しです。JILAは，再度，規制改革推進会議から意見聴取の機会をいただき，2020年10月12日に開催された同会議の成長戦略WGにおいて，「規制改革推進会議に対する提言書―紙という技術・手法を用いた規制・制度から技術中立性への見直し―について」を発表し，委員の皆さまか

5　https://jila.jp/2020/04/1177/

6　https://jila.jp/2020/05/1192/

らの質問等に応答しました[7]。

　経済団体と席を並べ，JILAが意見陳述の機会を得た2020年10月の規制改革推進会議は，2020年で二度目の招聘でもあり，JILAの将来の可能性を示すものといえるかもしれません。他方で，2020年は偶然アジェンダが合致したという見方も可能であり，今後も，情報収集と規制改革にどのように貢献できるかという専門知識の団体内での共有が重要です。

　この意味でも，JILAの研究会の1つ「パブリック　アフェアーズ研究会」では，さらなる研究と知見の集積が期待されるところです。

■JILAのルールメイキングの今後の展望

　卑見としては，JILAは上記綱領に定めるとおりその目的として組織内弁護士の全体利益のためのルールメイキングを目的として予定していることや，法律の専門家集団であり，弁護士会とは異なる視座から，とりわけ企業法務の現場に横たわる様々な横断的問題について，ルールメイキングを行う最良の立場にいると考えています。他方，JILAとしてのPrinciple（行動の原理原則）も今後議論が必要です。例えば，専ら特定の会員の所属企業・業種が受益する規制改革の提言は避ける（例：業法の改正のうち，当該改正により受益する者が広く一般社会ではなく，特定の事業者に限られる場合）必要があると思われます。

　JILAのポテンシャルはまだ完全にはアンロックされていないと感じます。今後も，様々なアイデアが議論され，実行に移されることを願うとともに，ルールメイキングについての上記2020年の様々な取組みに関与させていただけたことに心から感謝を述べたいと思います。

■インハウスになったきっかけとJILA事務局に入ったきっかけ

　最後に，私がインハウスになったきっかけは，拙稿「（法曹人の新しいフィールド）永久ベンチャーの『球の表面積』として働く弁護士―外資系法律事務所からDeNAの法務部へ」（自由と正義65号（2014））および「わたしの仕事，法

7　https://jila.jp/2020/10/1459/

つながり：ひろがる法律専門家の仕事編（第 7 回）イノベーションを支える弁護士：ベンチャーの懐刀となる組織内弁護士」（法学セミナー60巻11号（2015））に記載したとおり，事業部の懐刀としてその夢を実現することに喜びをもっているからです。

　JILA事務局には梅田事務総長からの事務局公募のお知らせを受け取り，当時，外のネットワークを広げたいことから参加したのがきっかけとなります。本稿を執筆するにあたり，改めて，様々なJILA事務局内外でのご縁に感謝しております。

勉強しようよ，ね？

芦原　一郎

■はじめに

　正確な日付は分かりません。

　おそらく2011年にJILAに入会しました。1995年に弁護士登録（47期），1999年からAFLAC，2009年からみずほ証券とキャリアを重ねてきたところです。一匹狼ではなく，一緒にやれることがありそうだと思い立ったのです。

　入会後すぐにJILAの全体研修での講演や若手ゼミの主宰をしていました。当時のテキストは，『社内弁護士という選択』（商事法務，2008年）です。社内弁護士の講座を大宮ロースクールで持っていましたが，そこでのテキストとしても使っていました。

　その前後から，JILAでの活動や弁護士会での委員会活動を通して数10冊の書籍を執筆し，様々な場所で講演を重ねてきました。若手ゼミも東京と大阪で開催し，労働法研究会を独立させて開催するところまで成長しました。労働法研究会は，現在も東京と大阪で毎月労働判例掲載の判例をほぼすべて読み込んでいます。また，若手ゼミの特別版として，JILA賛助団体の大手事務所で研修をしてもらうこともありました（現在はコロナ禍で中止）。執筆した書籍にも，この若手ゼミや勉強会の活動を通して執筆されたものが多くあります（『法務の技法』，『法務の技法OJT編』，『問題社員対応マニュアル』，『労働判例読

本』など）。

　そんな経歴は文章にしても退屈ですから，私のnoteやAmazonで確認してください。ここでは，なぜJILAの活動を続けてきたのか，それは本当に良かったのかについて振り返ります。興味のある方はお付き合いください。

■なぜ勉強会を主宰するのか？

　さて，私はなぜ社内弁護士の実務を紹介する書籍を書き，なぜJILAで実務研修をしたのでしょうか。

　綺麗事から言うと，1つ目の理由は，社内弁護士の社外弁護士と違う心構えやノウハウを伝えたい，自分が苦労してやっと気づいたことなど，簡単に要領よく身に着けてもっと高みをねらってほしいという点です。昔，理科系の高校生だったのに法学部に進学し，社会科学の考え方に馴染めず非常に苦労しました。要領が悪く，司法試験の合格に無駄な時間をかけてしまいました。社外弁護士から社内弁護士に転じた時にも，これと同じ経験をしました。社内弁護士としての意識に切り替えるまでの間，ずいぶんと無駄な時間や労力をかけてしまいました。

　そんな意識の違いなど，要領よく乗り越えて，もっと身に着けるべきたくさんのことを身に着けたほうがよい。苦労や努力は後で必ず役に立つと言う人がいるけど，それは要領の悪い人の自己弁護です。変化の速い現在，無駄な努力は変化に対応する機会を奪います。無駄な努力などせず，早く変化についていかなければなりません。せっかく，ビジネスの最先端にかかわる社内弁護士になったのですから，その機会を無駄にしている場合ではありません。要領の良さは悪ではありません。要領の悪さを自己正当化する姿勢のほうが悪です。

　2つ目の理由は，社内弁護士の第1人者と言われるようになり，将来のキャリアを有利にしておきたい，という点です。社内弁護士は，事務所経費も人件費も負担せず，事務所経営者のように資金繰りで気を揉まないから羨ましい，安定しているね，とよく言われます。けれども，自分の生活が安定しているなど思えませんでした。合わない仕事ややりたくない仕事を断ることもできず，断る場合には退職を覚悟します。

　大企業に勤務していたのに，地方の取引先の敏腕経営者に気に入られて高給

で転職した知人がいましたが，しばらくしてその会社を退職しました。敏腕経営者と何があったのかは知りません。しかし冷静に考えれば，例えば社外弁護士として取引先が10社あれば，1社縁が切れてもその影響は平均10％だけです。けれども，社内弁護士が会社から追い出されれば，その影響は100％です。会社にすべてを捧げてしまい，自分自身の能力や知名度を上げておかなければさらに危険度が増します。いつの間にか転職できない人間になってしまいます。

　3つ目の理由は，チヤホヤされたいという点です。承認欲求であり，自己顕示欲や自己満足でしかありません。けれども，そのためには教えた若手が成長してくれる実感や手応えが必要です。そのためには，単発の講座で話をするだけでは足りず，しっかりと伝えるべきものすべてを伝え，伝わったかどうか確認する機会が必要です。

　実際，大宮ロースクールで授業を受け持ったときには，少ない学生しか選択してくれませんでしたが，いずれも成長してくれました。成長したことを実感させてくれました。これと同じことを若手社内弁護士相手にやれば，もっとダイレクトに成長したことを実感させてもらえそうです。

　そしてこの承認欲求には，大手事務所の競争に負けた落ちこぼれだ，敗者だ，という評価を覆したいという思いも含まれます。要は，自分自身を模索しており，若手を育てることが自分自身を見つけるきっかけになると期待していたのです。

　結局，この3つの理由を並べてみると，自分のために勉強会を主宰していることがわかります。「情けは人の為ならず」という言葉の意味がよくわかってきました。教えてやっているんだ，という恩着せがましいことを言ってはいけません。誰も付き合ってくれなくなるからです。自分のためにやっているんです，お付き合いいただきありがとうございます，という発想がなければ，勉強会のためにわざわざ時間を割いてくれる人などいなくなってしまいます。

■実際に自分のためになったのか？

　そうすると，私が続けている各種勉強会の成果で実際に若手社内弁護士が成長したのか，実際に大きなチャンスをものにしたのか，などはどうでもよくなります。たしかに，大変勉強になりました，と時々お礼を言ってもらいます。

とてもありがたいことですが，しかし実際に，勉強会のおかげで出世しました，勉強会のおかげで良い転職ができました，という話は聞きません。やはり，「情けは人の為ならず」なのです。

　さて，自分目線で勉強会の主宰が自分のためになったかどうかを考えてみましょう。

　1つ目は転職の機会です。うまく転職できた際，書籍を出したり，勉強会を主宰したりしていたことが実際の選考にどれだけ貢献したのでしょうか。あるいは，経歴に興味を持ってもらい，面接の機会が実際にどれだけ増えたのでしょうか。実際の手応えはよくわかりません。他方，反対の手応えは沢山あります。あるヘッドハンターからは，有名な弁護士だから扱いにくそう，という不採用の理由をフィードバックされました。外での活動ばかり熱心で，ちゃんと会社の仕事をやってくれるか心配，という理由も聞きました。うちのような地味な会社には明らかにオーバークオリティーだから，物足りなくなってきっとすぐに辞められるに違いない，という理由も聞きました。

　そんな印象だけで決めて欲しくないし，そうしないために実際に面接しているんじゃないのか，という不満やストレスで苦しんだこともあります。転職の機会という観点から見た場合，書籍を出したり，勉強会を主宰したりしていたことは，あまり自分のためになっていないようです。

　2つ目の可能性は「社内弁護士のプロ」という専門性の習得です。転職の際に役立ったかどうかは，上記のとおりよくわかりませんでしたが，「社内弁護士のプロ」として顧客会社の法務部や経営をサポートするという仕事が，社外弁護士になったときの商売のネタになったかどうか，という問題です。

　結論からいうと，単発の研修やコンサルタント業務を少しいただくことができましたが，継続的な仕事にはつながっていません。営業としてみた場合，目の付け所が悪かったのでしょう。

　3つ目の可能性は「労働法のプロ」という専門性の習得です。これも，転職の際に役立ったかどうかはよくわかりません。

　しかしこちらは，単発の研修やコンサルタント業務だけでなく，継続的な仕事につながりそうな気配です。数年間，労働判例をひたすら読み込み，解説をつける作業を重ねてきて，『労働判例読本』をはじめとするいくつかの書籍を

出版したことも，あるいは東京弁護士会の労働法委員会での長年の活動を評価
してもらって副委員長になったこともあるのでしょうか。司法試験考査委員
（労働法）に選ばれたり，週刊東洋経済の「依頼したい弁護士25人」に選ばれ
たりしました。これだけですぐに仕事が来るわけではないので営業を頑張らな
ければなりませんが，少なくとも手がかりはできたように思います。

　その他にも，金融証券取引法のプロ，保険法・保険業法のプロ，英語のでき
るビジネス法務のプロ，等も目指して，執筆や研究会での発表，資格試験など
に取り組んできましたが，これらはもっと商売のネタに育っていません。自分
なりにかなり勉強し，発信し，時間や労力を投資してきたのですが，世間はそ
れほど甘くなかったのでした。

■おわりに

　今の日本でも相当，お金にこだわることへの嫌悪感や営業に対する拒絶感が
強く，他方，ちゃんと仕事をしていれば将来はきっと誰かが手を差し伸べてく
れる，と考えている方が多いようです。JILAでも，JILA内での営業活動を毛
嫌いしている人が多くいるようで，この点でお互いに助け合う意識はかなり薄
いようです。

　けれども，今の日本よりももっとこの傾向が強かったであろう戦前の日本で，
お金を稼ぐことは正しいことだ，と声高に主張して実践していたのが松下幸之
助です。市場は，消費者が「お金」という投票権を投資する場です。卑怯な商
売でない限り，社会が会社の提供する商品やサービスの価値を評価してくれて
いるからこそ儲けることができます。もちろん，社会貢献も重要です。良き社
会市民でなければ企業活動も持続できないからです。困っている人を助ける意
識も大切ですが，しかしそのためには，自分自身が経済的にも社会的にも自立
し，安定した居場所を確保していなければなりません。

　したがって，弁護士の営業活動はとても大切です。そして，その前提となる
べき自己投資や勉強もとても大切です。現在の社内弁護士としての立場で，将
来の自分のためにできる投資，すなわち専門性を高めるための勉強を継続的持
続的に行うことの重要性は理解してもらえましたか？

　そのために仲間と勉強することは，モチベーションなどを含めとても有効な

方法です。JILAでも，私の主宰する勉強会のほかにもたくさんのメニューがあります。ぜひそこで自分への投資をし，仲間を見つけましょう。

準会員としてJILAをささえる動機，やりがい，楽しさ，苦労

進藤　千代数

■はじめに

　私は，JILAでは渉外委員会副委員長，国際委員会委員，事務総局企画グループ，GC／CLO研究会副座長，国際仲裁研究会副座長，エネルギー資源開発法研究会副座長などを務めています。

　2007年に英国系の外資系法律事務所にて弁護士としてのキャリアをスタートした後，2009年より経営支援・M＆Aアドバイザリー企業に転職し，その後2014年にHOYA株式会社に転じた後，2015年から現在のホーガン・ロヴェルズ法律事務所外国法共同事業にて勤務しています。

　このようなプライベート・プラクティスとインハウスの双方の経験をベースに，特に渉外委員会では，これまで日弁連や経団連他対外的な団体との活動の前面に出て，JILAの渉外活動を行ってきました。本稿では，そのような活動の中で，特に組織内弁護士につき誤解されやすくその誤解を解くのに苦労した点についてお話します。

■組織内弁護士につき誤解されやすい点

1　組織内弁護士は，ワークライフバランスが確保できる

　もちろん企業によっては，組織内弁護士は勤務時間管理が徹底され，休日もしっかり休めるなど，十分なワークライフバランスが確保できることはありえます。もっとも，契約交渉の最終局面や仮処分など即時性が求められうる案件では，必ずしもそうではないこともあります。

　また，組織内弁護士は，属する企業によっては外部弁護士以上に，海外案件が増えることがありうるため，時差の関係で夜中や明け方に電話会議をしなければならないこともありえます。また，外部弁護士よりも，契約交渉や各国の

法務担当者や現地弁護士との会合などのために海外出張することもあり，そこに通常の業務に加えて時間を費やさなければならないこともありえます。

　さらに，タイムチャージベースで働く外部弁護士よりも組織内弁護士のほうがビジネスサイドとして気軽に相談しやすく，そのために労働時間が長くなることもありえます。担当している案件，タイミング，役職等によっては，外部弁護士と同じかまたはそれ以上に働く必要があることがありうるといえます。

2　組織内弁護士には，売上目標のプレッシャーがない

　もちろん外部弁護士にありうるような売上目標は，組織内弁護士には直接的には通常存在しないと思われます。もっとも，組織内弁護士には，ビジネスサイドからの信頼，という数値化が難しい目標があります。ビジネスサイドから信頼を得られなければ，相談も減少し，法的リスクを水際で最小化するという組織内弁護士の重要なミッションの1つもうまく機能しなくなるおそれがあります。

　組織内弁護士も「コーポレートクライアント」を持っているという意味で外部弁護士と同じであり，いわば組織の中に自らの看板を掲げた法律事務所を構えているようなものといえます。コーポレートクライアントから信頼を得るには，単に，違法または違法リスクがある，といえばよいわけではなく，ビジネスサイドの企図している目標を達成するための解決法を場合によってはプロアクティブに提案し信頼を勝ち得なければならないというプレッシャーを負っているといえます。

3　組織内弁護士は法的アドバイスよりもビジネスジャッジメントを主に行っている

　もちろん組織内弁護士は，ある法的問題についての法的アドバイスだけではなく，ビジネスサイドとともにその法的リスクを分析，検証の上で，ビジネスサイドの企図する目標達成のための具体的な解決策を提案することやビジネスジャッジメントをともに行うことが求められることもあります。ただ，ビジネスジャッジメントは，あくまで正確な事実関係を前提にした，法的問題の把握とそれについての法的アドバイスを前提としたものです。

　組織内弁護士が扱う法的問題およびアドバイスは，特に多国籍企業においては，日本法に限らず，世界各国の法律が関連し，国や言語によっては，外部弁護士と十分な意思疎通ができない場合もあります。正確に法的問題を把握し，適切な法的アドバイスを得て，それをビジネスサイドに理解してもらうのに相当程度時間と手間がかかることもあります。

　また，組織内弁護士が扱う案件は，大規模な海外M&A案件や紛争案件等だけではなく，定型または取引額が少ない契約など会社に与えるインパクトが必ずしも大きくない契約のレビューやアドバイスを求められることもあります。案件の概要，交渉上の優位関係次第で，常にビジネスジャッジメントが求められるわけではなく，法的アドバイスのみで足りることもありえます。

4　組織内弁護士は英語が流暢にできることがマストである

　もちろん組織内弁護士が比較的多く属すると思われる多国籍企業においては，英語の契約のレビュー，交渉，英語によるコミュニケーションや説明を求められることがありえます。もっとも，所属企業が日本を本社あるいは実質的本社とする企業である場合には，取締役会や経営会議は最終的に日本語で行われることが多くあり，英語で交渉してきた経緯を正確かつわかりやすい日本語で経営層に伝えることが求められます。

　組織内弁護士は，通訳や翻訳者ではなく，あくまで法律家であるので，もちろん英語ができるに越したことはないですが，どのような言語であれまずは内容を正確に理解し，それを正確かつわかりやすい日本語で表現できることがマストであると思われます。英語を学び続けることや，英語を使って仕事をすることが好きであることはある程度必要かもしれませんが，最初から流暢に英語ができることがマストではないと思われます。

5　組織内弁護士から法律事務所への転職は困難である

　一度組織内弁護士になると，法律事務所へ転職は難しいのではないかといわれることがあります。組織内弁護士は，特に多国籍企業においては，常に日本法についてのアドバイスをしているわけではなく，世界各国の法律を理解していることを求められ，また，案件や役職によっては自ら法的リサーチや契約書

のドラフティングをする機会が外部弁護士よりも限定されるなど，外部弁護士と役割が異なるため実際に法律事務所に転職すると苦労する部分もあるかもしれません。

　ただ，外資系はもとより日系の法律事務所でも，日本法のアドバイスのみをしているわけではなく，案件がある国の法律を正確に理解し，日本のクライアントに対して外国弁護士のアドバイスを正確かつわかりやすい日本語で説明することが求められることが比較的多くあります。この点では，多国籍企業で働く組織内弁護士のほうが外部弁護士より長じているといえるかもしれません。

　また，組織内弁護士は，特に多国籍企業であれば，定常的に多くの世界トップクラスの法律事務所と協働して案件を行っており，そのような案件の中で，世界トップクラスの外部弁護士の仕事のやり方を学ぶ機会を多く得ることができます。そのような経験は，法律事務所で勤務する場合には，有益であり，一概に法律事務所への転職が困難とはいえないと思われます。

■まとめ

　以上，JILAの活動の中で，組織内弁護士につき誤解されやすいと感じた点をいくつか述べてきましたが，組織内弁護士も外部弁護士も最終的には法律家であり，その目指すところは「社会正義の実現と基本的人権の擁護」という点では同じです。もちろん，役割や仕事の仕方などそれぞれ異なるところはあるかもしれませんが，法律家としての本分は同じであるという思いで，今後もJILAの渉外活動を含め頑張っていきたいと思います。

JILAは国際活動を強化します！〜国際委員会の立上げと，韓国
社内弁護士会（KICA）との協定締結を皮切りに

結城 大輔

■自己紹介とJILAとのご縁

のぞみ総合法律事務所という中規模事務所でパートナーをしています。50期
で弁護士登録は1998年です。現在，JILAの国際委員会で副委員長を務めると
ともに，第二東京弁護士会の国際委員会で副委員長（2017年度には委員長も務
めました），そして国際法曹協会（International Bar Association, "IBA"）の
贈賄防止委員会コンプライアンス部会で副部会長を務めています。

JILAとのご縁は，2000年から2002年にかけて，日本銀行信用機構室決済シ
ステム課（現決済機構局）に出向したのを契機に，「インハウスローヤー」と
いう存在に関心を持つようになり，事務所復帰後，JILAのファウンダーで当
時の理事長であった梅田現副理事長・事務総長と知り合ったことがきっかけで
した。当時，内部通報など，コンプライアンスに企業が取り組む上でインハウ
スローヤーこそその核となる存在ではないか，という議論をしたことを懐かし
く思い出します。20年近い月日が経過した今もその思いは変わりませんし，実
際，インハウスローヤーの活躍の場はさらに広がっており，感慨深いものがあ
ります。

その後，機会をいただき，研修委員会と広報渉外委員会でそれぞれ副委員長
をさせていただきましたが，2020年に国際委員会を立ち上げるということで，
国際委員会の副委員長に就任させていただきました。

■JILAと国際活動

日本企業や日本の弁護士にとって，国際案件・国際活動は，かつては，一部
のいわゆる"渉外弁護士"や大手メーカーや商社のような一部のグローバル企
業や外資系企業でインハウスをする弁護士のみが取り扱う分野，という印象が
強かったものと思います。かくいう私自身，1998年の登録からの約10年は，日
銀での2年間を除けばほぼすべての業務は純粋国内案件でした。その後米国
ロースクール留学，韓国・米国ローファームへの出向で合計6年近くを海外で

過ごす間に，日本の状況が激変しました。大企業はもとより中小企業まで含め，積極的に海外に進出したり海外企業と取引を行ったりするのが当然となりました。

　ただ，法務，弁護士，弁護士会においては，ビジネスの最前線と比べ，国際化の動きが遅れていると痛感しています。国際案件を経験する必要性を感じながら，海外での訴訟・紛争案件を扱ったことがない，クロスボーダーM&Aの経験がない，海外弁護士と連携して業務を行ったことがない，日々の業務の中で国際案件に接する機会が少ないといった若手弁護士の声を聞くことが多くなりました。

　私自身も，今でこそ業務の半分ほどは海外関連となっていますが，元は完全なドメスティックローヤーであった経験から，自分自身が感じてきたニーズも踏まえ，JILAという組織の力も使って，様々な形で，海外の弁護士や法曹団体との交流や情報交換の機会を創り出し，より多くのインハウスローヤーが，国際案件・交流に関心を持つきっかけや，実際に業務で連携できる海外弁護士と知り合う機会を増やしていきたいと考えるようになりました。

■JILA国際委員会の体制・活動内容

　こんな思いをもって立上げから参画したJILA国際委員会ですが，梅田さんとともにJILA創立当時からのメンバーである市橋さんを委員長とし，楽しいメンバーが集まりました。委員会は3グループから構成されています。

■委員長：市橋智峰さん（ダーツライブ）
■1グループ：海外団体等との提携・交流（担当副委員長：結城大輔）
■2グループ：国際会議への参加・派遣等（担当副委員長：岡田尚子さん（クレディ・スイス））
■3グループ：海外関連の広報等（担当副委員長：若槻絵美さん（クランチロール））
■担当役員：髙畑正子副理事長（インダストリアル・ディシジョンズ）

　ご覧のとおり現役インハウスの皆さんを中心に，多様な国際活動のために立ち上がった委員会です。多くの若手を含め，国際活動に関心を持つ多彩な顔ぶれのメンバーが集まっています。

■韓国社内弁護士会（KICA）との連携協定を締結！

　1グループは，海外団体等との提携・交流の第一弾として，韓国のインハウス団体である韓国社内弁護士会（Korea In-House Counsel Association, "KICA"）との提携について協議を進め，2020年12月14日，JILAとKICAは提携協定を締結しました。詳しくは，JILAのウェブサイトをご覧ください（https://jila.jp/about/partner/partner_kica）。こちらでJILA榊原理事長とともに写っている右の方がKICAイ・ワングン会長です。本来であれば，直接会っての調印となるところですが，コロナ禍の影響を受け，Zoomでつないでの調印式と相成りました。

　日本と同様，近年インハウスローヤーの数が急増している隣国の韓国で，KICAがインハウスローヤーの団体として検討・活動する内容は，JILAの検討・活動内容と類似するものも少なくなく，お互い大変参考になることを確信しています。実際，提携協定締結前に，JILA榊原理事長・髙畑副理事長とKICAイ会長とで行った情報交換の面談でも，インハウスローヤーとして，インハウス団体として，また，両国の企業法務や法曹養成制度など，話題は尽きませんでした。

　ぜひこれから，この提携協定に基づき，共同ウェビナーや交流会を開催したり，必要な情報を交換したり，様々な活動を企画して行きたいと考えています。特に，コロナ禍において相互に自由に往来ができないこのタイミングだからこそ，オンライン等の手法も活用し，積極的に相互の交流や研鑽を図っていきたいと思っています。

　JILAの会員の皆さまにとっても，業務上で，韓国，韓国企業と関連がある皆さんはもちろん，そうでない方々も，ぜひお気軽にご参加いただき，参考になりそうな情報を得たり，あるいはより気軽に友人を作ったりする機会として活用していただければと思います。

■これからのJILAの国際活動

JILA20周年というタイミングで立ち上がったJILA国際委員会は，前述の体制のもと，様々な観点から多様な国際関連の活動を企画していきたいと考えています。

世界各国・地域の弁護士会やインハウス団体，国際法曹会議など，JILAの国際交流や提携の対象は，幅広く想定されます。アジアはもちろん，米国，ヨーロッパなど，インハウスが活躍する国・地域はすべて対象ですね。ぜひ，こんなところと連携・提携をしたい，この国・地域との業務上のつながりが深い，関心がある，などの声もお寄せいただきたいですし，一緒に国際委員会でこのような活動をしていきたいというご希望もいつでも大歓迎です。

国際活動の意義や必要性については，多くの方がいろいろな観点から論じてくださっています。私が，個人的に，国際活動のここが面白い！と思っている点は，個人的な友情・信頼関係が，業務における連携にもつながり，同時に，その国や地域に対するご縁にもなる，という点です。日本でもそうだと思うのですが，おそらく日本以上に海外では，"何をやるか"ももちろん重要ですが，何よりも"誰とやるか"が決定的に重要です。

これはビジネスパートナー選び，M&Aの対象会社選びにも当てはまりますが，連携する海外弁護士にも当てはまります。いろいろな関係を通じて，知識・経験はもちろん，人柄や仕事のスタイル，そして日本についての関心・理解なども知ることによって，「ああ，この人は信頼できる，この人と一緒に仕事をしたい」という弁護士とのつながりが世界各国で生まれてきます。

このようなつながりが実際にうまく業務でも機能し，案件がうまく展開してクライアントから感謝されると，なんとも言えない喜びが込み上げてきます。そして，そういったつながりがきっかけとなって，その国・地域のことをさらによく知ることができ，（コロナ禍ですぐには行けなくても）時々出張や旅行に行ったりすることできるようになれば，新しい刺激がたくさん待っています。

コロナ禍で，世界は移動が制限されていますが，これによりかえって，ウェブ会議やオンライン交流会を通じた新しい形の国際交流も生まれてきています。留学や海外研修，海外に渡航しての国際会議出席以外でも，できることは確実に増えています。いろいろなアイディアを実現していきたいと思います！

第**3**章

各支部のあゆみ

1．関西支部のあゆみ

関西支部長　中室　祐

【関西支部年表】

年	月	事　項
2006	1	関西支部を設置
2010	1	関西支部定例会の開催頻度が概ね四半期に1回となる
2013	7	支部事務局を設置
	9	日本公認会計士協会近畿会主催のセミナー「飛躍する組織内弁護士・会計士〜組織内へのキャリアアップと挑戦〜」に共催（日本公認会計士協会との初の共催企画）
	11	大阪大学大学院高等司法研究科ALEC講演会「若手現役インハウスが本音で語る！『企業内弁護士のリアル』」を開催（その後，同様のイベントを立命館大学，大阪弁護士会でも開催）
2014	4	関西支部定例会の開催頻度が概ね月1回となる
2015	3	大阪弁護士会との共催セミナーを初開催
2016	12	関西支部10周年記念パーティーを開催
2018	4	支部事務局内に総務チーム・定例会チームを編成
2020	6	Zoomを用いたオンライン定例会を初開催

■　関西支部の設置・執行部体制

　関西支部は，2006年1月にJILAで最初の支部として設置されました。初代

支部長には片岡詳子さん（当時：松下電器産業株式会社）が就任し，当初の会員数は3，4名程度でした。

　その後，支部の会員数が年々増加し，規模も大きくなってきたことを背景として，2013年7月に上田大輔さん（関西テレビ放送株式会社）が第3代支部長に就任したのを機に，事務局長1名と事務局次長5名から構成される支部事務局が新たに設置されました。

　支部事務局の体制は徐々に強化され，2018年4月には支部事務局内に総務チームと3つの定例会チームが編成され，分業体制が構築されました。総務チームは，会計等の総務的な事務のほか，他団体との連携・交流等に関する事務を所掌し，定例会チームは，定例会の企画・実施等の事務を所掌しています。

■　定例会・勉強会等

1　初期の活動状況

　関西支部の発足当初は，JILA本会からの来訪者を囲んでの懇親会や，暑気払いなど，会員相互の情報交換や親睦を図るイベントを不定期に開催していました。

　その後，第2代支部長の平泉真理さん（当時：バイエル薬品株式会社）が就任した2010年から，定例会を概ね四半期に1回開催するようになりました。定例会の主な企画は企業訪問で，会員の所属企業を訪問し，職場やPR施設の見学等を行うとともに，当該会員から法務組織の概要，組織内での自身の役割や働き方の実情等について説明を受けるというものです。

　訪問対象となった企業の業種も，製薬・放送・繊維・エネルギー・大学・取引所等と多岐にわたっており，参加者にとっては，他の企業の法務組織や組織内弁護士の活躍の様子を知ることで良い刺激を受け，自社の法務や自身の業務のあり方を考える機会となっていました。

　このほか，独占禁止法・著名な訴訟等といった様々なテーマに関して，講師を招いての講演会を開催したり，新年会や暑気払いといった懇親会を開催したりもしていました。

2　執行部体制の充実に伴う開催頻度の増加

2013年7月に支部事務局が設置されたことに伴い，定例会の開催頻度は増加し，2014年度以降は概ね月に1回の頻度で開催するようになりました。このころから，講師を招いて特定のテーマに関する講演を聴き，その後に懇親会を開催するという形式が定例会の定番となってきました。

講演のテーマとしては，英文契約，M&A，コンプライアンス・内部通報，労働法，独占禁止法・景品表示法，知的財産，会計，税務，キャリアパス等，組織内弁護士にとって関心が高いトピックを幅広く採り上げています。

定例会の講師についてはJILA会員が担当することも多く，講師自身の実務経験を踏まえた，文献には載っていない"ここだけの話"を聴けることも少なくないことから，会員にとっては貴重な情報収集チャネルの1つとなっています。

また，忘年会や新年会等，懇親を目的としたイベントも開催しています。2016年12月には関西支部10周年記念パーティーを開催し，歴代支部長も出席して，会員の所属企業ゆかりの景品を用意したクイズ大会等で大変盛り上がりました。

3　近年の開催状況

このようにほぼ毎月開催を続けてきた定例会ですが，新型コロナウイルス感染症拡大を受け，2020年3月から一時中断を余儀なくされました。その後，Zoomを用いて完全オンラインで開催する目途が立ち，2020年6月から定例会を再開させています。オンラインでの定例会開催については，会員同士のコミュニケーションが難しくなる反面，会場までの移動時間が不要でネット回線さえあればどこからでも参加できるので便利との声も聞かれるところです。

また，2020年には，上米良大輔さん（山本特許法律事務所）を講師として，初心者を対象とした英文契約勉強会を開催しました。この勉強会は4月から12月まで計9回開催し，参加者から大変好評を博しました。

■　各種シンポジウム

　関西支部では，会員向けの定例会以外にも，組織内弁護士のキャリア形成に資する次のようなセミナーやシンポジウムの開催に協力してきました。

1　「組織内弁護士の活用に関する全国キャラバン　大阪シンポジウム」への協力

　2010年4月に，日本弁護士連合会による「組織内弁護士の活用に関する全国キャラバン　大阪シンポジウム」が開催され，当時の関西支部長のほか支部会員3名が登壇しました。このシンポジウムには企業関係者等121名の参加があり，組織内弁護士への関心の高まりがうかがえました。

2　「飛躍する組織内弁護士・会計士〜組織内へのキャリアアップと挑戦〜」への共催

　2013年9月には，日本公認会計士協会近畿会　女性会計士委員会主催のセミナー「飛躍する組織内弁護士・会計士〜組織内へのキャリアアップと挑戦〜」に共催しました。このセミナーは，第1部で三村まり子弁護士が「私のキャリア」と題する講演を行い，第2部で組織内弁護士3名（初代から3代までの関西支部長）と組織内会計士3名の計6名によるパネルディスカッションを行うという内容でした。

　当日は公認会計士，弁護士，法科大学院生等，多数の方々が参加し，多様な経歴を持つ登壇者の講演やディスカッションを興味深く聴講していました。

3　「企業内弁護士のリアル」の開催

　2013年11月には，大阪大学大学院高等司法研究科におけるALEC（アドバンスド・リーガルエデュケーション＆キャリア）という組織の取組みの一環として，「若手現役インハウスが本音で語る！『企業内弁護士のリアル』」という講演会が開催され，この企画に関西支部として協力しました。

　この講演会は，第1部で関西支部長（当時）の上田大輔さんが「導入〜企業内弁護士とは〜」と題する講演を行い，第2部で会員3名が「未来のキャリア

選択肢の1つとして」と題するパネルトークを行いました。

　パネリストは，自身の業務や処遇，企業内弁護士となった動機や就職活動，企業内弁護士のやりがい等について，経験談を交えて具体的に語っていました。対象者は大阪大学の法科大学院生のみという講演会で，一部必修授業の時間帯と重なっていたにもかかわらず，50名近くが参加し，大変盛況でした。講演会終了後には懇親会が開催され，学生との交流を深めることができました。

　2014年4月には，京都の4大学の法科大学院による協力を得て，シンポジウム「企業内弁護士のリアル」を，立命館大学朱雀キャンパスで開催しました。法学部生や法科大学院生のほか，司法修習生，大学関係者，さらには韓国の弁護士も参加し，参加者は約100名となりました。質疑応答の際には，韓国の弁護士から，「韓国では弁護士の20％は企業にいるのに，なぜ日本では少ないのか。」という質問が投げかけられ，登壇者自身が日本における企業内弁護士の実情について考えさせられる場面もありました。

　2015年以降は，場所を大阪弁護士会館に変えて，大阪弁護士会とJILAによる主催という形式で，2018年まで毎年開催しました。様々な経歴を有する現役の企業内弁護士から，メリットだけでなくデメリットについても本音のリアルな話が聴けることから，いずれの会場でも参加者から質問が活発に寄せられました。

■　他団体との関係

1　大阪弁護士会
（1）　共催セミナー

　関西支部会員の多くが大阪弁護士会に所属していることから，関西支部では，大阪弁護士会との連携・交流を続けています。

　こうした取組みとして最も多く手がけてきたのは大阪弁護士会との共催セミナーです。初めての共催セミナーは2015年3月に大阪弁護士会館で開催し，芦原一郎弁護士（当時：チューリッヒ保険／チューリッヒ生命）が「インハウスが教える"問題社員対応"」と題する講演を行いました。大阪弁護士会の会員である法律事務所所属の弁護士も参加し，参加者は合計114名にまで達しまし

た。

　その後も，共催セミナーは，法律事務所の弁護士にも関心の高いテーマを採り上げて，毎年1，2回程度開催し続けています。

　大阪弁護士会との共催セミナーで初のパネルディスカッション形式が採られたのは，2018年11月に開催された「『攻めの企業法務』～経済産業省報告書を踏まえて～」です。これは，2018年4月に経済産業省から「国際競争力強化に向けた日本企業の法務機能の在り方研究会報告書」が公表されたことを受けて開催されたセミナーで，経済産業省経済産業政策局競争環境整備室長（当時）の北村敦司氏が基調講演を行った後，法務部長クラスの企業内弁護士3名（伊藤ゆみ子弁護士（当時：シャープ株式会社），山本崇晶弁護士（住友電気工業株式会社），平泉真理弁護士（当時：ベーリンガーインゲルハイムジャパン株式会社））がパネルディスカッションを行うというものでした。

　このテーマは弁護士のみならず，企業の法務担当者にも関心が高いことから，企業にも広く参加を呼びかけ，参加者は約140名となりました。会場からも質問が多く寄せられ，企業における法務組織やその役割を考えるにあたって多くの有益な示唆が得られるセミナーとなりました。

　2019年11月には，結城大輔弁護士（のぞみ総合法律事務所）と宮原友雄氏（日本マイクロソフト株式会社）による「先進的グローバル企業に学ぶグループガバナンス～経済産業省『グループガイドライン』を踏まえて～」という講演が行われました。この講演は，参加者によるグループ討議も織り交ぜながら進めるというユニークな企画で，参加者の満足度は高い様子でした。

（2）　懇談会等

　大阪弁護士会に対しては，組織内弁護士について理解を得るためのさまざまな活動も行っています。2014年から2016年にかけて，JILA理事長と大阪弁護士会の会長・副会長とによる組織内弁護士に関する意見交換会を毎年開催したほか，2015年，2020年には，日本弁護士連合会による組織内弁護士に関する意見交換会に関西支部会員が出席しました。また，2019年にはJILAの榊原美紀理事長，南裕子関西支部長（当時）と大阪弁護士会の竹岡富美男会長（当時）とが対談を行い，その内容が大阪弁護士会の会報誌「月刊大阪弁護士会」2月

号の記事として掲載されました。

　他にも、「月刊大阪弁護士会」における記事掲載に関西支部会員が協力し、2009年6月号に「弁護士のキャリアプランを考える—組織内弁護士—」と題する特集記事が、2018年9月号から11月号にかけて「企業が依頼したくなる法律事務所とは？」と題する記事が、2020年2月から3月にかけて「事務所弁護士が企業への転職を考えたら」と題する記事が、それぞれ掲載されました。いずれも組織内弁護士への理解が深まる内容で、法律事務所の弁護士にも参考になる情報を提供するものとなっています。

（3）　大阪弁護士会の制度見直しに向けた活動

　大阪弁護士会における様々な仕組みや制度は、法律事務所の弁護士を念頭に構築されてきたものであり、組織内弁護士の実情に合わないものも見受けられることから、関西支部会員が多数所属している大阪弁護士会の弁護士業務改革委員会第3部会においては、こうした仕組みや制度の見直しに向けた取組みを行ってきており、JILA関西支部としてもこれを支援しています。

　こうした取組みの結果、レターケースの宅配サービスの導入等、一部成果が出たものもあります。しかし、継続研修の受講義務に関して、JILA関西支部の定例会を単位認定の対象とすることや、公益活動義務に関して、JILA執行部への就任をみなし公益活動として追加することについては、いまだ実現するに至っていない状況です。

2　京都弁護士会・兵庫県弁護士会

　京都弁護士会とは、2015年9月に、同会の会長・副会長とJILA理事長との意見交換会を開催しました。

　兵庫県弁護士会とは、2016年2月に、同会とJILAとの共催セミナーを開催し、荻野泰三弁護士（当時：明石市役所）が「明石市役所における任期付公務員の活動状況〜その業務内容、処遇、やりがいから苦労、将来像まで〜」と題する講演を行いました。また、2017年2月には、JILA理事長と兵庫県弁護士会の会長・副会長との意見交換会を開催したり、2019年2月には、「日本弁護士連合会との組織内弁護士に関する意見交換会」に出席したりするなど、兵庫県弁

護士会における組織内弁護士への理解活動にも取り組んできました。

3　日本公認会計士協会近畿会

　関西支部では，日本公認会計士協会近畿会の組織内会計士委員会と交流を継続しており，前述したセミナーへの共催のほか，懇談会・講師の相互派遣等といった取組みを行ってきました。

　公認会計士を講師として招いた定例会の企画としては，2014年2月に「財務諸表の読み方」「危険な会社の見分け方」，2015年5月に「弁護士に役立つビジネス会計～管理会計を知って経営サポート力を強化せよ！～」，2018年2月に「企業内弁護士なら知っておきたい会計"基礎"講座～2017年総決算！みんなが気になる企業ニュース，公認会計士が斬る！！～」がそれぞれ開催されました（講師はいずれも荻窪輝明公認会計士）。また，2021年3月には，藤枝政雄公認会計士をお招きして，ビジネスデューディリジェンスに関する講演を行いました。

　また，組織内弁護士を講師とし，公認会計士を対象とした講演企画としては，2014年7月の「公認会計士のための法律入門～契約書入門・民事訴訟入門～」（JILAとの共催），2015年6月の「公認会計士のための企業法務入門～1日で2014年の企業法務トピックスを振り返る～」，2017年2月と2018年3月の「組織内会計士のための法律知識と実務」があります。

■　今後の展望

　関西支部は2021年1月に15周年を迎えました。これまでの活動を振り返ると，「日本組織内弁護士協会綱領」が掲げる，組織内弁護士に対する理解獲得，組織内弁護士の能力・識見の向上，組織内弁護士間のネットワーク形成による知識・経験・情報の共有といった目的に沿って着実な歩みを続けてきたように思われます。

　しかし，関西支部の内外を取り巻く環境は大きく変化し，これに伴って，様々な課題に直面しています。例えば，当初は数名であった会員数はこの15年間で急増し，現在は百数十名にまで達していますが，その一方で定例会の参加

者数はそれほど伸びておらず，参加率は低下傾向にあります。支部の活動を活性化させるには，より多くの会員の参加が不可欠であり，会員の参加率向上が課題となっています。参加率低下の大きな要因の 1 つはニーズの多様化でないかと推測され，2019年10月に支部会員を対象として実施したアンケートからもその傾向がうかがわれます。関西支部としては，従来型の定例会にとらわれない新たな取組みに挑戦する必要があるように思われます。

　また，従来，JILA本会の定例会は東京で開催されることから，ほとんどの関西支部の会員にとっては，支部の定例会が唯一の活動の場でした。しかし，新型コロナウイルス感染症拡大を機に，JILAの定例会がオンライン開催に切り替わったことから，関西支部の会員は，支部の定例会のみならず，本会の定例会にも容易に参加できるようになりました。このような状況を受けて，支部としての独自の役割・あり方が改めて問われています。本会と比較した支部の大きな特徴は，会員数が増加してはいるものの，なお"顔の見える"規模感であることから，少人数での参加型企画を増やしていくことが 1 つの方向性ではないかと考えられます。

　"変わらない目的"のために"変わり続けていく"ことが今後の関西支部には求められています。

2．東海支部のあゆみ

東海支部事務局（東海支部長　永田　明良）

【東海支部年表】

年	月	事　項
2008	4	東海支部を設置
2013	2	東海支部としての活動を開始（支部会員数9名）
	3	支部定例会を開始
	8	組織内弁護士紹介セミナーを開始
2014	4	支部会員数20名を超える
	5	愛知県弁護士会所属の若手弁護士との合同勉強会（アップルネット）を開始
	6	愛知県弁護士会への表敬訪問を開始
	7	司法修習生・若手弁護士向けの組織内弁護士との情報交換会を開始
2015	5	企業内弁理士との交流会を開催
2016	5	支部会員数40名を超える
2017	10	日本公認会計士協会東海会所属の企業内会計士との交流会を開始
2019	7	経営法友会の名古屋会員懇談会を後援

■　はじめに

　東海支部は，主に愛知県，岐阜県，三重県および静岡県の弁護士会所属の組織内弁護士で構成される支部で，服部由美さんを初代支部長として2008年4月に設置されました。

　当初は両手で収まる会員数でしたが，愛知県内の企業にて勤務する会員を中心として次第に増えていき，2014年に20名以上，現在では60名を数えるまでになりました（2021年7月時点）。

　会員数の増加とともに，会員同士での交流機会が増えて支部の活性化が進み，組織内弁護士の認知度が向上した結果，弁護士会をはじめ外部団体との情報交換会や法科大学院でのイベントの開催など，支部活動の領域も広がっています。

　とはいえ，関東や関西地区と比べるとまだまだ小規模な支部といえます。今後も，小規模であるからこそその「顔の見える距離感」という強みを大切にした

支部会員間の交流機会の充実と，東海地方における組織内弁護士の認知度・理解度向上を中心に，支部のさらなる発展に向けてさまざまな取組みを行っていきたいと思います。

■　東海支部の活動

1　定例会を中心とした会員同士の交流

「組織内弁護士間のネットワークを形成し，親睦を深める機会を提供することによって，知識・経験・情報の共有を図る」というJILA綱領のもと，支部会員の情報共有や交流機会を充実させるため，定例会を開催してきました。特に，東海支部では組織内弁護士を初めて採用し，所属組織で唯一の存在となっている会員も多く，「顔の見える距離感」を利点として定例会を中心とした会員間のつながりを作る活動を進めてきました。

2013年3月，まず懇親会から始め，「インハウスの日常業務」をテーマにして，それぞれが日常業務について発表したり，事前に「日常業務の中での悩みや関心事」を募った上で，参加者同士で所属組織での経験等を共有したりするようになりました。

同じ組織内弁護士であっても，所属組織ごとに業務内容は様々ですし，業種や組織風土に応じて，法務の位置づけも異なります。こうした経験の共有は，刺激となり，日常業務へのモチベーション，所属組織における業務の進め方を見直す契機になるなど，参加会員にとって有意義な場となっています。

また，定例会においては，組織内弁護士として必要な専門知識の習得や法令情報のアップデートをはかるため，東海支部内だけでなく東京や大阪などから講師の先生をお招きし，勉強会も実施しています。

国際税務，クレーマー・反社会的勢力対応，独禁法・下請法の実務，英文契約書の留意点，合弁会社の設立や事業譲渡における実務上の留意点などの専門分野をテーマに，セミナー形式でご講演をしていただきました。また，JILA本部や経済産業省等の外部機関から講師をお招きし，法務機能の強化や弁護士のキャリアなど組織内弁護士としての成長を考える勉強会も実施しています。勉強会の後は懇親会を開催し，各テーマについて勉強会では話せなかった議論

やそれぞれの近況や悩みについて共有しています。

　最近では，新型コロナウイルス感染症対策で「オンライン勉強会」が増え，遠方からでも参加しやすくなっています。「顔の見える距離感」の支部会員が集まる勉強会は，互いの成長を刺激し合う機会であると同時に，業務に必要な情報をアップデートする貴重な機会ですので，毎回，相当な盛り上がりを見せる会となっています。

2　他団体との交流

（1）　愛知県弁護士会との交流

　東海支部は，現在のところ愛知県弁護士会の会員数が最も多いことや，愛知県弁護士会が組織内弁護士に関心を寄せて理解を示していただいていることから，愛知県弁護士会と積極的に交流をしています。

　その1つとして，2014年の花井増實会長のときに始まった愛知県弁護士会への表敬訪問があります。この表敬訪問は，愛知県弁護士会における組織内弁護士への理解の深化や処遇等の改善検討の契機とすることを目指して，愛知県弁護士会の理事者と意見交換を行うもので，以降，毎年開催されています。

　参加メンバーは，JILA側は理事長をはじめとした理事者と東海支部の事務局等，愛知県弁護士会側は会長や副会長の執行部に加えて関係する各種委員会の委員長等，それぞれ10名程度で合計20名ほどです。当初は，組織内弁護士は事務所弁護士にとって業務を奪う存在になるのではないかと危惧されていたようですが，この表敬訪問を通じて組織内弁護士の実情を知っていただき，組織内弁護士と事務所弁護士は協働していく存在であると理解いただけるようになりました。毎年，愛知県弁護士会の執行部ほぼ全員に参加していただいており，弁護士会側の組織内弁護士やJILAに対する関心の高さがうかがえます。

　また，同年5月より，愛知県弁護士会の事務所勤務の若手弁護士と組織内弁護士との合同勉強会（アップルネット）を始め，以降3か月に1回のペースで開催しています。アップルネットでは，事務所勤務の弁護士と組織内弁護士が，交互に自らテーマを設定して発表を行い，社内外からの異なる視点での意見交換や懇親の場を通じて，所属組織では得がたい知識・経験等を深めています。

　さらに，同年7月に愛知県弁護士会の司法修習委員会からお声がけいただき，

毎年，司法修習生・若手弁護士向けに組織内弁護士の紹介と就職・転職についての情報交換会を実施するようになりました。この情報交換会の参加者から実際に企業へ就職・転職した方や，任期付公務員に転身した方も現れており，意義ある活動となっています。また，こうしたことを評価いただき，当初は修習生や若手弁護士の就職支援目的のイベントだったものが，現在では，司法修習委員会の任意合同修習のプログラムに組み入れられています。

（2）　他団体との交流

　2015年5月に，日本弁理士会東海支部所属の弁理士との間で交流会を実施しました。

　また，2017年10月に，日本公認会計士協会東海会所属の企業内会計士との交流会を実施し，以降，年1回程度継続して開催しています。この交流会では，組織内での会計または法律の専門家として，キャリア形成，組織内での立ち振る舞い，組織への貢献の仕方等のテーマについて意見交換しており，参加者が働き方やスキルアップの手段などについてさまざまな気づきを得られる機会となっています。

　2019年7月には，経営法友会の名古屋会員懇談会を後援いたしました。グループディスカッションでは各グループのファシリテーターとして招かれ，経営法友会の会員となっている企業の方々と「弁護士との付き合い方」をテーマに議論しました。

　国内案件と海外の案件について，それぞれ専門知識を有する弁護士の探し方や依頼の仕方，顧問先の事務所との付き合い方など，日々感じている疑問や悩みを共有することで他社の状況を知ることができました。また，企業として有資格者に求めることや評価処遇のあり方といったテーマについての意見交換を行いました。

3　法科大学院での紹介講義について

　2013年に南山大学法科大学院および名城大学法科大学院にて，組織内弁護士の業務を紹介するセミナーを実施したことを皮切りに，東海地方の各法科大学院出身の会員が中心となって働きかけを行い，名城大学，中京大学，愛知大学，

名古屋大学でもセミナーを開催しています。

　セミナーは各法科大学院からのニーズに応じて様々な形式で開催しており，対象者は法科大学院生の他，法学部生が含まれることもあるほか，法科大学院の正規授業の1コマあるいは課外イベント等として開催しています。

　具体的な内容としては，日常業務や組織内弁護士となった経緯などの紹介のほか，学生に対する事前アンケートの結果を踏まえた支部会員による組織内弁護士の意義等に関するパネルディスカッションや，支部会員の体験を基に作成したケーススタディを通じた組織内弁護士の体験講義等を行っています。いずれの法科大学院からも「組織内弁護士の役割がわかった」「視野が広がり，有意義だった」「組織内弁護士に対する興味がわいた」といった学生の感想が寄せられています。

　愛知大学および名古屋大学では現在も本セミナーを継続しており，将来の法律家に対して組織内弁護士を知っていただく重要な周知活動の場として，東海支部としても大切に考えています。

■　東海支部のこれから

　東海支部は，設置から13年ほど経過しました。ここまでやって来られたのは，歴代支部長や事務局メンバーをはじめ諸先輩の会員の方々が，支部の良さ，小規模であるからこその「顔の見える距離感」という強みを大切にして，道を敷いてこられた賜物です。これからもその強みを大切に，支部のさらなる発展に向けて，様々な取組みを行っていきたいと思います。

　柱となるのは，支部会員間の交流の機会の充実と，東海地方の関係者・関係団体における組織内弁護士の認知度・理解度向上を図ることです。

　引き続き，定例会を通じて支部会員同士の関係性を高めるとともに，東海地方の組織内弁護士でまだJILA会員になっていない方の勧誘も進めていきたいと思います。会員のニーズに沿ったテーマ選定を行うとともに岐阜県，三重県および静岡県の組織に所属する方にも「距離」を感じることなく参加しやすい形にするなど，より多くの方に参加いただけるような定例会を企画していきます。また，これまでスポット的なものにとどまっていた北陸の組織内弁護士の

東海支部イベントへの招待や他支部のイベントへの参加など，東海支部内だけで完結しない幅広な連携も模索していきたいと考えています。

　関係者・関係団体への働きかけとしては，東海地方の法科大学院生を中心に，法曹を目指す方に対する「組織内弁護士という選択肢」の意識づけを継続するほか，愛知県弁護士会とのリレーションを大切に，会員が組織内弁護士として活動しやすくなるような環境整備を図っていきたいと考えています。

　弁護士会との関係では，愛知県弁護士会とは積極的に連携している一方，近隣の岐阜，三重，静岡の各弁護士会とは，ほとんど交流がないのが現状です。愛知県以外でも，組織内弁護士は少しずつ増えています。こうしたことから，愛知県弁護士会以外の弁護士会においても，組織内弁護士の置かれた環境等を説明し認識してもらう場を作っていくことも，東海支部として今後必要と感じています。

　これらの活動は，東海支部に所属する会員の方々の参加があってこそ実現できるものです。支部会員の方の多くは60期代です。業種は異なっても，組織内弁護士として抱える悩みや課題の多くは共通しています。支部会員の皆さんにとって，これからも「顔の見える距離感」で，気軽に参加でき，近しく感じることのできる支部であり続けられるよう，またそうした面をより向上させられるよう，支部の活動を続けていきます。

　最後になりましたが，本稿を調えるに当たって多くのご助言をいただきました服部由美さん，山根義則さん，荒川裕子さんはじめ歴代東海支部長の皆さん，いろいろな局面でご協力いただきました渡邊実穂さん，谷藤研さんはじめ現東海支部事務局のみなさんに，この場を借りて，厚く御礼申し上げます。

3．九州支部のあゆみ

【九州支部年表】

年	月	事　　項
2008	4	九州支部を設立
2012	5	支部長交代（竹山千穂→伊藤淳）
2015	10	福岡県弁護士会訪問・意見交換会
2017	2	福岡県弁護士会訪問・意見交換会
	3	支部長交代（伊藤淳→山下慎一）
	11	弁護士の採用に関する情報提供会／福岡県弁護士会（日弁連主催・JILA共催）
2018	7	九州支部研修会／弁護士法人大野慶樹法律事務所
	11	九州支部研修会／弁護士法人大野慶樹法律事務所
2020	1	支部長交代（山下慎一→笠置泰平）
	6	支部会議（Zoom）を開催
	12	支部会議（Zoom）を開催
2021	1	中四国支部との共同会議（Zoom）を開催

■　九州支部第1期（黎明期／創成期）

第2代九州支部長　伊藤　淳

　JILA九州支部は2008年4月に東海支部と同時に設立されたものです。私は2008年から株式会社福岡銀行で組織内弁護士として働いており，2月にJILAに入会したのですが，九州支部が設立された2008年当時は，福岡県はもちろん，九州地区全体でも組織内弁護士はほとんどいないという状況であり，支部として活動するのは難しい状況でした。

　その中で，このころの福岡・九州における組織内弁護士に関する動きとしては，2009年2月に日弁連が主催したシンポジウム「―組織内弁護士の活用に関する全国キャラバン―職場に弁護士がいます！」が開催されたというものがあり，私も参加させていただきました。同シンポジウムでは，スズキ株式会社にいらっしゃった佐野さんとともに，私も基調報告をさせていただき，また，NHKの梅田さん，オリックス株式会社の真銅さんらとともにパネルディスカッ

ションをさせていただきました。

　このシンポジウムは梅田さんをはじめ，JILAで活躍されている皆さまが中心となっていたもので，九州支部の活動ではありませんが，九州・福岡における組織内弁護士に関する活動としては，特筆すべきものであったと言えるのではないかと思います。

　私が第2代の九州支部長を初代九州支部長の竹山千穂さんから引き継がせていただいたのは，2012年の5月になります。私が九州支部長を引き受けさせていただいた2012年当時，私は福岡財務支局で公務員として働いていました。そのころ私は弁護士登録を抹消していましたので，後掲の統計資料のとおり，2012年6月時点での福岡県の企業内弁護士数は「ゼロ」です。このころにおいても，まだまだ九州における組織内弁護士の人数が少ないということもあって，支部長を引き受けさせていただいてからしばらくの間も，九州支部の活動は行っていないという状況でした。

　九州支部長を引き受けたものの，なかなか九州支部としての活動をしていないという状況の中，九州支部としての初めてのイベントは，2015年10月の福岡県弁護士会との意見交換会の開催でした。当時，私は福岡財務支局から金融庁に転職して東京で公務員弁護士として働いていたのですが，JILAの公務員部会である第4部会が主催して，九州大学法科大学院においてシンポジウム「公務員弁護士の時代」を開催するということで，岡本理事とともに私も参加させていただくことになりました。

　せっかくJILAとして福岡県でイベントをするのでしたら，九州支部としても，福岡県弁護士会と意見交換会などができないかと考えました。そこで，福岡県弁護士会の執行部に連絡をしていろいろと調整をお願いして，斉藤芳郎会長をはじめとした理事者の皆さまや業務委員会の皆さまにも参加いただき，シンポジウム後に福岡県弁護士会館において意見交換会を開催しました。

　意見交換会後の懇親会には，福岡で勤務している組織内弁護士や組織内弁護士経験者といったJILA九州支部の会員の皆さまにも多数参加していただき，組織内弁護士の状況などについて幅広く意見交換がなされました。

　次の九州支部としての活動は，2017年2月の福岡県弁護士会との意見交換会の開催でした。このときJILAからは，室伏理事長と江島副理事長に参加いた

だき，福岡県弁護士会の原田直子会長をはじめとした理事者の皆さまも参加いただいた意見交換会を開催しました。

第1回目と同様，その後に懇親会が開催されて，多くのJILA九州支部の会員の皆さまにも参加いただきました。実は弁護士会館で開催した意見交換会よりも，その後の居酒屋での懇親会のほうが盛り上がったのではないかという話もありますが，そこはあえて否定するものではありません。

以上のように，私が九州支部長を務めさせていただいた時期に活動したのは，2回開催した福岡県弁護士会との意見交換会のみになります。1回目の意見交換会のとき，私は上記に記載したとおり金融庁で公務員弁護士として働いていましたし，2回目の意見交換会のときには，転職してLINE Pay株式会社で働いていました。ということで，もはや九州では勤務していませんでしたので，正確には，「権利義務九州支部長」というべきだったのかもしれませんし，九州支部会員の資格すら喪失しているので，実はその時期はJILAの九州支部長は空席だったというべきじゃないのかというのが，今回JILAの歴史を振り返る機会を与えていただき，改めて九州支部の歴史を振り返ったときの感想（反省）となります。

しかしながら，福岡はもちろん，九州内にも組織内弁護士がほとんどいなかった時代に，福岡で組織内弁護士をしていた私としては，今後も，もっともっと九州支部に組織内弁護士が増えていってほしいなあと思うのです。

■ 九州支部第2期（形成期／過渡期）

第3代九州支部長　山下 慎一

私は法律事務所から現所属先へ移った2015年にJILAへ入会しました。1人目の社内弁護士としての入社で，当時組織内弁護士の知り合いはほぼおらず，社内での立ち振る舞いについて気軽に相談できる相手が身近にいない状態からのスタートでしたが，北九州にいたこともあり，JILAについては，前述の2015年10月のシンポジウム・意見交換会や東京出張の際に第7部会の勉強会に参加したほかは，ほぼ幽霊会員として過ごしていました。当時の私のような地方にいる組織内弁護士へ向けてどうJILAをアピールし，支部の活動に加わっ

てもらうかが地方支部活性化に向けた大きな課題の1つかと思います。

　そのような状況で支部長就任のお話をいただいたのは，これも前述の2017年2月の意見交換会でのことでした。「九州支部長は九州で仕事をしている人に」とのお言葉をいただき，たしかにそのとおりだと思いお引き受けをしました。

　3年弱の在任中に支部会員数は10名台から20名台へ若干増えたものの，会員の勤務地は福岡・北九州・長崎・熊本・鹿児島・沖縄など各地に散らばっており，また，コロナ禍で今では当たり前になったWebでの会議・イベント開催も当時はまだまだでしたので，他支部のように活発に活動を行うには至りませんでした。それでも，以下のように少しずつイベントの機会ができてきたことで，徐々に支部会員同士の顔が見え始め，支部としての形ができてきた時期だったように思います。

　私の支部長在任中に九州支部で開催した主なイベントは以下の3つです。

1　2017年11月　弁護士の採用に関する情報提供会

　九州の企業・団体を対象に，弁護士活用の実例や弁護士採用に関する情報を提供し，組織内弁護士への関心を高めていただくことを目的として，日弁連主催，九州弁護士会連合会・福岡県弁護士会・九州経済連合会およびJILA九州支部の共催により，福岡県弁護士会館で開催しました。

　九州支部会員2名（メーカー，大学病院）より組織内弁護士の業務実例報告を行ったほか，中国四国支部会員（金融機関）にもご参加いただき，企業側の視点で組織内弁護士の採用・配置・育成に関する実例報告を行いました。

　企業13社16名，法律事務所から4名の参加をいただき，規模としてはまだまだ小さいながら，「実情・イメージをつかめた」「現役の組織内弁護士の生の声を聞けて良かった」などの声のほか，「組織内弁護士の採用を検討したことはなかったが今後検討する」という企業の声もいただくことができました。

2　2018年7月　第1回研修会

　在福岡のJILAスポンサー弁護士法人大野慶樹法律事務所・大野慶樹弁護士よりお声がけをいただき，また東京から大月雅博弁護士に来福いただいて，九州支部初の組織内弁護士向け研修会を実施しました。

大野先生よりセクハラ・パワハラ対応について基礎的な知識から多数の判例紹介まで幅広くわかりやすい解説をいただいたほか，大月先生からは内部通報制度について実演を交え具体的かつ印象に残りやすい解説をいただき，受講者からは大変好評の声をいただきました。当日は沖縄や岡山からの参加者もおられ，支部のさらなる活性化に向け，非常に良い機会になりました。

3　2018年11月　第2回研修会

第1回に引き続き大野慶樹弁護士にご参加いただき，景品表示法について基礎的な知識から最新の規制，実務対応上の留意点まで，実際の広告などを用いながらわかりやすく解説をいただくとともに，伊藤さんより2030年のインハウスローヤーというテーマで組織内弁護士および企業法務の未来についてお話しいただき，第1回に引き続き好評の声をいただきました。

在任期間中，このように少しずつ九州支部としての活動を進めてまいりましたが，実は，私は支部長就任後1年ほどで米国子会社へ出向になってしまったため，実際に参加できたのは上記3つのイベントのうち1の情報提供会のみとなり，結果として2代続けての「権利義務九州支部長」になってしまいました。

後任を探していたところ，大学のゼミの先輩である笠置さんが九州支部に加入されましたので，バトンタッチをさせていただきました。

■　九州支部第3期（変革期／成長期）

第4代九州支部長　笠置　泰平

私は，弁護士登録後，都内の法律事務所，任期付き公務員を経て，2019年5月に故郷である福岡に戻り，九州支部に加入しました。そのころの九州支部では，定期的に有志で懇親会を開催して，支部会員相互の親睦を図っていました。

九州支部に加入して8か月ほど経った2020年1月，当時支部長であった山下さんから突如として指名があり，私が九州支部長となることになりました。九州支部に加入したばかりで支部会員の顔もよく見えていない状況でしたので，従前に引き続いて懇親会を開催するなどして活動を開始しようとした矢先，新

型コロナウイルス感染症の全国的な流行が始まり，同年4月7日，福岡県を含む7都府県で初めての緊急事態宣言が発令される事態となりました。

　これにより，全国的に外出自粛，会食制限，ソーシャル・ディスタンシングなどが強く求められるようになったため，九州支部の主な活動であった懇親会の開催が事実上困難となりました。また，支部長交代直後の時期でしたので，支部長・支部会員間の連携もスムーズにいきませんでした。そのため，しばらくの間，九州支部の活動が著しく停滞する結果となってしまいました。支部会員を取り巻く社会情勢が大きく変化し，九州支部の真価が正に問われるべき時期に，このような結果となってしまったことについては，今でも大変反省しております。

　他方で，このような状況下で，Web会議システムが普及するようになるなど，オンラインでのコミュニケーション手段が多様化しました。

　そこで，九州支部は，これを好機と捉えて，支部会議をWebで開催するとともに，オンラインでのコミュケーション手段を通じて，他支部との連携を強化することとしました。また，そもそも九州支部は，九州・沖縄地方という広い地域をそのエリアとしているものの，組織内弁護士が福岡県に集中していることもあって，支部活動も福岡県が中心となってしまっており，他県の支部会員が支部活動に十分に参加できていないという課題を抱えていました。

　特に沖縄県は福岡県に次いで多くの組織内弁護士がいるのですが，沖縄県の支部会員が九州支部の支部活動に参加する機会がほとんどないという状況でした。現在，九州支部は，福岡県以外の他県の支部会員との交流についてもこれを活発化させるべく，まずはメーリングリストや個別の電話連絡を通じてWeb会議への参加を求め，各県の支部員の意見を吸い上げる体制作りを模索しているところです。

　また，九州・沖縄地方は，他地域と比べると，まだまだ組織内弁護士の認知度や理解度が低いので，現在の社会的な情勢が落ち着き次第，九州・沖縄地方の各弁護士会や関係団体への訪問など組織内弁護士の認知度や理解度を向上させるための活動も活発化させていきたいと考えています。

　特に福岡県弁護士会との間では，まだJILA九州支部として関与しているわけではありませんが，「組織内弁護士に関する意見交換会」が定期的に開催さ

れる見込みとなっており，2020年1月21日に開催された第1回の意見交換会では，自治体から8名，企業から6名の合計14名の組織内弁護士が参加し，福岡県弁護士会の執行部との間で，①行政内弁護士に対する弁護士会費の減免措置，②組織内弁護士に対する弁護士会からの情報伝達・共有手段，③組織内弁護士による会務活動参加への配慮，④組織内弁護士向けの研修，⑤JILAとの連携のあり方などについて意見が交換されました。そして，このような意見交換によって一定の成果が得られれば，九州・沖縄地方のほかの弁護士会への横展開もしたいと考えています。

　以上のように九州支部には課題が山積みですが，今後とも，九州支部内ではもちろん，JILA執行部や他支部とも連携を強化してこれに取り組み，会員が組織内弁護士としてより充実した活動を行い，社会正義の実現と社会全体の利益の増進に寄与できるよう努めていく所存です。

【九州支部内の企業内弁護士数の推移】

年度／修習期	2006 (6月)	2007 (6月)	2008 (6月)	2009 (6月)	2010 (6月)	2011 (6月)	2012 (6月)	2013 (6月)	2014 (6月)	2015 (6月)	2016 (6月)	2017 (6月)	2018 (6月)	2019 (6月)	2020 (6月)
福岡県		1	3	3	2	1		1	2	6	6	8	9	10	14
佐賀県															
長崎県											1	1			
大分県															
熊本県									1			1	2	2	2
鹿児島県					1	1	1	1	1	1	1				
宮崎県															
沖縄										1	3	5	6	9	9
九州弁連	0	1	3	3	3	2	1	2	4	8	11	15	17	21	25

出典：JILA統計資料より抜粋。

4. 中国四国支部のあゆみ

中国四国支部長　小田　弘昭

【中国四国支部年表】

年	月	事　項
2017	2	JILA中国四国支部設立総会
	3	JILA中国四国支部の設置が理事会にて正式承認・設立（4番目の支部）
	5	研修会「法律事務所からIT企業へ〜企業内弁護士の醍醐味〜」
	8	研修会「不祥事とコンプライアンスを巡る近時の動向について」
	9	研修会「会社におけるコンプライアンス関連の業務」
2019	8	懇親会　（広島開催）
	11	研修会「内部通報を巡る最新動向について」
2021	1	九州支部との共同会議（Zoom）を開催

■　設立の経緯

　中国四国支部は，主に広島県，岡山県の弁護士会所属の組織内弁護士で構成される支部で，吉野夏己さん（当時，岡山大学副学長）を初代支部長として，2017年3月にJILAで4番目の支部として設置されました。

　当時，中国・四国地方では，広島県と岡山県を主として，徐々に組織内弁護士が増加している状況にありました。私が2012年に岡山県の地方銀行に組織内弁護士として就職したときは，県内で初めて組織内弁護士が誕生したということで話題になりましたが，その後も，毎年数名の組織内弁護士の採用が続いて，わずか数年で県内の組織内弁護士が10名を超えるようになりました。その背景には，岡山大学法科大学院が，組織内弁護士の育成・就職に注力していたことが大きいのですが，地方都市としては珍しい状況でした。

　そのような中で，2016年にJILAの発起人でもある梅田康宏さんからの呼びかけに応じて，岡山県内の組織内弁護士の有志により中国四国支部設立の準備が進められました。

　そして，2017年2月24日に，広島県，岡山県，遠方は山口県から会員11名が

岡山市内のホテルに集まり支部設立総会を開催し，同年3月16日，JILA理事会において中国四国支部設立が承認されました

　中国四国支部は，中国地方5県，四国地方4県と広範囲にわたるため，当面は会員相互のネットワークの形成，懇親会の開催，支部会員の増強を図り，そして，各会員の能力の研鑽のための研修会などを随時開催することを目標として活動を開始しました。

　近時は，中国四国地方の組織内弁護士の数の伸びは緩やかになり，現在の中国四国支部には17名の会員が所属しています。

■　中国四国支部のこれまでの活動

1　研修，会員同士の交流

　設立当初は，手探りの状態でしたが，前述のように岡山大学法科大学院では，組織内弁護士の育成に注力していたこともあり，岡山大学法科大学院弁護士研修センターと中国四国支部との協同で，2017年5月，中国四国支部会員，岡山大学法科大学院生を対象として，組織内弁護士研修会（岡山大学法科大学院弁護士研修センター主催，JILA中国四国支部後援，以下同様）を開催しました。中国四国支部会員の向井亜希さん（広島銀行）を講師に迎え，法律事務所と企業内弁護士と双方で勤務された経験に基づき，法律事務所や企業に勤務する上で感じた違いやインハウスとしての仕事の面白さなどについてご講演いただきました。なお，講演は「組織内弁護士研修講義録　法律事務所からIT企業へ～企業内弁護士の醍醐味～」として，「臨床法務研究」（岡山大学法科大学院）20号（2018年）に掲載されました。

　その後も，定期的に組織内弁護士研修会が開催され，2017年8月には，東京から外部講師をお招きして不祥事とコンプライアンスをテーマに，危機管理に関する実務について，2017年9月には，組織内弁護士研修会を開催し，中国四国支部会員の金子怜史さん（マツダ株式会社）を講師に迎え，コンプライアンスをテーマに，ご講演いただきました。

　そして，2019年8月，広島で中国四国支部会員の親睦会が開かれました。設立総会以来の懇親会で，久しぶりの催しであったこともあって，多くの支部会

員のほか会員以外の組織内弁護士の参加もあり，合計約20名の参加がありました。楽しい時間となり情報交換や懇親が深まりました。

　2019年11月，組織内弁護士研修会を開催し，東京から外部講師をお招きし，内部通報制度に関する研修を行いました。参加者が実際に当事者役（通報者と担当者）を実演するなど，実践的な興味深い内容で有益な研修になりました。

2　他団体・他支部との交流

　2018年9月，経営法友会主催の「四国地区会員懇談会」が香川県丸亀市の大倉工業株式会社の協力で開催され，同社の工場見学および懇親会に多数のJILA執行部および支部会員も出席しました。

　2021年1月には，九州支部からの提案で，共同会議（Zoom）を開催しました。総勢10名以上の参加があり，支部運営のあり方など様々な意見交換が活発になされました。

■　中国四国支部のこれから

　中国四国支部は，そのエリアが広範囲にわたることもあって，これまで大勢が集まっての研修・イベントを定期的に企画して実施するということができずに，活動が停滞していた時期もありました。特に，2020年は，コロナ禍の影響もあり，研修や懇親会などを企画したものの，実施することができませんでした。

　中国四国支部の設立から4年が経過しましたが，正直に言って，他支部のように活発に活動ができてはおりません。もっとも，これからの発展の余地も大きいと前向きに捉えて，支部会員間の交流機会の充実と，支部の更なる発展に向けて少しずつでも着実に前進できるように，創意工夫して，今後の取組みを行っていきたいと思います。

　遅くなりましたが，最近ようやく支部の会合用にZoomのアカウントを取得したので，これからはウェブ上での懇親会や研修を定期的に開催することを計画しています。まずは，支部会員の意見を伺い，定期的にウェブミーティングを開催するなどして，支部会員の交流や情報交換の機会を提供するところから

始めていきたいと考えています。

　私個人としては，支部会員同士の交流を通じてお互いに研鑽できること，仕事上の疑問や悩みを気兼ねなく相談できること，そういった関係性を構築できる機会・場所を提供することが支部の重要な役割の１つと考えるので，少しずつでも交流の機会を増やして，支部会員同士の顔が見えるよう，支部としての結束を深めていくつもりです。また，併せて他支部との情報交換，交流も積極的に行っていきたいと思います。

　また，中国四国地方には，JILAに加入されていない組織内弁護士の方も相当数おられるので，ぜひJILAに興味を持っていただいて，会員になっていただけるように，広報活動にも注力していきたいと考えています。そして，支部会員が増えて，中国四国支部として組織的な活動ができる体制となれば，将来的には弁護士会や他団体との積極的な連携も図っていきたいという思いもあります。

　中国四国支部としてやるべきことは多々ありますが，支部役員および支部会員のご協力を得ながら，まずは支部としての土台を固めるところから始めていきますので，温かく見守っていただければ幸いです。次回にJILA設立30周年の寄稿の際は，中国四国支部として，良い報告ができるよう努めていきたいと考えています。

第4章

資料編

1．インハウスローヤーセミナー開催履歴一覧

年月日	回	タイトル	会場	講師
2005年11月11日	1	アウトサイドカウンセルポリシー ～欧米の企業における，法律事務所起用に関する社内規則とインハウスローヤーの役割について～	弁護士会館	西 和伸（弁護士，西川綜合法律事務所／シドリーオースティンブラウンアンドウッド外国法事務弁護士事務所(外国法共同事業)パートナー)
2006年1月13日	2	企業の内部通報システムにおけるインハウスローヤーの活用	弁護士会館	中原健夫（弁護士，あさひ狛法律事務所）
2月10日	3	アフラック法務部の「定期便」の試みとインハウスローヤーの活用	弁護士会館	芦原一郎（弁護士，アメリカンファミリー生命保険会社法務部長）
3月10日	4	企業法務部によるロビー活動とインハウスローヤーの活用の重要性～著作権法(私的録音録画補償金制度)における具体的活動～	弁護士会館	榊原美紀（弁護士，松下電器産業株式会社法務部門）
4月21日	5	公正取引実現に対する企業の対応 ～東芝の取組み～	弁護士会館	塚田明夫（弁護士，株式会社東芝法務部）
5月22日	6	グループ会社の内部統制システムの構築	弁護士会館	斜木裕二（弁護士，アルプス電気株式会社コンプライアンス室長）
9月22日	7	勤務形態の多様化～インハウスローヤーのレンタル移籍とパートタイム制～	弁護士会館	梅田康宏（弁護士，日本放送協会法務部法務主査）
10月20日	8	製品事故におけるクライシスマネジメント	弁護士会館	竹内朗（弁護士，国広総合法律事務所）
11月17日	9	公正取引委員会における任期付職員弁護士の業務の在り方	弁護士会館	池田毅（弁護士，公正取引委員会事務総局）
2007年4月6日	10	企業の内部統制における弁護士・公認会計士の役割	弁護士会館	中野竹司（弁護士，公認会計士，新日本監査法人）
5月11日	11	いわゆる偽装請負の実務上の諸問題～最近の判例を題材に	弁護士会館	片岡詳子（弁護士，松下電器産業株式会社）
7月13日	12	組織内弁護士の拡大と法規制～弁護士法，日弁連規程・規則の問題点～	弁護士会館	梅田康宏（弁護士，日本放送協会法務部法務主査）
9月14日	13	金融商品取引法パブリックコメントの概要，および，米国資産運用会社向け『Guide to Compliance in Japan』の概要	弁護士会館	西 和伸（弁護士，西川綜合法律事務所／シドリーオースティンブラウンアンドウッド外国法事務弁護士事務所（外国法共同事業）パートナー)

年月日	回	タイトル	会場	講師
10月12日	14	放送と通信の融合へ向けた新たな法体系の構築の現状と課題	弁護士会館	梅田康宏（弁護士，日本放送協会法務部法務主査）
11月9日	15	インターネット・ビジネス〜その現状と光と影〜	弁護士会館	木呂子義之（弁護士，ソフトバンクIDC株式会社法務部長）
2008年4月25日	16	新人企業内弁護士のスキルアップ①	弁護士会館	西和伸（弁護士，ラッセルインベストメント ジェネラルカウンセル）
5月9日	17	新人企業内弁護士のスキルアップ②	弁護士会館	本間正浩（弁護士，GEコンシューマーファイナンス シニア・リーガル・カウンセル）
6月13日	18	企業におけるセクハラ対策の実務	弁護士会館	梅田康宏（弁護士，日本放送協会法務部法務主査）
7月11日	19	株主総会運営と総会決議取消訴訟	弁護士会館	髙橋均（新日本製鐵株式会社）
9月12日	20	改正金融商品取引法	弁護士会館	稲田博志（弁護士，フィデリティ投信法務部）
10月10日	21	金融一般（株式交換又はTOBと少数株主保護・親子上場・守秘義務・機密情報の漏洩と危機管理）	弁護士会館	西和伸（弁護士，ラッセルインベストメント ジェネラルカウンセル）
11月14日	22	信託の実務	弁護士会館	小出卓哉（弁護士，ステートストリート信託銀行法務部）
2009年1月9日	23	プロジェクトファイナンスの法律実務	弁護士会館	川口言子（弁護士，スティールパートナーズ・ジャパン法務部）
2月20日	24	新人弁護士のための特別講演①	弁護士会館	西和伸（弁護士，ラッセルインベストメント ジェネラルカウンセル）
3月13日	25	新人弁護士のための特別講演②	弁護士会館	本間正浩（弁護士，GEコンシューマーファイナンス シニア・リーガル・カウンセル）
4月10日	26	新人弁護士のための特別講演③	弁護士会館	梅田康宏（弁護士，日本放送協会法務部法務主査）
5月15日	27	企業法務と組織内弁護士①（企業内法務部門における契約書審査・作成）	弁護士会館	木内秀行（弁護士，昭和シェル石油株式会社法務室法務マネジャー）
6月12日	28	企業法務と組織内弁護士②（企業不祥事のクライシスマネジメント〜法務・コンプライアンス部門は何をすべきか）	弁護士会館	竹内朗（弁護士，国広総合法律事務所）
7月10日	29	企業法務と組織内弁護士③（金融一般のケーススタディ）	弁護士会館	西和伸（弁護士，ラッセルインベストメント ジェネラルカウンセル）
9月11日	30	企業法務と組織内弁護士④（総合商社の法務）	弁護士会館	川口言子（弁護士，スティール・パートナーズ・ジャパン合同会社）
10月9日	31	企業法務と組織内弁護士⑤（マスコミのケーススタディ）	弁護士会館	梅田康宏（弁護士，日本放送協会法務部法務主査）
11月13日	32	新人インハウスローヤーからの大質問会！	弁護士会館	片岡詳子，佐野晃生，寒川智美，宮腰和朗，稲田博志，柴田和敏，鈴木孝司，髙木浩治，梅田康宏，上田大輔，渡邉宙志，桑野陽壮，秀桜子，幸村俊哉，谷垣岳人，渋谷武宏，鍬竹昌利（いずれも弁護士，所属略）
2010年2月12日	33	新人・若手弁護士のための特別講演①	弁護士会館	本間正浩（弁護士，新生フィナンシャル株式会社 執行役員・法務部門長）
3月12日	34	新人・若手弁護士のための特別講演②	弁護士会館	梅田康宏（弁護士，日本放送協会法務部法務主査）
6月11日	35	SESCにおけるインサイダー調査・開示検査の実務−現場経験を踏まえて−	弁護士会館	大森啓子（弁護士，ゆうき総合法律事務所）

年月日	回	タイトル	会場	講師
7月2日	番外	連続M&Aセミナー①（M&Aと独禁法の最新実務～平成21年独禁法改正を踏まえて～）	アンダーソン・毛利・友常法律事務所	山神 理（弁護士，森・濱田松本法律事務所），植村幸也（同）
7月9日	番外	連続M&Aセミナー②（反対株主の株式買取請求権の最新実務～最新の裁判例とその実務的な対策～）	アンダーソン・毛利・友常法律事務所	十市 崇（弁護士，アンダーソン・毛利・友常法律事務所）
7月23日	番外	連続M&Aセミナー③（法務デュー・ディリジェンスの最新実務～コスト管理と効率的な実施方法）	アンダーソン・毛利・友常法律事務所	金子圭子（弁護士，アンダーソン・毛利・友常法律事務所）
7月30日	番外	連続M&Aセミナー④（インハウスから見たM&A）	弁護士会館	本間正浩（弁護士，新生フィナンシャル株式会社執行役員・法務部門長）
9月10日	36	電子記録債権	弁護士会館	古田雄久（弁護士，古田法律事務所）
10月8日	37	IFRS任意適用セミナー	アンダーソン・毛利・友常法律事務所	中村慎二（弁護士，アンダーソン・毛利・友常法律事務所）
11月12日	38	私の知的財産部での経験と企業内弁護士に期待すること	弁護士会館	片山英二（弁護士，阿部・井窪・片山法律事務所）
2011年2月18日	39	新人・若手弁護士のための特別講演①	弁護士会館	片岡詳子弁護士（弁護士，株式会社ファーストリテイリング法務部リーダー）
4月8日	40	新人・若手弁護士のための特別講演②	弁護士会館	本間正浩弁護士（弁護士，新生フィナンシャル株式会社 執行役員・法務部門長）
4月22日	41	弁護士と金融行政	弁護士会館	大森泰人（証券取引等監視委員会次長）
5月13日	42	新人・若手弁護士のための特別講演③	弁護士会館	室伏康志弁護士（弁護士，クレディ・スイス証券株式会社 法務・コンプライアンス本部長等）
6月10日	43	連続M&Aセミナー①（M&Aと独禁法の最新実務～平成21年独禁法改正を踏まえて～）	アンダーソン・毛利・友常法律事務所	山神 理（弁護士，アンダーソン・毛利・友常法律事務所），植村幸也（同）
6月24日	44	連続M&Aセミナー②（反対株主の株式買取請求権の最新実務～最新の裁判例とその実務的な対策～）	アンダーソン・毛利・友常法律事務所	十市 崇（弁護士，アンダーソン・毛利・友常法律事務所）
7月8日	45	連続M&Aセミナー③（法務デュー・ディリジェンスの最新実務～コスト管理と効率的な実施方法）	アンダーソン・毛利・友常法律事務所	金子圭子（弁護士，アンダーソン・毛利・友常法律事務所）
7月22日	46	連続M&Aセミナー④（インハウスから見たM&A）	弁護士会館	本間正浩（弁護士，新生フィナンシャル株式会社 執行役員・法務部門長）
9月2日	番外	日本企業の韓国事業における重要争点／最近の韓国での立法の重要事項	弁護士会館	朴 錦雯（韓国弁護士，LEE＆KO法律事務所）
9月9日	47	独占禁止法・競争法の最新動向と企業コンプライアンス	森・濱田松本法律事務所	池田 毅（弁護士，森・濱田松本法律事務所），籔内俊輔（同）
10月14日	48	アジア事業における法務・コンプライアンス機能の強化と多国籍企業化する場合の法務部機能の変化	弁護士会館	近藤 浩（弁護士，東京青山・青木・狛法律事務所 ベーカー＆マッケンジー外国法事務弁護士事務所）

年月日	回	タイトル	会場	講師
11月11日	49	民法(債権関係)の改正に関する論点	長島・大野・常松法律事務所	内田 貴(弁護士、法務省経済関係民刑基本法整備推進本部参与)、筒井健夫(検事、法務省民事局参事官)
2012年2月10日	50	新人・若手弁護士のための特別講演①(企業内弁護士総論)	クレディ・スイス	室伏康志(弁護士、クレディ・スイス証券株式会社 法務・コンプライアンス本部長等)
3月9日	51	新人・若手弁護士のための特別講演会②(企業における法務部と組織内弁護士の機能)	ベルサール九段	池永朝昭(弁護士、アンダーソン・毛利・友常法律事務所)
4月13日	52	新人・若手弁護士のための特別講演③(組織内弁護士に期待される役割と心構え―ケース・スタディも含めて)	弁護士会館	本間正浩(弁護士、アルファパートナーズ法律事務所)
5月18日	53	官庁における経験と弁護士〜金融規制監督における協働と緊張〜	弁護士会館	松尾直彦(弁護士、西村あさひ法律事務所)
6月1日	54	原子力損害賠償実務の最前線〜原子力損害賠償紛争解決センター和解仲介の実務〜	弁護士会館	岡本 正(弁護士、田辺・矢野法律事務所)
7月13日	55	インハウスローヤーと労働法	弁護士会館	芦原一郎(弁護士、みずほ証券株式会社)
9月14日	56	M&A最新実務シリーズ①(法務デュー・デリジェンスの基礎〜コスト管理と効率的な実施方法〜)	アンダーソン・毛利・友常法律事務所	金子圭子(弁護士、アンダーソン・毛利・友常法律事務所)
9月28日	57	M&A最新実務シリーズ②(海外進出の手法と留意点〜独占禁止法の観点も踏まえて〜)	アンダーソン・毛利・友常法律事務所	山神 理弁護士、植村幸也(弁護士、アンダーソン・毛利・友常法律事務所)
10月12日	58	M&A最新実務シリーズ③(M&A契約の基礎〜株式譲渡契約(和文)を中心に〜)	アンダーソン・毛利・友常法律事務所	十市 崇(弁護士、アンダーソン・毛利・友常法律事務所)
10月19日	59	M&A最新実務シリーズ④(インハウスから見たM&A)	弁護士会館	本間正浩(弁護士、アルファパートナーズ法律事務所)
11月9日	60	インハウスローヤーと税務・会計〜会社の税金と不正会計対応の基礎	弁護士会館	中野竹司(弁護士・公認会計士、中野法律事務所)
11月27日	61	国際的企業不祥事対応の最新実務と論点	弁護士会館	結城大輔(弁護士、のぞみ総合法律事務所)
12月14日	62	インハウスローヤーのキャリアパス	TKP銀座ビジネスセンター	室伏康志(弁護士、クレディセゾン)、川口言子(弁護士、三菱商事株式会社)、渋谷武宏(弁護士、アンダーソン・毛利・友常法律事務所)、竹内朗(弁護士、プロアクト法律事務所)
2013年1月18日	63	公取委勤務経験弁護士4名による競争法の重要ポイント総覧セミナー	森・濱田松本法律事務所	内田清人(弁護士、岡村綜合法律事務所)、柏木裕介(弁護士、TMI総合法律事務所)、池田 毅(弁護士、森・濱田松本法律事務所)、籔内俊輔(弁護士、弁護士法人北浜法律事務所東京事務所)
2月8日	64	新人・若手弁護士のための特別講演①(JILAの紹介／法務部の組織と機能)	弁護士会館	室伏康志(弁護士、クレディスイスジェネラルカウンセル)、池永朝昭(弁護士、アンダーソン・毛利・友常法律事務所)
3月8日	65	新人・若手弁護士のための特別講演②(適法性に疑義ある案件への対応)	弁護士会館	本間正浩(弁護士、アルファパートナーズ法律事務所)
4月12日	66	法務の小技(JILA特別版)①	弁護士会館	芦原一郎(弁護士、みずほ証券株式会社シニアリーガルカウンセル)

年月日	回	タイトル	会場	講師
5月10日	67	行政庁インハウスロイヤーが語る「企業・組織内弁護士による政策関与のすすめ」	弁護士会館	岡本 正（弁護士、田辺・矢野法律事務所）金山藍子（弁護士、国土交通省自動車局）渋谷武宏（弁護士、アンダーソン・毛利・友常法律事務所）
6月14日	68	「知的財産担当を命ずる。」の辞令にあわてないために－覚えておきたい知的財産法のエッセンス－	弁護士会館	山口裕司（弁護士、ユアサハラ法律特許事務所）、吉武信子（弁護士、王子ホールディングス株式会社知的財産部）
7月12日	69	企業内弁護士が知っておくべき著作権（応用編）〜著作権侵害の具体的判断基準からクラウドまで〜	弁護士会館	五十嵐 敦（弁護士、TMI総合法律事務所パートナー）
9月13日	70	法務の小技（JILA特別版）②	弁護士会館	芦原一郎（弁護士、チューリッヒ保険会社・ジェネラルカウンセル）
11月8日	71	M&A最新実務シリーズ①（M&A契約中級編〜（株式譲渡契約（和文）を中心に〜）	アンダーソン・毛利友常法律事務所セミナールーム	十市 崇（弁護士、アンダーソン・毛利・友常法律事務所）
11月22日	72	M&A最新実務シリーズ②（クロスボーダーM&Aの留意点〜独占禁止法の観点も踏まえて〜）	アンダーソン・毛利友常法律事務所セミナールーム	山神 理（弁護士、アンダーソン・毛利・友常法律事務所）、原悦子（同）
11月29日	73	M&A最新実務シリーズ③（法務デュー・ディリジェンス中級編〜コスト管理と効率的な実施方法〜）	アンダーソン・毛利友常法律事務所セミナールーム	金子圭十（弁護士、アンダーソン・毛利・友常法律事務所）
12月12日	74	M&A最新実務シリーズ④（インハウスから見たM&Aの実務）	日清食品地下講堂	本間正浩（弁護士、日清食品ホールディングス株式会社執行役員兼CLO）
2014年2月21日	75	「新人・若手向け特別研修会①インハウスローヤーとして成功するための7つのポイント」	T－FRONTビル会議室	梅田康宏（弁護士、日本放送協会法務部法務主査）
3月14日	76	「新人・若手向け特別研修会②企業のリスクマネジメントとインハウスローヤーの役割〜不祥事発生時の危機対応を中心に〜」	第一天徳ビル4階会議室	竹内 朗（弁護士、プロアクト法律事務所）
5月9日	77	株主総会実務／会社法改正とインハウスローヤーの役割	弁護士会館	髙橋 均（獨協大学大学院法務研究科教授）
6月13日	78	英文契約ワークショップ	弁護士会館	加藤照雄（外国法事務弁護士、竹田・長谷川法律事務所）
7月9日	79	組織を脅かすメガクライシス（巨大不祥事）への対応と心構え	長島・大野・常松法律事務所	小林英明（弁護士、長島・大野・常松法律事務所）、山内貴博（同）、塩崎彰久（同）
9月12日	80	債権保全・回収の基本マインドと現場でのアクション／企業内法務	TMI総合法律事務所	淵邊善彦（弁護士、TMI法律事務所）、北島敬之（ユニリーバ・ジャパン・ホールディングス株式会社代表取締役・ジェネラルカウンセル）
10月10日	81	独占禁止法とインハウスローヤー	森・濱田松本法律事務所	籔内俊輔（弁護士、森・濱田松本法律事務所）、池田 毅（弁護士、森・濱田松本法律事務所）、染谷隆明（弁護士、消費者庁課徴金制度検討室課長補佐）

年月日	回	タイトル	会場	講師
11月14日	82	社外弁護士からみた企業内弁護士のあるべき姿〜社外弁護士体制の確立と両面から考える〜	弁護士会館	本間正浩（弁護士，日清食品ホールディングス株式会社執行役員兼CLO），近藤浩（弁護士，ベーカー＆マッケンジー外国法事務弁護士事務所（外国法共同事業）），平泉真理（弁護士，ベーリンガーインゲルハイムジャパン株式会社法務部長・ジェネラルカウンセル），戸倉圭太（弁護士，アンダーソン・毛利・友常法律事務所パートナー），前田絵理（弁護士，旭化成株式会社法務部）
2015年2月20日	83	新人・若手弁護士のための特別講演会①（インハウスローヤーとして成功するための7つのポイント）	新橋会議室	梅田康宏（弁護士，日本放送協会法務部法務主査）
3月13日	84	新人・若手弁護士のための特別講演会②（米国訴訟・クロスボーダー入門編）	虎ノ門会議室	結城大輔（弁護士，のぞみ総合法律事務所）
4月17日	85	企業から弁護士事務所への出向の可能性を探る	弁護士会館	弁護士3名（匿名）
5月15日	86	「近時の不正対応のポイントとインハウスローヤーの役割」	新日本有限責任監査法人 第1セミナールーム	荒張健（公認会計士，新日本有限責任監査法人），三宅英貴（弁護士，新日本有限責任監査法人）
6月19日	87	本当の要件事実を私たちは知らない！？組織内弁護士へのメッセージ	新橋会議室	岡口基一（判事，東京高等裁判所）
7月17日	88	防災人材マネージメント	弁護士会館	岡本正（弁護士，岡本正総合法律事務所）
9月2日	89	金融商品取引法研究会初学者向け企画①	日比谷図書文化館 スタジオプラス（小ホール）	渋谷武宏（弁護士，アンダーソン・毛利・友常法律事務所），宗像孝純（弁護士，バークレイズ證券），稲田博志（弁護士，あおぞら銀行），柴田和敏（弁護士，みずほ証券）
9月16日	90	金融商品取引法研究会初学者向け企画②	日比谷図書文化館 スタジオプラス（小ホール）	渋谷武宏（弁護士，アンダーソン・毛利・友常法律事務所），宗像孝純（弁護士，バークレイズ證券），稲田博志（弁護士，あおぞら銀行），柴田和敏（弁護士，みずほ証券）
9月30日	91	金融商品取引法研究会初学者向け企画③	新橋会議室	渋谷武宏（弁護士，アンダーソン・毛利・友常法律事務所），宗像孝純（弁護士，バークレイズ證券），稲田博志（弁護士，あおぞら銀行），柴田和敏（弁護士，みずほ証券）
10月30日	番外	証券取引等監視委員会の活動と組織内弁護士	日比谷図書文化館 コンベンションホール（大ホール）	吉田正之（弁護士，証券取引等監視委員会委員），平山康介（弁護士，JPモルガン証券株式会社），三宅英貴（弁護士，新日本有限責任監査法人），見知岳洋（弁護士，野村証券株式会社），松本泰典（弁護士，株式会社Voyage Group）
11月13日	92	企業法務の交渉学	金沢工業大学 虎の門キャンパス大教室	一色正彦氏（金沢工業大学客員教授），大塚知彦氏（日本IBM技術統括部長），三好陽介氏（ランドンIP合同会社事業開発部長）
2016年2月19日	93	新人・若手弁護士のための特別講演会①（組織内弁護士の意義・役割・業務）	金沢工業大学虎ノ門大学院キャンパス	本間正浩（弁護士，日清食品HDチーフリーガルオフィサー）

年月日	回	タイトル	会場	講師
3月18日	94	新人・若手弁護士のための　特別講演会②（弁護士は何ができるか？何をすべきか？〜弁護士久保利英明のこれまでの歩みと，組織内弁護士へのメッセージ）	新橋会議室	久保利 英明（弁護士，日比谷パーク法律事務所）
4月8日	95	コーポレート・ガバナンスの最新動向〜組織内弁護士に知ってほしいこと	弁護士会館	富永誠一（日本CGネット専務理事）
5月13日	96	EU一般データ保護規則〜我が国の組織内弁護士として対応すべき事項	弁護士会館	杉本武重（弁護士，ウィルマーヘイル法律事務所 ブリュッセルオフィス）
6月10日	97	法務担当者にこそ知ってほしい税務の最前線	大手町ラーニングルーム	林 信光（前国税庁長官），佐藤修二（弁護士，岩田合同法律事務所）
7月8日	98	規制改革の現状と展望〜組織内弁護士に伝えたいこと	弁護士会館	大崎貞和（NRI未来創発センター主席研究員）
9月9日	99	組織内弁護士に知ってもらいたい，知的財産分野の近時の重要な法改正と裁判例	長島・大野・常松法律事務所セミナールーム	松田俊治（弁護士，（長島・大野・常松法律事務所），東崎賢治（同）
10月14日	100	企業法務の現状とインハウスローヤーへの期待	金沢工業大学虎の門キャンパス大教室	梅田康宏（弁護士，日本放送協会法務部法務主査），山口利昭（弁護士，山口利昭法律事務所代表），湯本克也（ニューヨーク州弁護士，YKK株式会社執行役員法務・知的財産部長）
2017年2月10日	101	インハウスローヤーとして成功するための7つのスキルと7つのポイント	株式会社MS-Japan東京オフィス	梅田康宏（弁護士，日本放送協会法務部法務主査）
3月10日	102	国際商事仲裁の新たな潮流〜日本企業による仲裁の戦略的活用	アンダーソン・毛利・友常法律事務所セミナールーム	川村 明（弁護士，公益社団法人日本仲裁人協会理事長），中村達也（弁護士，同理事），高取芳宏（弁護士，同国際仲裁・ADR委員会共同委員長），河端雄太郎（弁護士，同国際仲裁・ADR委員会共同委員長）
4月14日	103	不祥事対応と第三者委員会の実務	トムソン・ロイター・マーケッツ株式会社会議室	竹内朗（弁護士，プロアクト法律事務所代表）
5月10日	104	組織内弁護士と弁護士法第23条の2照会制度等〜倫理上・実務上の諸問題の検討〜	弁護士会館	石黒清子（弁護士，野田記念法律事務所），市川 充（弁護士，リソルテ総合法律事務所）
6月9日	105	Fintechベンチャーとインハウス	トムソン・ロイター・マーケッツ株式会社会議室	北澤 直（弁護士，お金のデザイン取締役COO）
7月14日	106	働き方改革及び労働当局対応	長島・大野・常松法律事務所	緒方絵里子（弁護士，長島・大野・常松法律事務所）
9月12日	107	インハウスローヤーのための英文契約書レビューの実務	アンダーソン毛利友常法律事務所	石原 坦（弁護士，AMT法律事務所）
10月13日	108	債権法改正が実務に与える影響〜施行に向けた社内（組織内）対応のポイント	森・濱田松本法律事務所	青山大樹（弁護士，森・濱田松本法律事務所）

年月日	回	タイトル	会場	講師
11月10日	109	組織内弁護士として"よき相談相手"になるために〜様々なステークホルダーと協働するために必要なこと〜	MS-Japan株式会社	青木 裕（ビジネスコーチ株式会社常務執行役員 マーケティング部長）
2018年1月26日	110	インハウスローヤーがマスターしておくべき独占禁止法実務の要点	森・濱田松本法律事務所	池田 毅（弁護士，森・濱田松本法律事務所）
2月9日	111	グローバルな視点から賄賂や汚職のリスクを回避する	ホーガン・ロヴェルズ法律事務所外国法共同事業	イーサン・ケイト（ホーガン・ロヴェルズ法律事務所ワシントンDCオフィス／シニア・アソシエイト），加本 亘（弁護士，ホーガン・ロヴェルズ法律事務所東京オフィス／パートナー）
3月9日	112	インハウスローヤーとして成功するための7つのポイント2018	C&Rリーガルエージェンシー社	梅田康宏（弁護士，日本放送協会法務部法務主査）
4月13日	113	企業内法務人材と企業内弁護士について思う	MS Japan	末吉 亙（弁護士，潮見坂綜合法律事務所）
5月24日	114	『働き方』がどう変わるか　〜策定側から見る『働き方改革実行計画』と関連法案への反映状況，人生100年時代におけるキャリアと働き方	C&Rリーガルエージェンシー社	白石紘一（弁護士，経済産業省産業人材政策室室長補佐）
6月8日	115	「攻めの法務」〜経済産業省報告書を踏まえて〜	TKP新橋汐留ビジネスセンター	北村敦司（経済産業省経済産業政策局　競争環境整備室室長），三村まり子（弁護士，グラクソ・スミスクライン株式会社），山根義則（弁護士，三菱自動車工業株式会社），渡部友一郎（弁護士，Airbnb Japan株式会社）
9月14日	116	AI・ビッグデータに企業法務はどう対処すべきか	株式会社MS-JAPAN	福岡真之介（弁護士，西村あさひ法律事務所）
10月12日	117	トップマネジメント×法務パーソンが語る企業内法務の役割と将来―ビジネスの力で世の中を良くする	ハロー会議室新橋	北島敬之（ユニリーバ・ジャパン・ホールディングス株式会社代表取締役　ジェネラルカウンセル）
11月30日	118	海外M&A〜その概要とPMIの内実〜	TKP新橋汐留ビジネスセンター	小林広樹（LATHAM & WATKINS外国法共同事業法律事務所　パートナー），渡辺直樹（双日株式会社M&Aマネジメント室 コントローラー室担当 理事，LINE株式会社 社外監査役），前田絵理（旭化成株式会社経営企画部 マーケティング・海外企画室 課長）
2019年2月22日	119	経営の技法〜経営のためのリスク管理を学ぶ〜	株式会社MS-JAPAN	芦原一郎（弁護士，Seven Rich法律事務所）
3月27日	120	企業が抱える爆弾！？"問題社員対応"〜解雇・ハラスメント・メンタルヘルスを題材に〜	公認会計士会館	芦原一郎（弁護士，Seven Rich法律事務所）
4月25日	121	インハウスローヤーとして成功するための7つのポイント2019	新橋ハロー貸会議室H	梅田康宏（弁護士，日本組織内弁護士協会法務主査）
5月17日	122	データ戦略と法務	株式会社C&Rリーガルエージェンシー社	中崎隆（弁護士，中崎国際法律事務所），板倉陽一郎（弁護士，ひかり総合法律事務所）
6月28日	123	社内弁護士のキャリアパスと市場価値	ホーガンロベルズ法律事務所	西田 章（弁護士，西田法律事務所・西田法務研究所），髙林佐和子（横河電機株式会社 法務部長），久保和生（コクヨ株式会社 法務部長），沖本洪一（日本オーチス・エレベータ株式会社 法務部長）

年月日	回	タイトル	会場	講師
7月12日	124	ブロックチェーン・仮想通貨と企業法務	株式会社MS-JAPAN	斎藤 創（弁護士，創・佐藤法律事務所）
9月25日	125	インハウスローヤーとしてのコンプライアンス業務	株式会社C&Rリーガルエージェンシー社	君嶋祥子（弁護士，東京エレクトロン株式会社），岩本竜悟（弁護士，ノボ ノルディスク ファーマ株式会社），山根義則（弁護士，三菱自動車工業株式会社）
10月9日	126	「カルビーの事例に学ぶダイバーシティの本質（≒経営改革）と企業価値創造を目的としたグループ経営と本社の役割」（組織内公認会計士協会との共催企画）	公認会計士会館	石田 正（カルビー監査役，公認会計士），松田千恵子（首都大学東京大学院経営学研究科教授）
10月31日	127	通商問題と法務	株式会社MS-JAPAN	藤井康次郎（弁護士，西村あさひ法律事務所）
11月18日	128	はじめてのLGBT	株式会社C&Rリーガルエージェンシー社	松中 権（認定NPO法人グッド・エイジング・エールズ代表）
2020年1月31日	129	ブランドを守る社内弁護士の役割	株式会社MS-JAPAN	山口裕司（弁護士，大野総合法律事務所）
8月26日	130	インハウスローヤーとして成功するための7つのポイント	Zoom	梅田康宏（弁護士，日本放送協会法務部法務主幹）
10月3日	131	AI法務の基礎－技術説明に基づいた契約，倫理の理解	Zoom	古川直裕（弁護士，株式会社ABEJA），渡邊道生穂（弁護士，HEROZ株式会社）
10月29日	132	インハウスのための基礎英語～英文契約の基礎と，業務で使う法律英語	Zoom	若松大介（弁護士，のぞみ総合法律事務所）
11月30日	133	新・国際規格ISO 31022（リーガルリスクマネジメント）の基礎―事業をEnableする組織内弁護士業務の視点―	Zoom	渡部友一郎（弁護士，Airbnb株式会社）
2021年1月29日	134	電子契約 お悩み相談室～今からでも遅くない電子契約の基礎と，運用後の評価まで～	Zoom	丸山修平（弁護士，東京海上日動火災保険株式会社），美馬耕平（弁護士，ネスレ日本株式会社），吹屋響子（弁護士，TOTO株式会社），東浦里紗（弁護士，株式会社商船三井）
2月26日	135	弁護士のためのコーチング入門	Zoom	片岡詳子（弁護士，株式会社コーチ・エィ）
3月22日	136	企業不祥事の危機管理～その時，インハウスローヤーはどう動き，外部専門家や取締役会をどう動かすのか	Zoom	竹内 朗（弁護士，プロアクト法律事務所）
4月28日	137	これからの不確実な世界とグローバル人材	Zoom	赤阪清隆（元・国際連合事務次長）
5月21日	138	新・インハウスの就職と転職	Zoom	西田 章（弁護士，西田法律事務所，西田法務研究所代表）
6月30日	139	インハウスと訴訟	Zoom	梅田康宏（弁護士，日本放送協会法務部法務主幹）
7月27日	140	サイバーセキュリティに対する脅威と情報漏えい等に対するインハウスとしての対応	Zoom	蔦 大輔（弁護士，森・濱田松本法律事務所）
9月17日	141	司法取引～あなたの会社で不正が見つかったらどうしますか～	Zoom	名取俊也（弁護士，ITN法律事務所パートナー），田代政弘（弁護士，八重洲総合法律事務所代表弁護士）

2．賛助団体一覧

■2015年度

 プラチナスポンサー

- 西村あさひ法律事務所 ・長島・大野・常松法律事務所
- EY新日本有限責任監査法人 ・森・濱田松本法律事務所
- 弁護士法人 大江橋法律事務所

 ゴールドスポンサー

- フレッシュフィールズブルックハウスデリンガー法律事務所（外国法共同事業）
- デロイトトーマツファイナンシャルアドバイザリー合同会社
- 弁護士法人 瓜生・糸賀法律事務所 ・株式会社MS-Japan
- 外国法共同事業法律事務所リンクレーターズ ・牛島総合法律事務所

 シルバースポンサー

- ベーカー＆マッケンジー法律事務所（外国法共同事業）
- TMI総合法律事務所 ・シティユーワ法律事務所 ・GVA法律事務所
- 日比谷パーク法律事務所
- 伊藤見富法律事務所（外国法共同事業：モリソン・フォースター外国法事務弁護士事務所）
- 株式会社LCC ・渥美坂井法律事務所・外国法共同事業
- オリック・ヘリントン・アンド・サトクリフ外国法事務弁護士事務所／オリック東京法律事務所・外国法共同事業
- 岩田合同法律事務所 ・ホーガン・ロヴェルズ法律事務所外国法共同事業
- きっかわ法律事務所 ・ジョーンズ・デイ法律事務所（外国法共同事業）
- ホワイト＆ケース外国法事務弁護士事務所・ホワイト＆ケース法律事務所（外国法共同事業）
- 株式会社C&Rリーガル・エージェンシー社

- Wilmer Cutler Pickering Hale and Dorr LLP, Brussels Offices
- 金沢工業大学／K.I.T.虎ノ門大学院

■2016年度

PLATINUM プラチナスポンサー

- 西村あさひ法律事務所　・長島・大野・常松法律事務所
- 新日本有限責任監査法人 FIDS（不正対策・係争サポート）
- 森・濱田松本法律事務所　・弁護士法人 大江橋法律事務所

GOLD ゴールドスポンサー

- フレッシュフィールズブルックハウスデリンガー法律事務所（外国法共同事業）
- デロイトトーマツファイナンシャルアドバイザリー合同会社
- 株式会社MS -Japan　・外国法共同事業法律事務所リンクレーターズ
- 牛島総合法律事務所

SILVER シルバースポンサー

- ベーカー＆マッケンジー法律事務所（外国法共同事業）
- Lee&Ko法律事務所（法務法人 広場）　・TMI総合法律事務所
- シティユーワ法律事務所　・GVA法律事務所　・日比谷パーク
- 株式会社LCC　・渥美坂井法律事務所・外国法共同事業
- オリック・ヘリントン・アンド・サトクリフ外国法事務弁護士事務所／オリック東京法律事務所・外国法共同事業
- 岩田合同法律事務所　・ホーガン・ロヴェルズ法律事務所外国法共同事業
- きっかわ法律事務所　・ジョーンズ・デイ法律事務所（外国法共同事業）
- ホワイト＆ケース外国法事務弁護士事務所・ホワイト＆ケース法律事務所（外国法共同事業）
- 株式会社C&Rリーガル・エージェンシー社
- Wilmer Cutler Pickering Hale and Dorr LLP, Brussels Offices
- 金沢工業大学／K.I.T.虎ノ門大学院

- ポールアンドヘイスティングス法律事務所・外国法共同事業
- 株式会社サイトビジット

■2017年度

 プラチナスポンサー

- 西村あさひ法律事務所　・長島・大野・常松法律事務所
- 新日本有限責任監査法人 FIDS（不正対策・係争サポート）
- 森・濱田松本法律事務所　・アンダーソン・毛利・友常法律事務所

 ゴールドスポンサー

- フレッシュフィールズブルックハウスデリンガー法律事務所（外国法共同事業）
- デロイトトーマツファイナンシャルアドバイザリー合同会社
- 株式会社MS-Japan　・外国法共同事業法律事務所リンクレーターズ

 シルバースポンサー

- ベーカー＆マッケンジー法律事務所（外国法共同事業）
- Lee&Ko法律事務所（法務法人 広場）　・TMI総合法律事務所
- シティユーワ法律事務所　・GVA法律事務所　・日比谷パーク法律事務所
- 株式会社LCC　・渥美坂井法律事務所　・外国法共同事業
- 弁護士法人 大江橋法律事務所
- オリック・ヘリントン・アンド・サトクリフ外国法事務弁護士事務所／オリック東京法律事務所・外国法共同事業
- 岩田合同法律事務所　・ホーガン・ロヴェルズ法律事務所外国法共同事業
- きっかわ法律事務所　・ジョーンズ・デイ法律事務所（外国法共同事業）
- ホワイト＆ケース外国法事務弁護士事務所・ホワイト＆ケース法律事務所（外国法共同事業）
- 株式会社C&Rリーガル・エージェンシー社　・牛島総合法律事務所
- 金沢工業大学／K.I.T.虎ノ門大学院
- ポールアンドヘイスティングス法律事務所・外国法共同事業

- 株式会社サイトビジット
- デビボイス・アンド・プリンプトン外国法共同事業法律事務所
- 弁護士法人 大野慶樹法律事務所　• スクワイヤ外国法共同事業法律事務所

■2018年度

 プラチナスポンサー

- 西村あさひ法律事務所　• 長島・大野・常松法律事務所
- EY新日本有限責任監査法人Forensic & Integrity Services（Forensics）
- 森・濱田松本法律事務所　• アンダーソン・毛利・友常法律事務所

 ゴールドスポンサー

- デロイトトーマツファイナンシャルアドバイザリー合同会社
- 株式会社MS-Japan　• 外国法共同事業法律事務所リンクレーターズ

 シルバースポンサー

- ベーカー＆マッケンジー法律事務所（外国法共同事業）
- Lee&Ko法律事務所（法務法人 広場）　• 北浜法律事務所
- TMI総合法律事務所　• シティユーワ法律事務所　• GVA法律事務所
- 日比谷パーク法律事務所　• 株式会社LCC
- 渥美坂井法律事務所・外国法共同事業　• 弁護士法人 大江橋法律事務所
- オリック・ヘリントン・アンド・サトクリフ外国法事務弁護士事務所／オリック東京法律事務所・外国法共同事業
- 岩田合同法律事務所　• ホーガン・ロヴェルズ法律事務所外国法共同事業
- きっかわ法律事務所　• ジョーンズ・デイ法律事務所（外国法共同事業）
- ホワイト&ケース外国法事務弁護士事務所・ホワイト&ケース法律事務所（外国法共同事業）
- 株式会社C&Rリーガル・エージェンシー社　• 牛島総合法律事務所
- 株式会社サイトビジット
- デビボイス・アンド・プリンプトン外国法共同事業法律事務所

- 弁護士法人 大野慶樹法律事務所　　・スクワイヤ外国法共同事業法律事務所
- 狛・小野グローカル法律事務所　　・RGFタレントソリューションズ株式会社

■2019年度

 プラチナスポンサー

- 西村あさひ法律事務所　　・長島・大野・常松法律事務所
- EY新日本有限責任監査法人 Forensic & Integrity Services（Forensics）
- 森・濱田松本法律事務所　　・アンダーソン・毛利・友常法律事務所
- PwCアドバイザリー合同会社

 ゴールドスポンサー

- デロイトトーマツファイナンシャルアドバイザリー合同会社
- 株式会社MS-Japan　　・外国法共同事業法律事務所リンクレーターズ
- RGFタレントソリューションズ株式会社

 シルバースポンサー

- ベーカー&マッケンジー法律事務所（外国法共同事業）
- Lee&Ko法律事務所（法務法人 広場）　　・北浜法律事務所
- TMI総合法律事務所　　・シティユーワ法律事務所　　・GVA法律事務所
- 日比谷パーク法律事務所　　・株式会社LCC
- 渥美坂井法律事務所・外国法共同事業　　・弁護士法人 大江橋法律事務所
- オリック・ヘリントン・アンド・サトクリフ外国法事務弁護士事務所／オリック東京法律事務所・外国法共同事業
- 岩田合同法律事務所　　・ホーガン・ロヴェルズ法律事務所外国法共同事業
- きっかわ法律事務所　　・ジョーンズ・デイ法律事務所（外国法共同事業）
- ホワイト&ケース外国法事務弁護士事務所・ホワイト&ケース法律事務所（外国法共同事業）
- 株式会社C&Rリーガル・エージェンシー社　　・牛島総合法律事務所
- デビボイス・アンド・プリンプトン外国法共同事業法律事務所

- 弁護士法人 大野慶樹法律事務所　• スクワイヤ外国法共同事業法律事務所
- 狛・小野グローカル法律事務所
- ピルズベリー・ウィンスロップ・ショー・ピットマン法律事務所・外国法共同事業
- GT東京法律事務所　• ゾンデルホフ＆アインゼル法律特許事務所
- アデコ株式会社　• MDD FORENSIC ACCOUNTANTS
- 平山法律事務所　• メイヤー・ブラウン 外国法事務弁護士事務所

■2020年度

 プラチナスポンサー

- 西村あさひ法律事務所　• 長島・大野・常松法律事務所
- EY新日本有限責任監査法人 Forensic & Integrity Services（Forensics）
- アンダーソン・毛利・友常法律事務所　• PwCアドバイザリー合同会社
- 株式会社LegalForce

 ゴールドスポンサー

- 株式会社MS-Japan　• 外国法共同事業法律事務所リンクレーターズ

 シルバースポンサー

- ベーカー＆マッケンジー法律事務所（外国法共同事業）
- Lee&Ko法律事務所（法務法人 広場）
- 北浜法律事務所　• TMI総合法律事務所　• シティユーワ法律事務所
- GVA法律事務所　• 日比谷パーク法律事務所　• 株式会社LCC
- 弁護士法人 大江橋法律事務所
- オリック・ヘリントン・アンド・サトクリフ外国法事務弁護士事務所／オリック東京法律事務所・外国法共同事業
- 岩田合同法律事務所　• ホーガン・ロヴェルズ法律事務所外国法共同事業
- きっかわ法律事務所　• ジョーンズ・デイ法律事務所（外国法共同事業）
- ホワイト＆ケース外国法事務弁護士事務所・ホワイト＆ケース法律事務所

（外国法共同事業）

- 株式会社C&Rリーガル・エージェンシー社　・牛島総合法律事務所
- デビボイス・アンド・プリンプトン外国法共同事業法律事務所
- 弁護士法人 大野慶樹法律事務所　・スクワイヤ外国法共同事業法律事務所
- 狛・小野グローカル法律事務所
- ピルズベリー・ウィンスロップ・ショー・ピットマン法律事務所・外国法共同事業
- GT東京法律事務所　・ゾンデルホフ&アインゼル法律特許事務所
- アデコ株式会社　・MDD FORENSIC ACCOUNTANTS
- 平山法律事務所　・メイヤー・ブラウン外国法事務弁護士事務所
- 一般社団法人 日本商事仲裁協会　・株式会社Legal Technology
- 創英国際特許法律事務所　・ベリーベスト法律事務所
- ウエストロー・ジャパン株式会社　・ネクセル総合法律事務所
- 森・濱田松本法律事務所　・新日本法規出版株式会社
- 神戸大学 大学院法学研究科・法務法人（有限）太平洋
- 株式会社きんざい　・堂島法律事務所
- キャリアインキュベーション株式会社

■2021年度

 プラチナスポンサー

- 西村あさひ法律事務所　・長島・大野・常松法律事務所
- EY新日本有限責任監査法人　・アンダーソン・毛利・友常法律事務所
- PwCアドバイザリー合同会社　・株式会社LegalForce

 ゴールドスポンサー

- 外国法共同事業法律事務所リンクレーターズ　・Epiq Systems 合同会社

 シルバースポンサー

- ベーカー&マッケンジー法律事務所（外国法共同事業）

- Lee&Ko法律事務所（法務法人 広場）　・北浜法律事務所
- TMI総合法律事務所　・シティユーワ法律事務所　・GVA法律事務所
- 株式会社LCC　・弁護士法人 大江橋法律事務所
- オリック・ヘリントン・アンド・サトクリフ外国法事務弁護士事務所／オリック東京法律事務所・外国法共同事業
- 岩田合同法律事務所　・ホーガン・ロヴェルズ法律事務所外国法共同事業
- きっかわ法律事務所　・ジョーンズ・デイ法律事務所（外国法共同事業）
- ホワイト&ケース外国法事務弁護士事務所・ホワイト&ケース法律事務所（外国法共同事業）
- 株式会社C&Rリーガル・エージェンシー社　・牛島総合法律事務所
- デビボイス・アンド・プリンプトン　・弁護士法人 大野慶樹法律事務所
- スクワイヤ外国法共同事業法律事務所　・狛・小野グローカル法律事務所
- ピルズベリー・ウィンスロップ・ショー・ピットマン法律事務所・外国法共同事業
- GT東京法律事務所　・ゾンデルホフ&アインゼル法律特許事務所
- アデコ株式会社　・MDD FORENSIC ACCOUNTANTS
- 平山法律事務所　・メイヤー・ブラウン外国法事務弁護士事務所
- 一般社団法人 日本商事仲裁協会　・株式会社Legal Technology
- 創英国際特許法律事務所　・ベリーベスト法律事務所
- ウエストロー・ジャパン株式会社　・ネクセル総合法律事務所
- 森・濱田松本法律事務所　・新日本法規出版株式会社
- 神戸大学 大学院法学研究科　・法務法人（有限）太平洋
- 株式会社きんざい　・堂島法律事務所
- キャリアインキュベーション株式会社
- 一橋大学大学院 法学研究科 ビジネスロー専攻
- 弁護士ドットコム株式会社　・株式会社ぎょうせい　・株式会社trient
- 弁護士法人 GIT法律事務所　・常在國際法律事務所　・株式会社MS-Japan
- Business &Law合同会社

3．会報誌バックナンバー一覧

創刊号　2015年11月発行

特集

研究会に行こう！①

No.2　2016年5月発行

特集

研究会に行こう！②

No.3　2016年11月発行

特集

JILA創立15周年

No.4　2017年5月発行

特集

会員の会員による会員の
ための執筆オープンフォ
ーラム①

No.5　2017年11月発行

特集

会員の会員による会員の
ための執筆オープンフォ
ーラム②

No.6　2018年10月発行

特集

JILA新執行部の船出と目
的地

No. 7　　2019年４月発行
特集
　若手インハウス10の悩み

No. 8　　2019年８月発行
特集
　外部法律事務所弁護士と
　の協働と自己研鑽／法務
　の枠を超えて活躍する組
　織内弁護士／Practical
　ResearchとLiberal Arts①

No. 9　　2020年１月発行
特集
　2020年組織内弁護士２大
　基礎テーマ／Practical
　ResearchとLiberal Arts②
　／元気の源！隣の社食を
　リサーチします

No.10　　2020年８月発行
特集
　これからの組織内弁護士
　のキャリア／これからの
　組織内弁護士に求められ
　るもの／これからの組織
　内弁護士の働き方

No.11　　2021年３月発行
特集
　JILAの誕生から未来へ

No.12　　2021年８月発行
特集
　リモートワークに関する会
　員アンケート結果／在宅
　勤務下での「100％電子
　契約化」を目指した取組
　み／他

4．JILA書籍一覧

■インハウスローヤーの時代
出版社：日本評論社
発刊：2004年6月23日

■最新
　金融商品取引法ガイドブック
出版社：新日本法規
発刊：2009年5月12日

■契約用語　使い分け辞典
出版社：新日本法規
発刊：2011年8月30日

■事例でわかる
　問題社員への対応アドバイス
出版社：新日本法規
発刊：2013年11月12日

■公務員弁護士のすべて
出版社：第一法規
発刊：2018年11月30日
※本書は2016年3月にレクシスネク
　シス・ジャパンより初版刊行され
　たものです。

■Q&Aでわかる 業種別法務
　不動産
出版社：中央経済社
発刊：2019年7月18日

■Q&Aでわかる 業種別法務
　銀行
出版社：中央経済社
発刊：2019年7月18日

■Q&Aでわかる 業種別法務
　自治体
出版社：中央経済社
発刊：2019年11月9日

■Q&Aでわかる　業種別法務
　医薬品・医療機器
出版社：中央経済社
発刊：2019年11月19日

■Q&Aでわかる　業種別法務
　証券・資産運用
出版社：中央経済社
発刊：2020年1月10日

■Q&Aでわかる　業種別法務
　製造
出版社：中央経済社
発刊：2020年3月18日

■組織内弁護士の実務と研究
出版社：日本評論社
発刊：2021年9月7日

あ と が き

　本書の出版のお話を梅田副理事長から初めて伺ったのは，コロナ禍が日常になりつつある2020年の初夏の日のことでした。普段は事務総局広報Ｇとして会報誌発行業務等を担当していますが，今回，JILAの20年のあゆみを1冊にまとめた記念すべき本書に微力ながら携わることができ，大変光栄に存じます。

　JILA設立後20年の間に，多くの方々がその活動に携わってこられ，また，その所属組織での業務を通して，組織内弁護士としての役割を果たしてこられました。本書は，JILAの歴代の理事長はじめ，JILA，そして組織内弁護士の発展に貢献くださった皆々さまの「想い」が詰まった1冊となっております。テクノロジーの発展，ガバナンスやダイバーシティへの関心の高まり，ニューノーマルへのシフトという激動の時代に，組織内弁護士たるわれわれが，これまでどうあり，今何に直面し，今後どうあるべきなのか。本書が1つの道標となるのではないか，そんなふうに思うところです。

　われわれにとっても，本書の編集業務を通して，そういった多くの方々の「想い」に接することができたことは，貴重な機会だったと感じます。そして，そのような様々な「想い」の詰まった本書が，これからの組織内弁護士を考えるための一助になれば幸いです。

　本書の出版にあたり，祝辞を頂戴しました皆さま，執筆にご協力くださった皆さま，本書の編集・出版におきまして多大なるサポートをくださいました中央経済社の露本様，石井様，西川様，ならびに梅田副理事長・事務総局のメンバーに改めて深く御礼を申し上げます。ありがとうございました。

編集を代表して

山本　晴美

出屋敷　純一

〔執筆者紹介〕

第1期（2001〜05年）

梅田　康宏（うめだ　やすひろ）

日本放送協会総務局法務部法務主幹

2000年弁護士登録（53期），同年日本放送協会入局。01年インハウスローヤーズネットワーク（現日本組織内弁護士協会）代表，06年日本組織内弁護士協会理事長，07年テンプル大学ロースクール修了（LL.M.），10年ニューヨーク大学ロースクール客員研究員。最近の主な著作に「映画製作者（1）」『著作権判例百選 第6版』（有斐閣，2019年），『第2版 よくわかるテレビ番組制作の法律相談』（共著，日本加除出版，2016年），『インハウスローヤーへの道』（レクシスネクシスジャパン，2013年）など。

市橋　智峰（いちはし　ともみね）

株式会社ダーツライブ　取締役

組織内弁護士協会（JILA）理事，国際委員会委員長。東京大学教養学部基礎科学科修了。東京大学大学院数理科学研究科博士課程退学。数理科学修士。㈱日立製作所（知的財産権本部）社内弁護士および法律事務所勤務を経て現職。

石井　夏生利（いしい　かおり）

中央大学国際情報学部　教授

弁護士，企業法務，情報セキュリティ大学院大学准教授，筑波大学図書館情報メディア系准教授などを経て現職。主な著書に，『個人情報保護法の理念と現代的課題―プライバシー権の歴史と国際的視点』（勁草書房，2008年），『新版 個人情報保護法の現在と未来―世界的潮流と日本の将来像』（勁草書房，2017年），『EUデータ保護法』（勁草書房，2020年）など。

西　　和伸（にし　かずのぶ）

ラッセル・インベストメント　内部管理担当執行役員・ジェネラルカウンセル

1984年10月司法試験合格，85年3月東京大学法学部卒業。87年4月弁護士登録（第一東京弁護士会），長島大野法律事務所勤務。1990年2月ニューヨーク州司法試験合格（当時はLLM終了前に受験可能，登録は93年）。同年6月ハーバードロースクール卒業（LL.M.）。

96年1月長島大野法律事務所パートナー，同年8月ゴールドマン・サックス証券勤務（SLC）。2000年11月UBSウォーバーグ証券勤務（GC）。03年5月西川綜合法律事務所・シドリーオースティンブラウンアンドウッド外国法事務弁護士事務所（特定共同事業事務所）勤務（パートナー）。06年8月スパークス・グループ勤務（途中よりGC）。08年6月ラッセル・インベストメント（GC），現在に至る。

牧山　嘉道（まきやま　よしみち）

リップル法律事務所パートナー，ニューヨーク州弁護士，弁理士

東京大学法学部，コロンビア大学ロースクール（LL.M.）卒業。日本弁護士連合会国際交流委員会委員長，NPOエンターテインメント・ロイヤーズ・ネットワーク理事長，公益社団法人日本演奏連盟監事 等。

主な著作に，「米国エンターテインメント法入門」（国際商事法務，1998年〜2004年），「不正競争防止に関する各国の法制度」（共著，国際商事法務，2008年〜2010年），「権利制限の一般規定（日本版フェアユース規定）の導入をめぐる議論」（法律文化社，2010年），『集団投資スキームのための金融商品取引法Q&A100』（共著，中央経済社，2009年），『インターネット新時代の法律実務Q&A〔第3版〕』（共著，日本加除出版，2017年），『完全対応 新個人情報保護法』（共著，新日本法規，2017年），『AIビジネスの法律実務』（共著，日本加除出版，2017年），『Q&Aリモート新時代の法律実務』（共著，日本加除出版，2021年）。

池永　朝昭（いけなが　ともあき）

プロアクト法律事務所　パートナー，ニューヨーク州弁護士

1977年早稲田大学法学部卒業。81年司法研修所修了（33期）。88年コーネル・ロースクール修了。米国法律事務所パートナー，JPモルガン・チェース・チーフ・リージョナル・カウンセル，ドイツ銀行グループ・ジェネラル・カウンセル，㈱オートバックスセブン社外監査役，目黒区包括外部監査人，アンダーソン・毛利・友常法律事務所パートナーなどを歴任。現在，プロアクト法律事務所パートナー，マッコーリーアセットマネジメント㈱監査役，㈳日本資金決済業協会理事などを務める。

大山　滋郎（おおやま　じろう）

弁護士法人横浜パートナー法律事務所　代表

1963年生まれ。神奈川県立厚木高校，東京大学法学部，Washington University in St. Louis卒業。企業内で長く法律実務に携わることで身についた「企業の常識」の立場から，弁護士業務を行う。主な著作に，『一晩でわかる 経営者の法律知識』（双葉社，2017年）『企業の常識 弁護士の非常識』（Book Way，2019年），共著に『これだけは知っておきたい「副業」の基本と常識』（フォレスト出版，2014年）『弁護士10年目までの 相談受任力の高め方』『インハウスローヤーの時代』（日本評論社，2004年）。

金藤　力（かねふじ　ちから）

弁護士法人キャストグローバル パートナー，中小企業診断士

1998年京都大学法学部卒業，2000年弁護士登録。03年から京セラ㈱法務部にて勤務，08年に弁護士法人キャスト（現キャストグローバル）に参画し，現在に至る。10年から上海，14年から北京に赴任し，現在は大阪在住。主な著作に『弁護士が語る中国ビジネスの勘所』（きんざい，2020年）。

第2期（2006年〜11年）

片岡　詳子（かたおか　しょうこ）

株式会社コーチ・エィ　取締役会監査等委員

1998年4月弁護士登録（50期）。法律事務所での勤務後，2001年10月に松下電器産業（現パナソニック）㈱に入社。その後，㈱ファーストリテイリング法務部リーダー，㈱ユー・エス・ジェイ法務部長を経て，18年1月から㈱コーチ・エィ勤務。20年3月同社取締役監査等委員に就任。19年12月より㈱ディ・アイ・システム社外取締役を兼任。

竹内　　朗（たけうち　あきら）

プロアクト法律事務所　代表パートナー

1996年弁護士登録（48期），2001年〜06年日興コーディアル証券法務部，06年〜10年国広総合法律事務所パートナー，2010年に企業のリスクマネジメントを専門とするプロアクト法律事務所を開設。不祥事調査委員会の委員や上場会社の社外役員を複数歴任。『図解 不祥事の予防・発見・対応がわかる本』（2019年，中央経済社）『図解 不祥事の社内調査がわかる本』（2020年，中央経済社）など著書多数。

花田　容祐（はなだ　ようすけ）

株式会社NTTファシリティーズ

2003年弁護士登録（56期），第二東京弁護士会所属。東京大学法学部卒。1989年日本電信電話㈱（現NTT）入社。NTTコミュニケーションズ㈱在職中の01年に司法試験合格，司法修習後復職し同社法務考査部，NTT都市開発㈱法務室等で勤務した後，20年より現職。JILA元理事。

中原　健夫（なかはら　たけお）

弁護士法人ほくと総合法律事務所　代表パートナー

1996年4月司法研修所入所（50期），98年4月原田・尾崎・服部法律事務所入所（第一東京弁護士会入会），2002年4月現・アフラック生命保険㈱入社，05年9月あさひ・狛法律事務所入所，07年2月のぞみ総合法律事務所入所（パートナー），08年5月弁護士法人ほくと総合法律事務所を独立開業，代表パートナーに就任し現在に至る。

服部　由美（はっとり　ゆみ）

久屋アヴェニュー法律事務所，名古屋経済大学客員教授，日本証券アナリスト協会検定会員（CMA）

早稲田大学法学部卒業。筑波大学大学院経営政策科学研究科企業法学専攻修了（法学修士）。大学卒業後，銀行にて約8年間勤務し，同行退職後，2004年に愛知県弁護士会に登録。勤務

弁護士，テレビ局での企業内弁護士，名古屋国税局での任期付公務員を経て，11年に久屋アヴェニュー法律事務所を開設。主な著作に「租税訴訟における規範的要件の要件事実–法人税法132条１項の不当性要件を中心に–」（税法学582号，2019年）83-108頁，『農林水産関係知財の法律相談Ⅰ』（共著，日弁連知的財産センター弁護士知財ネット監修，青林書院，2019年），『新民法対応 契約審査手続きマニュアル』（共著，愛知県弁護士会 研修センター運営委員会 法律研究部 契約審査チーム編，新日本法規，2018年）。

稲田 博志（いなだ ひろし）

あおぞら銀行コンプライアンス統括部　リーガルカウンセル
2001年弁護士登録以降，法律事務所，外資系金融機関を経て，12年より現職。JILAでは金融部会に所属。JILA監修書籍である『最新金融商品取引法ガイドブック』（新日本法規，2009年），『契約用語 使い分け辞典』（新日本法規，2011年初版，2020年改訂版），『事例でわかる問題社員への対応アドバイス』（新日本法規，2013年），『Q&A でわかる業種別法務』シリーズ（中央経済社，2019年〜）において編集等を担当。

宮腰 和朗（みやこし かずあき）

協和キリン株式会社　法務・知的財産部
2009年キリンホールディングス入社。21年４月より協和キリン㈱ 法務・知的財産部所属。北海道大学法科大学院，National University of Singapore Master of Law卒業。

木呂子 義之（きろこ よしゆき）

東京御茶の水総合法律事務所
1990年東京大学法学部卒，太陽神戸三井銀行（現三井住友銀行）入社，94年郵政省放送行政局（業務出向），2004年弁護士登録，高石法律事務所入所，06年MOVIDA HOLDINGS㈱取締役，07年ソフトバンクIDC㈱法務部長，09年Isabelle Landreau法律事務所（実務修習），10年より現職。主な著作に『放送高度化ビジョン2010』（共著，日刊工業新聞社，1996年）。

渋谷 武宏（しぶや たけひろ）

アンダーソン・毛利・友常法律事務所外国法共同事業
1995年３月東京大学経済学部卒（経済学士）。95年４月〜 97年10月野村證券㈱勤務。2003年10月最高裁判所司法研修所修了（56期）。都内の法律事務所勤務を経て，06年１月〜 08年12月財務省関東財務局・証券取引等監視部門に証券検査官として勤務。09年１月アンダーソン・毛利・友常法律事務所に入所し，現在に至る。主な著作に『事例詳解 インサイダー取引規制』（共著，きんざい，2014年）など。

真銅　孝典（しんどう　たかのり）

オリックス不動産株式会社　コンプライアンス部　課長

2000年3月に同志社大学大学院法学研究科を修了し，4年間メーカーの法務部で勤務した後，04年4月に立命館大学大学院法務研究科（法科大学院）に入学し，新司法試験，司法修習（新60期），弁護士登録（東京弁護士会）を経て，08年1月にオリックス㈱に入社（現在オリックス不動産㈱に出向中）し，現在に至る。

鈴木　孝司（すずき　たかし）

大和証券　グローバル・マーケッツ・オペレーション部　副部長

1990年3月慶應義塾大学理工学部卒業，同年4月三井信託銀行（現三井住友信託銀行）入社。2004年3月同社退職，同年4月名古屋大学法科大学院入学（1期未修）。弁護士登録（61期）後，09年1月企業内弁護士として大和証券SMBC（現大和証券）入社，コンプライアンス部，経営企画部法務課を経て現在に至る。主な著作に『ロースクール，新司法試験をかけぬけた40歳男子，すべてを語る！！』（辰巳法律研究所，2011年）。

熊野　敦子（くまの　あつこ）

株式会社ワコールホールディングス　法務・コンプライアンス部　専門課長

2005年大阪大学法学部卒業，07年京都大学法科大学院修了，09年1月㈱ワコールホールディングス入社，18年から現職。京都弁護士会所属（新61期）。12年「JILA通信」編集長拝命（13年退任）。現JILA事務総局メルマガグループ　グループリーダー。

第3期（2012年～17年）

室伏　康志（むろふし　やすし）

EY弁護士法人シニア・カウンセル

1981年東京大学法学部卒業。最高裁判所司法研修所37期。85年濱田松本法律事務所（現森・浜田松本法律事務所）入所。88年コーネル大学ロー・スクール卒業（LL.M）。同年Sullivan & Cromwell Foreign Visiting Lawyer。93年足立・ヘンダーソン・宮武・藤田法律事務所パートナー。97年東京青山法律事務所（現ベーカー&マッケンジー法律事務所）パートナー。2000年クレディ・スイス・ファースト・ボストン証券（現クレディ・スイス証券㈱）にマネージング・ディレクター，ジェネラル・カウンセルとして入社。11年JILA理事。12年～17年JILA理事長。17年狛・小野グローカル法律事務所シニア・カウンセル。20年11月EY弁護士法人シニア・カウンセル。著作・講演多数。近著に『リーガル・リスク・マネジメント・ハンドブック』（日経BP）。

佐野　晃生（さの　あきお）

藏王法律事務所　所長

1960年生まれ。東京都私立武蔵高等学校，中央大学法学部卒業。国内メーカー1社において23年企業内弁護士を務め（米国・インドの現地法人勤務も含み，法務部長職11年），"1社に長く貢献することも悪くない"と思っているが，現在は顧問先企業のための企業法務に限らず，市民法務（いわゆる「マチ弁」）として様々な案件に取り組む。主な著作に，「企業内弁護士のキャリア・パス（企業内において）」『企業内弁護士』（共著，商事法務，2009年），「会社法務部の日常から考える―ある自動車メーカーの法務部員の業務日誌より―」『小島武司先生古稀祝賀・続 権利実効化のための法政策と司法改革』（共著，商事法務，2009年），「法曹の新しい職域－ユーザー（特に企業）は弁護士にどのような役割を期待するか」（法曹の新しい職域と法社会学 法社会学会76号（有斐閣，2012年））。

本間　正浩（ほんま　まさひろ）

日清食品ホールディングス　CLO・執行役員

1989年弁護士登録。10年のプライベート・プラクティスの後，99年，GEエジソン生命保険㈱執行役員・ゼネラル・カウンセルとなり，企業内法務に転身し13年より現職。18年までJILA理事・政策委員会委員長。現日弁連業務改革委員会・企業内弁護士小委員会座長。Executive Committee Member, ACC Asia GC100，JILA海外事情研究会座長。

岡本　正（おかもと　ただし）

銀座パートナーズ法律事務所　博士（法学）

2001年慶應義塾大学卒。03年弁護士登録。09年～11年まで内閣府行政刷新会議事務局上席政策調査員。11年～17年まで原子力損害賠償紛争解決センター総括主任調査員。17年新潟大学で博士（法学）取得。岩手大学客員教授，北海道大学上席研究員，慶應義塾大学講師ほか大学職，国や自治体の委員多数。主な著作に『災害復興法学』（慶應義塾大学出版会，2014年），『被災したあなたを助けるお金とくらしの話』（弘文堂，2020年），『図書館のための災害復興法学入門』（樹村房，2019年），『防災・減災の法務　いま，企業は何に取り組むべきか』（共著，有斐閣，2021年）等，多数。

藤本　和也（ふじもと　かずなり）

Chubb損害保険株式会社　法務部長・募集文書管理部長

2008年弁護士登録。現在，日弁連法律サービス展開本部ひまわりキャリアサポートセンター副センター長，第一東京弁護士会組織内弁護士委員会副委員長等。主な著書に『企業再編の理論と実務―企業再編のすべて―』（商事法務，2014年），『役員会運営実務ハンドブック』（商事法務，2016年），『交通事故事件対応のための保険の基本と実務』（学陽書房，2018年），『Q&A家事事件と保険実務』（日本加除出版，2020年），『新時代の弁護士倫理』（有斐閣，2020年）（いずれも共著）等。

中野 竹司（なかの たけし）

奥・片山・佐藤法律事務所　パートナー

1991年太田昭和監査法人（現EY新日本有限責任監査法人）に入所し，2006年10月に弁護士登録（東京弁護士会）。現在，奥・片山・佐藤法律事務所パートナー。高周波熱錬㈱社外監査役，アルヒ㈱社外監査役。

前田 絵理（まえだ えり）

EYストラテジー・アンド・コンサルティング株式会社　法務部ディレクター

2007年弁護士登録（60期），第二東京弁護士会。西村あさひ法律事務所入所後，11年より旭化成㈱法務部主査，その後米国ニューヨーク州コロンビア大学ロースクール留学を経て，17年より米国Polypore International, LLP勤務（駐在）。18年4月米国ニューヨーク州弁護士登録。18年より旭化成㈱経営企画部海外企画室課長，20年にジョンソン・エンド・ジョンソン㈱法務部シニアカウンセルを経て，現職。14年～16年JILA理事兼企画事務次長，18年よりJILA理事。

野田 紗織（のだ さおり）

HOYA株式会社　コーポレート企画室法務担当

第二東京弁護士会所属。法律事務所勤務を経て，2013年より情報通信事業会社にて勤務，16年より現職。16年4月から18年3月までJILA理事および企画事務次長として部会フォーラムを企画，運営。

伊藤 淳（いとう あつし）

LINE株式会社　法務3チーム／LINE Pay株式会社　執行役員　CRO

2007年弁護士登録（60期），08年㈱福岡銀行，10年福岡財務支局検査総括課金融証券検査官，13年金融庁検査局専門検査官，16年LINE Pay㈱。主な著作に『公務員弁護士のすべて』（共著，レクシスネクシス，2016年），『Q&Aでわかる業種別法務　銀行』（共著，中央経済社，2019年），『新型コロナ危機下の企業法務部門』（共著，商事法務，2020年）。

國松 崇（くにまつ たかし）

東京リベルテ法律事務所

TBS初の企業内弁護士としてキャリアをスタート。番組制作をはじめ，様々なエンターテインメント分野の企業法務に幅広く携わった後，法律事務所に移籍。現在もテレビ局や制作会社などの映像メディア企業の法律顧問を多く務めるほか，これまでにドラマなど各種番組の法律監修も多数担当している。日本組織内弁護士協会理事，厚生労働省知的財産管理技能検定試験委員，著作権法学会正会員。

戸田 真理子（とだ　まりこ）

清洲橋法律事務所

東京弁護士会所属（新65期）。大学卒業後，大手電機メーカー勤務を経て，司法試験合格。弁護士資格取得後は一部上場企業のインハウスローヤーとして勤務。現在は，㈱IP Bridgeのゼネラルカウンセル兼コンプライアンスオフィサー。2021年5月に清洲橋法律事務所を開設。

幸村 俊哉（ゆきむら　としや）

東京丸の内法律事務所　パートナー

1994年4月に弁護士登録し（第二東京弁護士会），東京丸の内法律事務所に勤務。98年12月末に弁護士登録抹消のうえ，99年1月金融再生委員会事務局金融危機管理課の課長補佐として行政任官。2001年1月に弁護士再登録し（第二東京弁護士会），東京丸の内法律事務所に復帰。現在，同事務所パートナー弁護士。13年4月第二東京弁護士会副会長。

第4期（2018年〜）

榊原 美紀（さかきばら　みき）

株式会社マクニカ　ガバナンス・リスクマネジメント本部　副本部長

1997年弁護士登録（49期）および2003年米国カリフォルニア州弁護士登録。国内法律事務所勤務，外資系法律事務所，パナソニック㈱等勤務を経て，21年8月㈱マクニカ入社。18年より日本組織内弁護士協会理事長。19年よりフューチャー㈱社外取締役。

平泉 真理（ひらいずみ　まり）

グラクソ・スミスクライン株式会社　取締役

1999年弁護士登録（51期），2004年ニューヨーク州弁護士登録。法律事務所勤務，任期付き公務員としての外務省勤務，外資系製薬会社2社勤務を得て，19年8月，グラクソ・スミスクライン㈱入社。20年3月より，同社にて法務およびエシックス＆コンプライアンス担当取締役。

高畑 正子（たかはた　まさこ）

株式会社インダストリアル・ディシジョンズ　ジェネラル・カウンセル

1988年国際基督教大学教養学部卒業，2000年弁護士登録。牛島総合法律事務所，外資系金融機関のシニア・カウンセル等を経て，14年よりエネルギー事業会社法務部長／ジェネラル・カウンセル，19年よりエネルギー／インフラ・ファンドのジェネラル・カウンセル，21年より現職。JILA資源開発・エネルギー法研究会座長（2014年〜），JILA国際仲裁研究会座長（2018年〜），JILA副理事長（2018年〜）。

幸田　宏（こうだ　ひろし）

さいたま市総務局総務部法務・コンプライアンス課　副参事

JILA副理事長, 第4部会長

1995年早稲田大学法学部卒業, 98年早稲田大学大学院法学研究科修了, 2012年大東文化大学法科大学院修了。98年東京都庁入庁（〜2012年）, 14年弁護士登録（埼玉弁護士会, 66期）, 同年さいたま市入庁（現在に至る）, 18年埼玉弁護士会研修委員会委員長（〜19年）。主な著作に『Q&Aでわかる業種別法務 自治体』（共編著, 中央経済社, 2019年）, 『隣地をめぐるトラブル予防・解決文例集—筆界・所有権界, 道路・通路, 近隣紛争—』（共編著, 新日本法規, 2020年）, 『Q&Aでわかる業種別法務 学校』（共著, 中央経済社, 2021年）, 「はんれい最前線」判例地方自治383号（共同執筆）。

岩本　竜悟（いわもと　りゅうご）

ノボ ノルディスクファーマ株式会社　法務・コンプライアンス部長

2004年弁護士登録。紀尾井坂法律特許事務所, GEヘルスケア・ジャパン㈱を経て, 18年より現職。JILA理事・第6部会長。主な著作に『Q&Aでわかる業種別法務 医薬品・医療機器』（共著, 中央経済社, 2019年）, 「『戦略マップ』の活用による法務部門の戦略の可視化と共有」（｜会社法務A2Z」（第一法規）2020年4月号）。

村瀬　拓男（むらせ　たくお）

用賀法律事務所

1985年東京大学工学部卒, 同年新潮社入社。週刊新潮編集部, 音声・映像事業を経て電子出版事業を担当。2006年弁護士登録（59期）。主な著作に『電子書籍・出版の契約実務と著作権』（民事法研究会, 2014年）, 『出版契約ハンドブック』（編者代表, 日本書籍出版協会, 2017年）。

佐藤　雅樹（さとう　まさき）

パーク24株式会社　グループ法務部長

JILA渉外委員会委員長, 同理事

2001年3月京都大学法学部卒業, 同年4月アルプス電気㈱（現・アルプスアルパイン㈱）, 07年12月弁護士登録（東京弁護士会, 60期）, 19年4月より, 現職。

山本　晴美（やまもと　はるみ）

デロイト トーマツ コーポレート ソリューション合同会社

同志社大学法学部卒, 京都大学法科大学院修了。2015年弁護士登録（67期）。有限責任監査法人トーマツ, 金融庁企画市場局市場課を経て, 現職。JILA広報G担当事務次長・理事, 日本女性法律家協会幹事。主な著作に『法務の技法【OJT編】』（2017年）, 『広告表示の法的規制と実務対応Q&A』（2019年）（共に中央経済社）。

渡部 友一郎（わたなべ　ゆういちろう）

日本組織内弁護士協会理事

Airbnb，リードカウンセル・日本法務本部長／JILA理事

2009年12月弁護士登録（新62期）。フレッシュフィールズブルックハウスデリンガー法律事務所，㈱DeNAを経て2015年8月より現職。

芦原 一郎（あしはら　いちろう）

弁護士法人キャストグローバル　パートナー

東洋経済「依頼したい弁護士25人」。司法試験考査委員（労働法）。早稲田大学法学部，ボストン大学ロースクールを卒業。森綜合法律事務所（現森・濱田松本法律事務所），約20年の社内弁護士（日米欧金融機関など）経験。訴訟・規制対応・経営サポート（労働法，保険法，金融，コンプライアンス，リスク管理，民暴対策など）。JILA（日本組織内弁護士協会）理事，東京弁護士会労働法委員会副委員長。

https://note.com/16361341

進藤 千代数（しんどう　ちよかず）

ホーガン・ロヴェルズ法律事務所外国法共同事業カウンセル，ニューヨーク州弁護士

2005年中央大学法学部法律学科，18年ノースウェスタン大学ロースクール修士課程（LL.M.）卒業。07年弁護士登録，15年よりホーガン・ロヴェルズ法律事務所外国法共同事業勤務，21年1月カウンセル就任。主な業務分野は，M&A，合弁事業，企業再編，資本調達など企業法務全般および再生可能エネルギーを中心としたエナジー案件。

結城 大輔（ゆうき　だいすけ）

JILA国際委員会副委員長

のぞみ総合法律事務所　ニューヨーク州弁護士・公認不正検査士

96年東京大学法学部卒業，2010年University of Southern California Gould School of Law（LL.M.）修了。2000〜2002年日本銀行出向。主な著作に『図解 新任役員のための法務・リスクマネジメント』（共著，商事法務，2018年），『これからの内部通報システム』（共著，金融財政事情研究会，2017年），「GLOBAL PRACTICE GUIDE- White-Collar Crime 2020, Japan: Trends and Developments」（Chambers and Partners, 2020年10月），他多数。

日本組織内弁護士協会20年のあゆみ

2021年12月1日　第1版第1刷発行

編著者	日　本　組　織　内 弁　護　士　協　会
発行者	山　本　　　　継
発行所	㈱中　央　経　済　社
発売元	㈱中央経済グループ パ ブ リ ッ シ ン グ

〒101-0051　東京都千代田区神田神保町1-31-2
電話　03 (3293) 3371(編集代表)
　　　03 (3293) 3381(営業代表)
https://www.chuokeizai.co.jp
印刷／三　英　印　刷　㈱
製本／㈲井　上　製　本　所

Ⓒ 2021
Printed in Japan

＊頁の「欠落」や「順序違い」などがありましたらお取り替えいた
　しますので発売元までご送付ください。（送料小社負担）
　　　　ISBN978-4-502-40031-5　C3032